COLLECTION LITTÉRATURE D'AMÉRIQUE

dirigée par
André Vanasse

Cet ouvrage a été publié grâce à une subvention de la Fédération canadienne des études humaines, dont les fonds proviennent du Conseil de recherches en sciences humaines du Canada.

Données de catalogage avant publication (Canada)

Robidoux, Réjean, 1928-

La Création de Gérard Bessette

(Collection Littérature d'Amérique)
Bibliogr.

ISBN 2-89037-352-5

1. Bessette, Gérard, 1920- — Critique et interprétation 2. Bessette, Gérard, 1920- — Biographie. I. Titre. II. Collection.

PS8503.E87Z86 1987 C843'.54 C87-096307-4
PS9503. E87Z86 1987
PQ3919.2.B47Z86 1987

DÉPÔT LÉGAL :
BIBLIOTHÈQUE NATIONALE DU QUÉBEC
4e TRIMESTRE 1987
ISBN 2-89037-352-5

RÉJEAN ROBIDOUX

LA CRÉATION DE GÉRARD BESSETTE

Essai

QUÉBEC/AMÉRIQUE
425, rue Saint-Jean-Baptiste
Montréal (Québec)
H2Y 2Z7
Tél.: (514) 393-1450

DU MÊME AUTEUR

— *Roger Martin du Gard et la religion*, Paris, Aubier, 1964, 395 pages. Prix du Gouverneur général.
— *Le Roman canadien-français du XXᵉ siècle*, Ottawa, Éditions de l'Université d'Ottawa, 1966, 215 pages (en collaboration avec André Renaud).
— *« Le Traité du Narcisse » d'André Gide*, Ottawa, Éditions de l'Université d'Ottawa, 1978, 133 pages.

ABRÉVIATIONS ET SIGLES

Anthro.	*Les Anthropoïdes*
Bag.	*La Bagarre*
Comm.	*La Commensale*
Cyc.	*Le Cycle*
Dires	*Les Dires d'Omer Marin*
Ébull.	*Une littérature en ébullition*
G.B.	Gérard Bessette
Incub.	*L'Incubation*
Lib.	*Le Libraire*
Péd.	*Les Pédagogues*
P.T.	*Poèmes temporels*
Q. fr.	« Gérard Bessette. Entrevue », par Léonce Cantin et Gilles Dorion, dans *Québec français*, décembre 1980.
Q. lit.	*Québec littéraire I : Gérard Bessette*, Guérin, 1974.
R.R.	Réjean Robidoux
Romans	*Mes romans et moi*
Sem.	*Le Semestre*
U.T.Q.	« Romancier(s) québécois », dans *University of Toronto Quarterly*, vol. 50, nº 1, automne 1980.
V. et I.	« Gérard Bessette et la recherche du Père », dans *Voix et Images*, vol. I, nº 3, avril 1976.

INTRODUCTION

Je connais l'écrivain Gérard Bessette (et je suis connu de lui) d'assez longue date (depuis près d'un quart de siècle). Notre commerce (littéraire) a traversé toutes sortes de hauts et de bas, sans que j'aie idée d'une trace qu'a pu laisser ma permanence dans le paysage bessettien, sauf pour jouer les utilités une fois, à l'occasion de *La Commensale.* Je ne m'en plains pas. Si les coups de chapeau donnés dans *Mes romans et moi* restent en général anodins, en revanche les coups de patte bien désignés qu'on trouve dans *Le Semestre* [1] ou dans *Les Dires d'Omer Marin* impliquent la plupart du temps quelque intention malicieuse dont on aime mieux se passer.

Je ne suis pas tout à fait assez vieux (et n'ai surtout jamais été suffisamment rapproché dans l'espace) pour avoir fait les quatre cents coups avec Marin à l'époque soit des Lesieur soit des Blackwell, comme je ne suis pas assez jeune pour être classé parmi les disciples et (encore moins) parmi les fils — « attaché [s] à lui par l'œdipe » (*Sem.*, p. 153). Au fait, je me flatte d'avoir pu résister aux appétits carnassiers du Saturne « encombrant (dévorateur ?) » (*Sem.*, p. 205). Vis-à-vis l'un de l'autre, Gérard Bessette et moi avons su toujours maintenir la distance morale qui a nom liberté.

Néanmoins, en vertu tout ensemble de la nécessité professionnelle, de la conviction intime et du simple besoin de nourriture, je puis faire état d'une longue cohabitation avec l'œuvre littéraire bessettienne (intégrale),

1. Je n'ai jamais pu me reconnaître dans le personnage dont il est question au milieu de la page 113 du *Semestre.* Le seul incident qui pourrait à mon sens expliquer ici la réflexion d'Omer Marin (de son point de vue à lui) est postérieur à la rédaction définitive de ce passage. Il en sera question, en temps et lieu (au moins par allusion), au cours de la présente étude.

de la manière que j'ai pu, par ailleurs et pour des raisons professionnelles, durant des périodes plus ou moins étendues, vraiment *vivre avec* Roger Martin du Gard, Gérard de Nerval ou Victor Hugo (par exemple). Ce qui me porte à constater qu' « il doit exister entre [Gérard Bessette] et moi quantité de traits communs (autrement l'aurais-je disséqué-décortiqué avec un tel acharnement passionné ?) » (*Sem.*, p. 131-132). Pour tout résumer, je qualifierai notre relation d'amitié critique, laissant jouer le sens du terme dans tous les registres de l'humain. Cela me met en position idéale pour ce que je veux essayer de faire.

Après quelques décennies d'exercice, j'ai naturellement mon idée de la critique, et je me suis taillé ma modeste méthode. Je n'en ferai pas la théorie en commençant ; celle-ci pourra aisément être déduite de mes écrits passés et du présent ouvrage. Disons que j'ai la manie de lire les œuvres comme si je les écrivais moi-même, jusqu'au point parfois de vouloir les refaire. J'ose me les approprier dans une opération ogresse (selon le terme que j'employais naguère à propos de la lecture bessettienne de *Serge d'entre les morts* [2]). Mal m'en a pris un jour avec l'auteur de *Mes romans et moi*, qui me tira dessus à boulets rouges. Mais je n'en ai pas de remords. Bien au contraire.

Je fais de la critique une affaire personnelle, avec tout ce qu'il faut de subjectif et d'« engagé ». En cela, j'estime rester très près du mode bessettien : « toute découverte littéraire authentique comporte une part de projection [...], en termes ordinaires cela veut dire que l'on découvre chez les autres (chez les personnages littéraires) seulement ce que l'on porte en soi (à l'état plus ou moins latent) » (*Sem.*, p. 131). À la limite, je veux bien servir à Gérard Bessette le traitement qu'il a administré à une Gabrielle Roy (récalcitrante) ou à un Gilbert La Rocque (parfaitement consentant).

Quant aux moyens, je demeure éclectique et ne fais l'exclusion d'aucun, pour peu que je puisse l'ajuster à mon bras. Mais mon étude est d'abord et surtout littéraire. J'assume ici l'œuvre dans son entier, en considérant toujours son existence (genèse, émergence, rayonnement) dans le temps historique. L'angle où je l'aborde est celui de la création. Mais l'examen du « comment c'est fait » est en soi aussi une exploration de fond, puisque je me fie toujours à ma vieille marotte : « le fond c'est la forme ». Je vois ainsi l'œuvre de Gérard Bessette comme la réalisation sans cesse reprise et représentée d'un projet d'écriture. Ce qu'il me faut démontrer.

---

2. « Gérard Bessette, lecteur de Gilbert La Rocque », dans *Gilbert La Rocque, l'écriture du rêve*, Montréal, Québec/ Amérique, 1985, p. 101.

PREMIÈRE PARTIE : CHEMINEMENTS BIOGRAPHIQUES

Néanmoins la mémoire en tranches te dispose,
Et d'un immense poids sur la raison tu pèses...
Ô fuite exaspérante et filandreux malaise !...
L'âme adonise en toi mainte métamorphose...

(« Le Coureur », v. 228-231, P.T., p. 35)

Le lien de l'imaginaire au vécu (ou ce qui semble tel) est fortement souligné chez Gérard Bessette dans les dernières œuvres, qui se reportent ouvertement en arrière, exploitant à l'envi les valeurs enfouies de l'inconscient, dans une démarche avouée de retour aux sources ou, plus explicitement (en langage psychanalytique), dans une tentative de mise au jour d'un « complexe de retour au sein maternel ». C'est lui en personne qui parle de ses personnages ou de soi-même dans de tels termes [1].

Que ce soit dans *Mes romans et moi* ou bien dans *Le Semestre*, le discours (auto)biographique, poursuivant le vrai ou évoluant du côté du roman, cherche toutefois moins à ressusciter le passé en soi qu'à retrouver les assises de l'autre moi de Gérard Bessette, celui qui a composé des *Poèmes temporels* entre 20 et 25 ans, entrepris *La Bagarre* à 36 ans, *Le Libraire* à 37 ans, *Les Pédagogues* à 38 ans, *La Commensale* à 39 ans, *L'Incubation* à 42 ans, *Le Cycle* à 49 ans, *Les Anthropoïdes* à 52 ans, *Le Semestre* à 58 ans...

Suivant là-dessus l'avis des anciens historiens littéraires et celui plus actuel des psychocritiques, je crois moi aussi qu'il est utile de bien connaître l'homme pour comprendre l'œuvre, et vice-versa. C'est pourquoi je veux commencer par revoir tout le devenir de l'auteur afin de mieux explorer les significations passées, présentes ou futures de

---

1. Voir l'interview publiée dans *Québec français*, déc. 1980, p. 35.

l'œuvre, en vertu du principe d'Omer Marin (qui n'a du truisme que l'apparence) : « *Ayant été ce que j'ai été je suis fatalement devenu ce que je suis (mais qui ou quoi ?)* » (*Sem.*, p. 213). Et je ferai donner aussi l'inverse, tout aussi légitime : « *Étant devenu ce que je suis (mais qui ou quoi ?) j'ai fatalement été ce que j'ai été* ».

CHRONOLOGIE DE GÉRARD BESSETTE ET/OU (IMAGINAIRE) D'OMER MARIN

1880 Naissance de Jean-Baptiste Bessette, père de Gérard Bessette. (Il mourra le 13 avril 1959, à l'âge de 78 ans.)

1884 — Naissance de Victoria Bertrand, mère de Gérard Bessette. (Elle mourra le 3 décembre 1981, à l'âge de 97 ans.)

1904 — Mariage de Jean-Baptiste Bessette (23 ans) et de Victoria Bertrand (19 ans), père et mère de Gérard Bessette.

1916 — Naissance de Marie-Anne (Ria) Bessette, sœur de Gérard Bessette.

1920 — 25 FÉVRIER : Naissance de Gérard Bessette (son père 39 ans, sa mère, 35), à Sainte-Anne-de-Sabrevoix sur le Richelieu, Québec. Quand Gérard a six mois, la famille Bessette s'installe sur une ferme à Saint-Alexandre, comté d'Iberville, Québec (*Romans*, p. 13).

1924 — La famille Bessette déménage au village de Saint-Alexandre, dans les locaux de la fabrique. Le père est bedeau.

1928 — Cadeau à Gérard d'un train mécanique (*Romans*, p. 23 ; voir *Sem.*, p. 145 : cadeau du jour de l'An anticipé).

1930 — PRINTEMPS : Déménagement à Montréal, quartier Maisonneuve. (« Je termine *Inconscient et imaginaire dans le Grand Meaulnes* de Michel Guiomar. Alain-Fournier se serait dédoublé à la suite de deux déménagements, survenus alors qu'il avait 4 et 10 ans. Dédoublement d'origine spatial donc ; redonc espace affectif [...] j'ai moi-même déménagé comme Alain-Fournier ! — aux âges de 4 et 10 ans : a) de la ferme au village, où mon père devint bedeau ; b) de St-Alexandre à Montréal, où je devins double : voilà pourquoi votre fille est muette » (G.B. à R.R., 4 fév. 1973). — Tonsilectomie d'O. Marin (*Sem.*, p. 102) ; double mamectomie de sa mère (*Sem.*, p. 102-103). — Suite de « malheurs » prévus par l'enfant O. Marin (*Sem.*, p. 146). — AUTOMNE : École Chomedey-de-Maisonneuve.

1931 — Quartier de Rosemont, 8e Avenue. École Brébeuf de Rosemont (5e et 6e années).

1932 — Opération pour une hernie double, à l'hôpital de la Miséricorde, rue Saint-Hubert. ([...] « moi qui à l'époque de ma double opération herniaire (et même avant lorsque j'étais hernieux) dus renoncer à mes projets athlétiques et même aux jeux (violents) de mon âge » (*Sem.*, p. 119).

1933 — G.B. commence son cours classique comme élève externe au collège Saint-Ignace (séminaire jésuite), 2919, rue de Bellechasse, près de la 6e Avenue, Rosemont. Il y passera deux années et demie, jusqu'au milieu de la « méthode ». « Je ne me suis jamais senti à l'aise à Saint-Ignace » (G.B. à R.R., 15 juin 1982). Il y fait la connaissance de François Hertel, jeune professeur de 28 ans : [...] « à St-Ignace, si je ne m'abuse, où vous étiez écolier, je vous initiai à l'art divin du "catching" (en anglais dans le texte) [...] Vous ne fûtes peut-être pas, mon cher Bessette, un de mes plus grands *catchers* ; mais je dus me contenter de vos services. » (F.H., dans *Rythmes et couleurs*, juil.-août-sept. 1967, p. 3)

1936 — JANVIER : Au milieu de la « méthode », G.B. passe à l'externat Sainte-Croix, 3820, rue Sherbrooke est, où il continuera son cours classique.

1937 — « J'ai commencé à songer à écrire alors que j'étais encore assez jeune (« versification »). Je noircissais du papier sans trop me poser de questions. Les professions libérales ou scientifiques ne me tentaient pas... » (*Québec Littéraire I*, p. 133)

1939 — 18 SEPTEMBRE : « J'adopte le vers libre » (d'après le journal de G.B. ; renseignement transmis à R.R., le 28 oct. 1981). G.B. est en 1re philo. — DÉCEMBRE : Parution de « Thomiste débutant », dans *Le Trait d'union*, journal des étudiants de l'externat Sainte-Croix.

1940 — 28 AVRIL : *Hasard*, pièce en un acte de G.B., est joué (matinée et soirée) à la salle Saint-Sulpice par le M.R.T. français (troupe de Mario Duliani ; interprètes : Janine Sutto, Roland Crépault, J. Paquette, Cécile Fugère) et gagne le premier prix (100 $) du concours de pièces canadiennes. Les membres du jury sont les docteurs Roméo Boucher et Philippe Panneton (Ringuet) et M. Louis Francœur (président). Le verdict est unanime. (Autres concurrents : *Jeunesse* d'Arthur Prévost, *Sous le masque* d'Irène Vigeant, *Un mari de son choix* de Madeleine Letram.) G.B. est « élève en philosophie 1re année, de l'externat classique Sainte-Croix » (*Le Devoir*, 30 avril 1940). — AUTOMNE : *Hasard* est publié dans *Le Trait d'union* (G.B. est en philo II).

1941 — G.B. élu président de sa classe de finissants (*Romans*, p. 83). Baccalauréat ès arts de l'Université de Montréal. — ÉTÉ : Avec son confrère Jean-Jacques Bertrand, il achète une librairie, rue Saint-Denis. Il devra la liquider au milieu de l'été. « Librairie circulante qui ne circulait pas. Elle était située dans le nord (au nord de Beaubien). J'y passais mes journées à lire. J'y portais une visière pour ménager mes yeux. » (G.B. à R.R., 15 juin 1982) — MILIEU DE L'ÉTÉ : Aide-arpenteur dans le Nord, à Saint-Côme, comté de Joliette, nord de Rawdon. — AUTOMNE : Job à la Montreal Tramways (C.T.M.) G.B. y travaillera un an : « interlude au cours duquel, malheureux et dépressif, je n'avais trouvé d'autres "remontants" que de scribouiller des vers à l'endos des factures et listes de correspondances de mon employeur » (*U.T.Q.*, automne 1980, p. 49).

1942 — 27 JUILLET : *Confidence d'une ville*, poème à l'occasion du tricentenaire de Montréal. Monologue de la ville, dans le style de Péguy. « Il s'agissait d'un monologue qui comptait une centaine de pages (sauf erreur). » (G.B. à R.R., 15 juin 1982) « 27 feuillets inédits » (d'après la *Bibliographie* de Carole Pilotte). — SEPTEMBRE : École normale Jacques-Cartier. G.B. y passera deux années. — Conscription. « Service militaire. Notre médecin de famille — qui biberonnait — m'avait classé F. Sa majesté le roi d'Angleterre me laissa donc tranquille un bout de temps. Mais lorsque je dus resubir un examen médical à Longueuil par un toubib de l'armée, je fus classé B, je crois. Si bien que je dus me soumettre à des exercices militaires comme étudiant dans le CEOC (ne me demandez pas ce que veut dire ce sigle). C'était pour les étudiants. J'ai même fait du camp (militaire) à Farnham, mais la guerre en Europe était déjà terminée ; il ne restait que la japonaise. Si bien que la discipline n'était pas trop stricte. On m'avait affecté aux cuisines et je m'étais donné le titre de surintendant des poubelles (désireux de monter en grade et aspirant à devenir général *****************.» (G.B. à R.R., 18 janv. 1982)

1943 — 22 JUIN : Projet d'écrire « un roman se passant en un jour » (d'après le journal de G.B. ; renseignement transmis à R.R. le 28 oct. 1981). — VACANCES : Composition du poème « Le coureur ». « Mon ami Bernard Thibault m'avait prêté de l'argent pour me permettre d'écrire sans soucis financiers. B.T. est mon ami le plus ancien. » (G.B. à R.R., juin 1982) Sentiment, comme poète, d'être handicapé par son « hérédité » (d'après le journal de G.B. ; renseignement transmis à R.R., le 28 oct. 1981). — 3 SEPTEMBRE : G.B. envoie « Le Coureur » à Roger Duhamel, journaliste au *Devoir*. — G.B. écrit un roman intitulé *Georges Blondin* (inédit), 25 chapitres, 219 feuillets environ (d'après la *Bibliographie* de Carole Pilotte).

1944 — 22 FÉVRIER : Essai sur Freud et Bergson (d'après le journal de G.B. ; renseignement transmis à R.R., le 28 oct. 1981 ; voir *Romans*, p. 100). — JUIN : Diplôme supérieur d'enseignement de l'École normale Jacques-Cartier. — SEPTEMBRE : Faculté des lettres de l'Université de Montréal. Préparation de la licence/maîtrise (pendant deux ans, jusqu'en 1946). — DÉCEMBRE : Publication d'un extrait du poème « Le Coureur » dans la revue *Gants du ciel* de Guy Sylvestre.

1945 — JUIN : « Le Coureur » est publié *in extenso* dans *Gants du ciel*. — (en 1945-1946), « je collabore à la version française de l'Encyclopédie Grolier, grâce à la recommandation de Hertel. Je travaillais surtout à la bibliothèque St-Sulpice (aujourd'hui Bibliothèque nationale du Québec). » (G.B. à R.R., juin 1982) G.B. a fait l'article « Mexique » dans l'encyclopédie (voir Jacques Allard, Introduction au *Libraire*, p. 13). — G.B. écrit *La Déception* (texte pour la radio), 15 feuillets, série « Entrée des artistes » [dirigée par Judith Jasmin, *dixit* G.B. à R.R., juin 1982] (d'après la *Bibliographie* de Carole Pilotte). — « C'est en 1945-1946 surtout que je pris l'habitude de noctambuler et de caresser la dive bouteille avec mes condisciples des deux sexes. Il m'arrivait de manquer mes cours de littérature pour assister comme auditeur aux cours d'histoire de Lionel Groulx, qui était excellent prof. Je me souviens d'avoir un jour porté sa serviette alors que nous montions l'escalier menant à l'Université. » (G.B. à R.R., juin 1982)

1946 — MARS : Le poème « Évocation » est publié dans *Amérique française*. — JUIN : Licence ès lettres/maîtrise ès arts de l'Université de Montréal. « Médaille du lieutenant-gouverneur » (*Sem.*, p. 129). Thèse de M.A. : *Les Images chez Nelligan* (directeur : Guy Frégault). « La bibliothèque de l'Université de Montréal a perdu ma thèse de maîtrise » (G.B. à R.R., juin 1982). — SEPTEMBRE : *Instructor of French*. University of Saskatchewan, à Saskatoon, où G.B. passera trois années scolaires (jusqu'en 1949). Parmi les étudiants, beaucoup d'anciens combattants; soirées dans les tavernes, etc. (*Romans*, p. 98). — NOVEMBRE : Le poème « Deux perspectives crépusculaires I. Celle d'Ophtalme II. Celle d'Astate » est publié dans *L'Action nationale*, p. 167-171. Également l'article « Les images chez Nelligan », *ibid.*, p. 195-200.

1947 — 14 JUIN : Mariage de G.B. avec Gabrielle De Kinder. « Mon beau-père était hollandais, ma belle-mère, canadienne française. » (G.B. à R.R., juin 1982) — ÉTÉ : Voyage aux États-Unis et au Mexique. — G.B. écrit *Tour de scrutin* (radio-théâtre), série « Les Voix du pays » (d'après la *Bibliographie* de Carole Pilotte). — SEPTEMBRE : 2e prix au concours littéraire de la province de Québec, pour *Le Coureur et Autres Poèmes*. « Section I, Littérature. — Étant admis au concours les ouvrages d'imagination en vers, en langue française. Le nombre des concurrents était de 28. 1er prix, 800 $, M. Alain Grandbois pour les *Îles de la nuit* 2e prix, 400 $, M. Gérard Bessette pour le *Coureur et Autres Poèmes* 3e prix, 200 $, M. Alphonse Piché pour les *Ballades de la Petite Extrace* [...] Dans la section I (littérature) le jury était composé comme suit : le R.P. Émile Legault C.S.C., M. Robert Charbonneau, M. Roch Valin, M. Robert Élie et M. Roger Duhamel. » (*Le Devoir*, 25 sept. 1947, p. 3) — DÉCEMBRE : Le poème « Hymne à l'esprit alcoolique » est publié dans la revue *Liaison*.

1948 — MARS : « Le Coureur » de G.B., les « Petits poèmes à la gloire du sport » de François Hertel et des textes de deux poétesses anglophones sont choisis par la Société des écrivains canadiens et la Canadian Authors Association « pour représenter le *Dominion* au *Concours International* qui aura lieu à Londres cet été » [Jeux olympiques] (*Le Devoir*, 30 mars 1948, p. 5). — ÉTÉ : Incident à propos de l'*Index librorum prohibitorum*, à la Bibliothèque municipale de Montréal (raconté dans *Romans*, p. 80). — JUILLET : Publication de l'article « Analyse d'un poème de Nelligan », dans la revue *L'Action universitaire*. — Voyage en Europe avec sa femme. « Nous visitâmes l'Angleterre (Londres et Oxford), la France (Paris, Nîmes, Albi, à cause de Toulouse-Lautrec), l'Italie (Florence, Rome, Naples), la Suisse, l'Espagne (Barcelone, Madrid, l'Andalousie), etc.» (G.B. à R.R., juin 1982). O. Marin: «nervosité au volant, espèce de spatiophobie qui n'était ni claustro — ni agora — et qui avait provoqué de terribles querelles entre Omer et Henriette lors de leur (seul) voyage en Europe où Omer tenait le volant et où Henriette était censée le guider au moyen de cartes routières, chaque fois qu'elle se trompait Omer piquait une colère noire (soulageant peut-être ainsi son ancienne rancune spatiale contre la mère)» (*Sem.*, p. 147).

1949 — AVRIL: Le poème «Entretien nocturne» est publié dans la revue *Liaison*. — SEPTEMBRE: G.B. est inscrit à la faculté des lettres de l'Université de Montréal. Préparation du doctorat.

1950 — Doctorat ès lettres. Thèse: *Les Images en poésie canadienne-française* (directeur: Guy Frégault). Malgré certaines promesses, G.B. n'est pas engagé comme professeur à l'Université de Montréal (*Romans*, p. 84; *Québec français*, déc. 1980, p. 35). «État dépressif» (G.B. à R.R., juin 1982). — New York: emploi comme trieur de courrier à la Chase National Bank.

1951 — G.B. écrit un roman, *Les Dégoûtantistes*, sur les étudiants de l'École normale. «J'y travaillais à New York en 1950-1951» (G.B. à R.R., 11 mars 1974). — Écrit «L'Extrême onction», nouvelle. (Sera publiée d'abord en anglais, «The Conversion», traduction de Glen Shortliffe, en 1960, puis en français en 1963.) — SEPTEMBRE: Professeur de langue, littérature et civilisation françaises à Duquesne University, Pittsburgh, U.S.A. G.B. y restera sept années, jusqu'en 1958; il aura alors atteint le rang d'*associate professor* (professeur agrégé).

1952 — JUILLET: L'article «*Bonheur d'occasion*» paraît dans la revue *L'Action universitaire*.

1953 — JUIN-JUILLET: Le poème «Le danseur» est publié dans la *Nouvelle Revue canadienne*.

1954 — JANVIER-FÉVRIER: L'article «Les douze meilleurs romans du XIXe siècle» est publié dans la *Nouvelle Revue canadienne*. — AVRIL: L'article «Le plus grand roman du XIXe siècle» paraît dans *L'Action universitaire*. — AOÛT: *Les Dégoûtantistes* (version tapée): FIN (p. 268) datée du 12 août 1954. — 4e TRIMESTRE:

Poèmes temporels. Recueil publié à compte d'auteur aux éditions Regain de Monte-Carlo.

1956 — JUIN : Attaque d'apoplexie du père. « [...] "moment fatidique" [...] Les médecins [...] ne m'avaient laissé aucun espoir sur le rétablissement de mon père. De fait, après une légère remontée suivie d'une période ambulatoire apparemment stable, il se mit à dépérir peu à peu pour s'éteindre au bout de quelque trois ans ». (*U.T.Q.*, automne 1980, p. 48) Omer Marin fera état des « périodes de parcimonieuse retraite qu'il s'était ménagées (à compter de l'apoplexie paternelle) » (*Sem.*, p. 129). — ÉTÉ : G.B. « commence » *La Bagarre* (roman). Il y travaillera jusqu'au début de 1957.

1957 — VACANCES : G.B. écrit *Le Libraire* (roman). [...] « de tous mes romans celui que j'ai rédigé le plus rapidement : en quelques mois, vraisemblablement au cours des grandes vacances de 1957 » (*U.T.Q.*, automne 1980, p. 48). — OCTOBRE : L'article « L'unanimisme dans les romans de Malraux » est publié dans la revue *L'École canadienne.* — 16 NOVEMBRE : *Le Devoir* publie la réponse de G.B. à la question « Le roman de mœurs est-il une facilité ? »

1958 — FÉVRIER : Parution de *La Bagarre* (roman), au Cercle du livre de France. — PRINTEMPS : G.B. déménage à Kingston, en Ontario. Il a un poste de professeur agrégé (*associate professor*) au Collège militaire royal (R.M.C.). Il y restera deux années : « J'y partageais un bureau avec Albert LeGrand. Collègues : Normand Leroux, Arsène Lauzière, Yves de Margerie, Gustave Labbé ; directeur du département : Léopold Lamontagne. » (G.B. à R.R., juin 1982). ÉTÉ : G.B. travaille aux *Pédagogues* (roman).

1959 — MARS : L'article « L'évolution des images en poésie canadienne-française » paraît dans la revue *Culture.* C'est un résumé-introduction de sa thèse de 1950 ; celle-ci sera publiée *in extenso,* l'année suivante, 1960. — 13 AVRIL : Mort à l'âge de 78 ans de Jean-Baptiste Bessette, père de Gérard. — PRINTEMPS : *Les Pédagogues* sont à peu près achevés, G.B. commence *La Commensale* (roman). — « Les "circonstances" ont voulu que je connaisse [...] après une douzaine d'années de (premier) mariage [...] les plaisirs et les affres de l'éternel triangle — lequel était tantôt double et même triple : on en retrouve des reflets dans *L'Incubation.* » (*Romans,* p. 111-112) [En fait,

« douzaine » n'est peut-être pas ici mathématiquement exact (R.R.).]

1960 — AVRIL : Parution du *Libraire* (roman), chez René Julliard (Paris) et au Cercle du livre de France (New York et Montréal). — JUIN : Parution des *Images en poésie canadienne-française*, chez Beauchemin. — ÉTÉ : G.B. travaille à *La Commensale* (roman). — G.B. professeur passe à l'université Queen's. Il y sera jusqu'à sa retraite (anticipée) en 1979. Collègues de l'époque : Glen Shortliffe, Pierre Gobin ; directeur du département : Hugo Evans. — SEPTEMBRE-OCTOBRE : Notes sur Albert Laberge, en préparation de l'anthologie et de sa présentation. — AUTOMNE : Parution de la nouvelle « The Conversion » (traduction anglaise de Glen Shortliffe) dans *Queen's Quarterly*.

1961 — 28 FÉVRIER : Lecture de *La Jalousie* de Robbe-Grillet (d'après le journal de G.B. ; renseignement transmis à R.R., le 18 oct. 1981). — MARS : Parution des *Pédagogues* (roman) au Cercle du livre de France. — 2 AVRIL : G.B. travaille sur la partie d'échecs de *La Commensale* (description robbe-grillesque). — 28 JUIN : La dactylographie de *La Commensale* est achevée et datée. — JUILLET : Voyage en Gaspésie et sur la Côte-Nord, avec sa femme et un couple d'amis (anciens condisciples de faculté). Natashquan (O. Marin : voir l'épisode des Lesieur, dans *Sem.*, p. 135 ss.). — 17 AOÛT : Achèvement de la préface à *l'Anthologie d'Albert Laberge*. — G.B. travaille à « Nelligan et les remous de son subconscient » (qui paraîtra dans les *Archives des lettres canadiennes*, II, en 1963). Mais il « ne freudianise pas encore dans ses cours » (*Sem.*, p. 137). — Travaille à l'*Histoire de la littérature canadienne-française* ; il fait la partie sur les romanciers (sauf lui-même). — Écrit deux nouvelles : « L'accident » et « L'emplâtre », qui seront publiées dans les *Écrits du Canada français*, n° 12, mars 1962. — 8 NOVEMBRE : Conférence à l'Université du Manitoba : « French Canadian Society as seen by contemporary novelists ». Le texte sera publié dans la revue *Queen's Quarterly*, été 1962.

1962 — MARS : G.B. explique son refus de participer à un numéro spécial de *Liberté* sur le séparatisme : « Dissidence... » (*Liberté*, n° 21). — MAI, JUIN, JUILLET : Voyage (sans sa femme) en Europe : Paris, Londres. Travaille à l'*Histoire de la littérature canadienne-française*. Corrige (jusqu'au deux tiers) la version dactylographiée de *La Commensale* ; de ce moment, il n'y touchera plus. Commence *L'Incubation* (dans un cahier « Héraklès » acheté à Paris). Mononucléose : états seconds provoqués par des médicaments « chevalins ». — FIN JUILLET : De retour à Kingston, G.B. travaille à *L'Incubation*. — « Le thème de la solitude dans les romans de Langevin », article écrit en collaboration avec Mary Jane Edwards, paraît dans la *Revue de l'Université d'Ottawa*, juil.-sept. 1962. — « Témoignage », dans *La Littérature par elle-même*, Cahiers de l'A.G.E.U.M., nº 2. — *Not for Every Eye*, traduction anglaise par Glen Shortliffe du *Libraire*, paraît à Toronto chez Macmillan. — *Anthologie d'Albert Laberge*, au Cercle du livre de France (l'achevé d'imprimer portera la date du 25 janvier 1963).

1963 — [...] « crises affectives et chassé-croisé interpersonnel qui présidèrent à *L'Incubation* (*Romans*, p. 98) : « Avec force déformations et déplacements, *L'Incubation* raconte un drame que j'ai vécu, réellement et en fantasmes » (*Romans*, p. 107). — FÉVRIER : Parution du premier article psychocritique : « Nelligan et les remous de son subconscient » (*Archives des lettres canadiennes* II). — PRINTEMPS, ÉTÉ : G.B. travaille à *L'Incubation* (texte complet mais chaotique). [...] « au cours des deux ou trois semaines qui précédèrent mon attaque de Coxsackie, j'eus [...] l'impression *d'inaugurer absolument* un roman nouveau lorsque je traçai d'une plume hiéroglyphique filant à l'épouvante le début fiévreux de *L'Incubation* (pendant que déjà sans doute la pseudo-polio me travaillait insidieusement). Il s'agissait d'une soixantaine de pages que nous dûmes nous mettre à deux — armés d'une loupe — pour déchiffrer un an plus tard au moment où je voulus me remettre à la tâche et compléter le roman (1964). » (*U.T.Q.*, automne 1980, p. 51). — AUTOMNE : Maladie grave : Coxsackie. Hospitalisation. G.B. manque tout un semestre d'enseignement. O. Marin : tentation de suicide (*Sem.*, p. 130).

1964 — PRINTEMPS, ÉTÉ : Reprise et achèvement de *L'Incubation*. — 2 DÉCEMBRE : Conférence de Glen Shortliffe à l'Université de Montréal : « Gérard Bessette, l'homme et l'écrivain ». (Le texte sera publié en brochure, en mai 1965, puis dans la revue *Études françaises*, en octobre 1965.)

1965 — FÉVRIER : « Témoignage », dans *Archives des lettres canadiennes* III. — Sortie de *L'Incubation* (roman), à la Librairie Déom, collection « Nouvelle prose ». — 2 SEPTEMBRE : Interview avec Gabrielle Roy. L'échange de questions et de réponses sera publié dans *Une littérature en ébullition*, en 1968. — OCTOBRE : G.B. reçoit le prix de la province de Québec pour *L'Incubation*.

1966 — « La Dislocation dans la poésie d'Anne Hébert », texte d'une communication faite à l'Université de la Colombie-Britannique, en juin 1965, paraît dans la *Revue de l'Université d'Ottawa*, janv.-mars 1966. — AVRIL : G.B. reçoit le prix du Gouverneur général pour *L'Incubation*. — MAI : G.B. est élu à la Société royale du Canada. — G.B. travaille à des articles sur Gabrielle Roy : 1) « Appendice » [à l'article de 1952 sur *Bonheur d'occasion*] ; 2) « Correspondances entre les personnages et le milieu physique dans *Bonheur d'occasion* » ; 3) « La romancière et ses personnages ». Tous ces textes paraîtront dans *Une littérature en ébullition*, en 1968. — G.B. passe l'année scolaire 1966-1967 à l'université Laval, comme professeur invité (avec la possibilité d'y rester ensuite comme professeur régulier). — NOVEMBRE : Colloque Nelligan à l'université McGill. G.B. présente une communication : « Le complexe parental chez Nelligan » (le texte sera publié dans *Une littérature en ébullition*, en 1968). — Un extrait de *La Commensale*, « Par inadvertance », est publié en France dans la revue *Les Lettres nouvelles*, déc. 1966-janv. 1967.

1967 — L'article « *La Route d'Altamont*, clef de *La Montagne secrète* » est publié dans *Livres et Auteurs canadiens 1966*. — ÉTÉ : G.B. reprend son poste à l'université Queen's. Retour et réinstallation à Kingston. — La comédienne Hélène Loiselle interprète à Radio-Canada le texte d'une nouvelle intitulée « Grossesse ». — Sortie de *Incubation*, traduction anglaise par Glen Shortliffe de *L'Incubation*, chez Macmillan à Toronto.

1968 — JANVIER : Parution d'*Une littérature en ébullition*, aux éditions du Jour : recueil d'articles critiques sur Anne Hébert, Émile Nelligan, Claude-Henri Grignon, Yves Thériault et Gabrielle Roy. — *De Québec à Saint-Boniface*, recueil de récits et nouvelles du Canada français préparé et présenté par G.B., chez Macmillan à Toronto. — *Histoire de la littérature canadienne-française* par G.B. en collaboration avec Lucien Geslin et Charles Parent, aux éditions du Renouveau pédagogique. — MARS : Séparation d'avec sa femme. — MAI, JUIN, JUILLET : Voyage en Europe. G.B. se trouve à Paris au moment des événements de mai. Suisse, Allemagne, Espagne. — 25-26 OCTOBRE : Colloque du Centre de recherche en littérature canadienne-française de l'Université d'Ottawa. G.B. présente une communication : « La littérature canadienne-française à l'université Queen's » (le texte sera publié dans *Recherche et Littérature canadienne-française*, en 1969). — Édition tchèque du *Libraire*, traduit par Eva Janovcova.

1969 — PÂQUES : Voyage à New York. — « Grossesse », nouvelle de G.B., paraît dans *Liberté*, vol. 11, n° 2 (mars-avril). — 24 JUIN : Mort de Glen Shortliffe. Aux obsèques, G.B. rend les derniers devoirs à son ami ; son texte, « In Memoriam, Glen Shortliffe, 1913-1969 », sera publié dans la revue *Queen's Quarterly*, automne 1969. — ÉTÉ : G.B. s'installe à Montréal pour son année sabbatique. Il travaillera à son roman, *Le Cycle*. — Voyage au Maroc. — AOÛT : Parution de l'article « *Alexandre Chenevert* de Gabrielle Roy », dans *Études littéraires*. — G.B. publie « Romance » dans *La Barre du jour*, n° 21 (sept.-oct.).

1970 — AOÛT : Interview (par Jacques Allard) qui nourrira le texte d'introduction du *Libraire*, aux éditions du Renouveau pédagogique. — Retour à Kingston après l'année sabbatique. — Édition tchèque de *L'Incubation*.

1971 — MAI : Sortie du *Cycle*, roman, éditions du Jour. — G.B. commence *Les Anthropoïdes*, roman. — 3 SEPTEMBRE : Mariage avec Irène Bakowski-Borys, avocate et bibliothécaire. — OCTOBRE : G.B. participe à une « Semaine du Québec », à l'Université de Toronto. — NOVEMBRE : G.B. est blessé dans un accident de voiture, à Kingston.

1972 — AVRIL :Le prix du Gouverneur général est décerné à G.B. pour *Le Cycle*. — ÉTÉ : Voyage à Londres, Paris, Bordeaux, Barcelone.

1973 — FÉVRIER : G.B. donne une interview qui paraîtra dans *Le Québec littéraire I : Gérard Bessette*, en 1974. — NOËL : Voyage au Mexique et aux U.S.A. — DÉCEMBRE : Parution de *Trois Romanciers québécois* aux éditions du Jour : recueil d'études sur Victor-Lévy Beaulieu, André Langevin et Gabrielle Roy.

1974 — JUILLET : G.B. est à Montréal. Il passera l'année scolaire 1974-1975 en congé. Il travaille aux *Anthropoïdes*.

1975 — G.B. participe à la fondation des éditions Quinze. — Il s'installe un pied-à-terre permanent à Montréal, quartier Hochelaga. — JUILLET : Retour à Kingston en vue de l'année scolaire à Queen's. — SEPTEMBRE : Parution de *La Commensale*, roman, aux éditions Quinze, et publication d'un article, « La psychocritique », dans *Voix et Images*, vol. I, n° 3, avril 1976. Durant l'année scolaire 1975-1976, cours sur les trois premiers romans de Gilbert La Rocque.

1976 — PRINTEMPS : Parution de *Serge d'entre les morts* de Gilbert La Rocque. G.B. passera l'année scolaire 1976-1977 en congé (sans salaire) de l'enseignement. Il achèvera ses *Anthropoïdes.*

1977 — Retour à Queen's pour l'année scolaire 1977-1978. — AUTOMNE : Maladie (chlamidiæ). G.B. manque le semestre d'automne. — 4e TRIMESTRE : Parution des *Anthropoïdes* aux éditions La Presse. — G.B. travaille à *Mes romans et moi.*

1978 — HIVER : Semestre difficile, cours sur *Serge d'entre les morts* de Gilbert La Rocque. — 13 MARS : Le texte autobiographique intitulé « Mes premiers souvenirs » est lu à Radio-Canada. — AVRIL : Publication de « Mes romans et moi » (1re tranche), dans la revue *Voix et Images,* vol. III, no 3. — 26 MAI : Donald Smith interviewe G.B. pour *Lettres québécoises,* no 11 (septembre 1978). — SEPTEMBRE : « Mes romans et moi » (2e tranche), dans *Voix et Images,* vol. IV, no 1. — G.B. est en congé (sans salaire) de l'enseignement pour la durée de l'année scolaire 1978-1979. Il écrit *Le Semestre,* roman.

1979 — JANVIER : Parution en volume de *Mes romans et moi,* dans les Cahiers du Québec, collection « Littérature », chez Hurtubise HMH. — G.B. prend sa retraite (anticipée) de l'enseignement. — NOVEMBRE : Parution du *Semestre,* roman, aux éditions Québec/Amérique.

1980 — 2e TRIMESTRE : Parution de *La Garden-Party de Christophine,* recueil de nouvelles, aux éditions Québec/Amérique. — Léonce Cantin et Gilles Dorion interviewent G.B. pour la revue *Québec français,* numéro de décembre. — G.B. écrit l'article « Romancier(s) québécois », qui paraîtra dans *University of Toronto Quarterly* (numéro du cinquantenaire de la revue), automne 1980. — NOVEMBRE : Colloque « Lectures de Gérard Bessette » à l'université Queen's (les actes en seront publiés à l'automne 1982). — G.B. se voit décerner le prix David de la province de Québec. — Interview de G.B. par Mary Jane Edwards, qui paraîtra dans la revue *Canadian Literature,* printemps 1981. — Dépôt (en trois lots) à la Bibliothèque nationale du Québec du fonds littéraire Gérard Bessette (manuscrits, tapuscrits, brouillons, notes de cours, papiers divers, etc.)

1981 — 3 DÉCEMBRE : Mort à l'âge de 97 ans de Victoria Bertrand, mère de G.B.

1982 — JANVIER-MAI : Séjour à New Haven, Connecticut. G.B. est professeur invité de littérature québécoise à l'université Yale. — JUIN : G.B. reçoit un doctorat ès lettres *honoris causa* de l'Université d'Ottawa. — SEPTEMBRE-DÉCEMBRE : Écrivain en résidence au département des lettres françaises de l'Université d'Ottawa. — FIN NOVEMBRE : Opération (vésicule biliaire) et convalescence à Ottawa.

1983 — JANVIER-AVRIL : Enseignement (mi-temps) à l'université Queen's. Met en chantier un roman qui s'intitulera *La Chambreuse*. Travaille à préparer des extraits de son journal pour la publication. (L'ensemble du journal, sous scellés à la B.N., s'étend sur une période équivalente à toute la carrière littéraire depuis 1939 et couvre quelque 6 000 pages manuscrites.) Met au point « La Rupture ». — FIN SEPTEMBRE : Départ pour l'Europe (trois semaines) : Barcelone, Toulouse, Vienne, Prague.

1984 — FÉVRIER : Achève *Les Dires d'Omer Marin*. — SEPTEMBRE (jusqu'en AVRIL 1985) : Écrivain en résidence à l'U.Q.A.M. ; 14 SEPTEMBRE : Causerie sur « L'œuvre de Gérard Bessette ». — 26 NOVEMBRE : Mort de Gilbert La Rocque.

1985 — Josette Giguère interviewe G.B. pour *Nuit blanche* (nº 17, février-mars 1985) et Agnès Whitfield pour *Lettres québécoises* (nº 38, été 1985). AVRIL : parution des *Dires d'Omer Marin*. SECONDE MOITIÉ DE L'ANNÉE : Épuisement physique. État dépressif.

1986 — « Ma santé est chancelante depuis un an » (G.B. à R.R., 1er août 1986).

Reçu à l'Académie
canadienne-française
en 1988

à l'âge de 76
le Marianne
tte (épouse Bouthat)
de Gérard
Septembre, 1992

I. Enfances

On ne connaît pas vraiment l'enfance d'un écrivain. La relation qu'il en fait dans des écrits de sa maturité est nécessairement partielle et, quelle que puisse être sa bonne foi, se teinte toujours des couleurs et du style des actes-moments de mémoire et d'écriture. Ce disant, non seulement je ne déprécie en rien des ouvrages comme *Mes romans et moi*, je m'octroie au contraire le moyen de les comprendre, d'en pénétrer la vérité spécifique, qui relève justement de ce que j'appelais, ci-haut, « l'autre moi » d'un auteur. Je ne suis pas du tout surpris, d'une part, d'entendre Gérard Bessette déclarer à ses interviewers que « le texte intitulé "Mes premiers souvenirs" ne contient pas tous [ses] souvenirs d'enfance » (*Q. fr.*, p. 33). « Loin de là, insiste-t-il. J'ai dû élaguer, éliminer [...] D'ailleurs, il y en a d'autres qui me sont remontés à la mémoire [1] depuis lors. » (*ibid.*) D'autre part, et nonobstant son irritation (dont j'eus naguère à subir le feu [2]), je pense que l'auteur ne pouvait tout dire, l'eût-il cherché, cependant que, à sa manière de le dire (ou de le taire), il en disait, bon gré mal gré, bien plus (et bien moins) qu'il n'eût voulu.

Mais il faut m'avancer plus loin. C'est Gérard Bessette lui-même qui convient que *Le Semestre*, tout roman qu'il reste, est décidément très autobiographique, à la condition, bien entendu, que l'« on considère que les fantasmes font partie de la biographie [...] Mais il faut bien faire ce distinguo et affirmer que l'imaginaire, les faits psychiques,

---

1. Il y a tout lieu de croire que certains souvenirs retrouvés après *Mes romans et moi* (écrit en 1977) sont passés dans *Le Semestre* par le truchement d'Omer Marin.

2. Voir l'article « Romancier(s) québécois », dans *University of Toronto Quarterly*, vol. 50, n° 1 (automne 1980), p. 43-52.

dans ce contexte-là, appartiennent aussi à la biographie... » (*Q. fr.*, p. 33) Cette norme, il la tient pour certaine, dans *Le Semestre*, chaque fois qu'Omer Marin, décortiquant *Serge d'entre les morts*, en infère sans aucune hésitation à la psyché de Gilbert La Roque. Mais G. Bessette au préalable n'avait pas fait autrement, à découvert et pour son propre compte, comme (psycho)critique de Gabrielle Roy, Victor-Lévy Beaulieu, etc., voire comme auto-(psycho-) critique, reportant sur l'auteur de ses propres romans certaines des données obscures les plus intensément fantasmées par tel ou tel de ses personnages (Lebeuf, Chayer, Lagarde, Guito, etc.). C'est pourquoi, tablant avec la prudence et la franchise nécessaires sur les faits avérés et sur les fantasmes découverts, j'oserai dresser un bilan depuis l'origine du vécu bessettien.

Ce qui distingue surtout la première enfance, c'est cette « atmosphère intensément religieuse [...] où un Dieu omniscient et omniprésent intervenait sans cesse » (*Romans*, p. 126). C'était là, certes, jusqu'à un certain point le climat général du Québec, dans les années 20 et 30. Mais, chez les Bessette, tout ce qui s'ensuivait des fonctions paternelles de bedeau (le gîte à l'ombre du clocher, dans une maison tout ensemble familiale et publique, hors de l'ordinaire et appartenant du reste à la fabrique, la dépendance économique et « spirituelle » complète vis-à-vis de l'Église) rendait le cas, en vérité, assez particulier. Profitant d'un domaine de jeu qui coïncidait avec l'immense propriété paroissiale (cimetière y compris, et l'église même où, entre autres, il se suspendait aux cordes des cloches), le petit garçon, qui serait plus tard toujours marginal, avait le sentiment d'être « au centre du monde » (*Romans*, p. 22), mais il était du même coup par la force des choses ce que j'appellerais un enfant de sacristie, servant de messe de corvée et proche témoin, pour le meilleur et pour le pire, de ce qui touchait les prêtres et les lieux sacrés. Tant que dura la conviction de sa « centralité », en somme jusqu'au départ du père puis de la famille pour Montréal quand il avait dix ans, l'enfant semble avoir coulé des jours surtout heureux dans sa petite patrie villageoise. C'est l'impression que laisse le commencement de ses mémoires.

Les personnages essentiels de l'enfance sont naturellement les parents les plus proches, peuplant la vie quotidienne. Dans le chapitre intitulé « Mes premiers souvenirs » de *Mes romans et moi*, G. Bessette rapporte toutes sortes d'anecdotes significatives où père, mère et sœur, tour à tour ou tous ensemble, tiennent des rôles importants. Aimer jouer semble un trait distinctif des parents, qui font même occasionnellement partie d'une troupe locale de théâtre (*Romans*, p. 27). Le quatuor familial est inventif, prêt à s'associer, je dirais, dans la création collective, comme le montre bien cette histoire du chat Pilou, animal réel et mythique doué de la parole (*Romans*, p. 32–35). De tels jeux de fiction (et de vérité profonde) aux résonances très complexes [3] et où participent tous les membres de la famille incitent à chercher du côté de la « race », si peu lettrée qu'elle soit, les racines réelles de ce qui sera, chez un futur écrivain, la « propension à fantasmer, à fabuler, à écrire des romans » (*Romans*, p. 32). La relation avec la sœur aînée, dans l'invention de cet autre jeu des chats aux allures de « petite *Comédie humaine* » (*Romans*, p. 46-48), me paraît du même ordre. Au reste, cette sœur intelligente, inclinée la première vers la littérature, aura, probablement sans le savoir, contribué dans la vie et les amusements communs à la formation de son jeune frère, à qui, selon le sort courant d'une fille du peuple à cette époque, elle laissera en propre le privilège de pouvoir étudier et le soin de devenir écrivain.

L'un des premiers souvenirs relatifs au père — épisode où celui-ci montre à l'enfant les grandes dents du cheval — est, comme le dit l'auteur, « freudien à souhait » (*Romans*, p. 17), mais ce n'est là que l'indice œdipien d'une situation censément ambivalente d'amour et de rivalité qui trouvera de durables échos dans toute l'entreprise littéraire du fils. Dans la partie de *Mes romans et moi* qui a donné son titre au livre entier, c'est le père qui tient la vedette dans l'explication de l'origine de la vocation d'écrivain et dans la signification des œuvres elles-mêmes. L'essai arrive à la fin d'une époque, ouverte une bonne vingtaine d'années auparavant, au moment de l'apoplexie paternelle en juin 1956, commencement de la mort survenue le 16 avril 1959 : « souvenir de la disparition du père [...] douloureux et engendreur de remords », notera Omer Marin (*Sem.*, p. 79). Ce n'est pas du tout par hasard que l'interview menée par *Voix et Images*, en 1976, s'intitule « La recherche du Père » et qu'on y lit, dans une référence directe au *Cycle* (1971), où le polarisateur des consciences, « c'est le cadavre, le père mort » : « Un problème qui me préoccupe, tant au plan individuel que collectif, c'est l'image du père, le Père avec un grand P » (*V. et I.*, I, 3, p. 322).

L'œdipe bessettien se forme par rapport à un homme bien concret. Ce père est un être bon et sympathique ; enclin à la chimère ? du moins un peu fantaisiste (nature de poète qu'il aura transmise ?). Il rêve de longs voyages (*Romans*, p. 22) et, pour s'évader, il est capable de dévorer des romans en cachette, au lieu de faire « son train » (*ibid.*, p. 16). Vis-à-vis de la mère, il n'a pas l'étoffe pour résister aux excès de la foi religieuse (*ibid.*, p. 30). Sans doute correspond-il au père d'Omer Marin qui « ne prenait chez lui à peu près jamais de décision préférant — sans doute par faiblesse plutôt que par sagesse — laisser couler les choses sans intervenir sauf pour picosser sa femme ou lui donner des coups d'aiguille, quitte à réintégrer sa coquille lorsque Vitaline montait sur

3. Voir les explications qu'en donne l'auteur dans *Mes romans et moi*, p. 33-35.

ses grands chevaux» (*Sem.*, p. 132). Il est du type changeant: *weaver* émigré, habitant rapatrié, bedeau villageois et finalement petit commis voyageur ou «solliciteur» citadin, «secrétaire d'abord puis directeur de la *Laiterie des producteurs de lait*, située rue Lafontaine dans le quartier Hochelaga» (*Romans*, p. 45). Comme le père d'Omer Marin, il avait donc occupé en son domaine la première place qu'il «avait imprudemment briguée et obtenue sans savoir qu'il courait à l'échec» (*Sem.*, p. 79), même s'il pouvait à l'occasion se montrer combatif, dans des luttes probablement vaines et perdues d'avance (*Sem.*, p. 121). De même qu'Omer Marin «n'avait sans doute jamais avalé l'échec paternel» (*Sem.*, p. 79), de même le fils de Jean-Baptiste Bessette, indélébilement marqué dans son attachement par la déception, reliera dans *Mes romans et moi* sa vocation de romancier — et notamment le branle de *La Bagarre*, consécutif à la crise d'apoplexie de l'été 1956 — à l'inconscient mais résolu dessein de sublimer la défaite dans le dépassement du père par l'écriture (*Romans*, p. 59) [4].

Mais c'est la mère, en fin de compte, qui occupe (naturellement) la position clé dans le processus œdipien. Elle est déjà présente dans la plupart des réminiscences qui composent «Mes premiers souvenirs». C'est elle, surtout, avec sa «foi ardente et "charbonnière"», qui cautionne la puissance de l'environnement religieux et qui confine ainsi la famille «dans un monde prélogique et magique où Dieu manifestait son obscure volonté et où il était même censé intervenir constamment» (*Romans*, p. 30). Néanmoins, dans la suite proprement psychocritique de *Mes romans et moi*, il est assez peu question de la mère (sauf à propos d'un fantasme, sur quoi je reviendrai). Toute l'attention est alors consacrée à la recherche du père, confirmant encore et, sans doute, pour la dernière fois l'intensité du choc produit vingt ans auparavant par la mort du géniteur, cependant que la mère vit toujours, ayant dépassé le cap des 90 ans. Mais cet acte de témoignage est en fait le signe de la fin d'un cycle.

Soudain la quête va changer d'objet. «Quelle personne a le plus marqué votre enfance?» demanderont les interviewers de *Québec français* en 1980. «Ça doit être ma mère», répondra G. Bessette. — «Pourquoi dites-vous que *ça doit* être ma mère; est-ce que ça ne pourrait pas aussi être votre père?» — «Parce que je n'ai pas de souvenirs d'enfance très fournis» (*Q. fr.*, p. 33).

---

4. Même si je ne veux minimiser en rien le choc produit par l'attaque et la mort du père, je reste persuadé que la volonté de transcender le père a connu des effets bien plus tôt, dans l'éclosion première du *scholar* (étudiant puis professeur) et du poète-écrivain débutant. Je reviendrai là-dessus un peu plus loin.

Voire ! Voici *Le Semestre* (1979) qui, sous le leurre d'Omer Marin, renoue le fil autobiographique de « Mes premiers souvenirs » et pose sans conteste l'imago déterminante de la mère. Aux anecdotes-confidences authentiquement bessettiennes de l'ouvrage antérieur, le relais Marin ajoutera des détails ou joindra d'autres événements (souvenirs ou fantasmes ?) importants. Ainsi, le train mécanique qui ne recevait, dans « Mes premiers souvenirs », qu'une mention anodine, d'ordre, disons, technique (*Romans*, p. 23), se trouve mis en situation psychologique, dans *Le Semestre* : le papa l'a donné au petit Omer en cadeau anticipé du jour de l'An (*Sem.*, p. 46), au moment d'une séparation traumatisante de la mère, obligée de partir pour l'hôpital à Montréal, quand l'enfant n'était « âgé que de quatre ou cinq ou peut-être au maximum six ans » (*Sem.*, p. 45).

Ailleurs dans le roman, en l'une de ces étonnantes (et si intenses) rencontres syntoniques entre (Bessette-)Marin et Serge(-La Rocque), il est fait état d'un épisode crucial où « rentrant de l'école vers l'âge de huit ans Marin avait trouvé ce jour-là au lit et d'une pâleur étrange sa mère qui lui avait dit *Cours chercher le docteur mon Omer je saigne beaucoup* » (*Sem.*, p. 77). La signification saisie est capitale : « le souvenir d'Omer (ce fut moi ce fut bien moi) les yeux hagards-apeurés en voyant la femme exsangue au teint livide étendue sur le lit : sa mère perçue peut-être alors et sentie pour la première fois en tant que femme biologique et fragile-désemparée » (*Sem.*, p. 79).

De même, l'aventure du tricycle où le petit garçon trompe sa mère en multipliant les tours forcenés jusqu'aux limites de son domaine ludique (décrit dans *Mes romans et moi*, p. 26) évoque par le menu le moment fatidique où l'enfant « éprouva son premier sentiment douloureux de domocentrisme » (*Sem.*, p. 144). Or cette « affectivité spatiale particulière (phobique) » transmise par sa mère (*Sem.*, p. 145) constitue « une des clefs de son comportement et de son caractère » (*Sem.*, p. 46) et se concrétise en fait dans la forte « matricentrie » (*Sem.*, p. 79) d'« un dernier-né surmaterné-surprotégé, possédé pourtant d'une inextinguible-dévorante ambition » (*Sem.*, p. 275). Et l'on retrouve ainsi la racine maternelle de la vocation d'écriture.

Mais l'explication la plus synthétique et la plus brutale d'un œdipe se trouve sans aucun doute fournie par le passage dit « parataxique [5] » de *La Commensale* et par les gloses qu'en fait l'auteur dans *Mes romans et moi*.

5. Dans le compte rendu de *La Commensale* qu'il fait pour la revue *Liberté*, François Ricard qualifie stylistiquement de « parataxe » ce fameux passage qui, sur le plan psychique, correspond à une brusque faille dans « ce qu'on peut appeler le "refoulé" ». (*Liberté*, vol. 17, nº 6, nov.-déc. 1975, p. 95-107.)

Il s'agit d'un fantasme du personnage-narrateur Jérôme Chayer où s'effectue la remontée violente, du fond de l'inconscient, d'un incident traumatique de l'enfance. Avec un certain recul ([...] « je l'avais complètement oublié », *Romans*, p. 92), l'auteur l'interprète ainsi dans le détail :

> Le petit Jérôme — qui doit avoir sept ou huit ans — se lève la nuit parce qu'il entend des bruits étranges. Il a des sueurs comme le Jérôme de la scène déclenchante. Il a déjà une fixation horaire ou horlogère : le tic tac de son réveil le rassure, il se demande quelle heure il est. Il essaye de chasser sa frayeur en faisant des opérations arithmétiques. Il sort de sa chambre, enfile le corridor, ouvre la porte de la chambre de sa mère. (Peut-être se trompe-t-il de porte et doit tourner plusieurs boutons : « Boutons (de porte) glacés dans ma main glacée... ») Il surprend sa mère en train de faire l'amour avec un ecclésiastique. « Chevauchée pastorale » : l'adjectif renvoie à pasteur, c'est-à-dire à prêtre. « Monstre bicéphale » désigne le couple uni ressemblant à une bête à deux têtes. Jérôme veut chasser cette vision (ou ce phantasme) : « Cécité ». Il vomit et voit le membre en érection de l'amant : « Piquet de chair pointé... » Le père arrive et frappe à coups redoublés « Lucifer déguisé en prêtre ». Le garçonnet éprouve de violents sentiments ambivalents à l'égard de son père qui ensuite manque sans doute d'étouffer sa femme : « Maman hurle, râle... » Jérôme mord alors son père qui lui donne un coup sur la tête. Les parents se séparent-ils à la suite de cette scène ? C'est probable puisque Jérôme est conduit par des policiers ou des gardiens (« Monstres en uniforme ») dans ce qui paraît un pensionnat ou même une école de réforme où il se trouve avec « d'autres petits forçats ». Jérôme fait de telles crises qu'on doit l'enfermer dans une « cage grillagée ». Il regrette douloureusement l'absence de sa mère. (*Romans*, p. 92-93)

Qu'en est-il au juste du rapport d'un tel épisode à un éventuel cas Bessette ? Il n'y a certainement pas lieu de prendre les choses au pied de la lettre, mais jusqu'où peut-on aller ? L'auteur a déclaré : « En admettant que Chayer — comme c'est le cas de tous les protagonistes de tous les écrivains d'imagination — soit moi ou, plutôt, un de mes moi(s) virtuels, j'avoue que je n'ai de ma petite enfance aucun souvenir (conscient) de cet ordre ; puisqu'il faut bien quand même que ce fantasme couve en moi, il n'a pu se manifester que sous la forme qu'il a dans *La Commensale*. » (*Romans*, p. 75)

Le trait a été inventé pour faire suite au dessein clairement noté en 1960 (l'année après la mort-choc du père de G. Bessette) de « donner un passé » au personnage de Chayer [6]. Ainsi, à un moment bien précis, mais sans aucune « préparation » (je veux dire : sans que rien d'un pareil

---

6. Parmi les feuillets d'un manuscrit du roman qu'on peut dater de 1960 se trouve une note qui dit : « Nécessité peut-être de donner un passé à Chayer. »

ordre l'annonce dans le discours du roman), survient ce souvenir, traité au surplus dans un mode vif, direct, sans recul, détonnant tout à fait avec le registre du reste du texte, qui est celui du récit rétrospectif. On sait que cette discordance, perçue, a contribué à la relégation du roman au tiroir où il est resté une quinzaine d'années[7]. Toutefois l'intensité du fragment est telle que, lorsqu'il a voulu commenter *La Commensale*, G. Bessette s'est trouvé à tout axer sur ce passage[8], et il en parle avec une sorte de passion, comme d'une aventure personnelle de l'inconscient. À la façon dont il y insiste, on pourrait presque taxer l'auteur (comme le fait Athanase à l'égard de Jérôme Chayer) de souffrir à ce propos de «fixation infantile» (*Comm.*, p. 122; *Romans*, p. 89). En l'occurrence, au niveau strictement inconscient (et en figure), l'épisode serait celui du viol de la mère par le prêtre (sur le plan spirituel, moral... total) et la réaction (optative) du père, avec l'enfant comme rival à la fois du mari trompé et de l'amant.

D'ailleurs, le viol symbolique de la mère par le représentant de la religion s'étend par conséquent jusqu'à l'enfant dans une affaire de supposée vocation sacerdotale. «Car le plus grand désir de maman, écrit G. Bessette, c'était que je devienne prêtre — ou même évêque — une fois adulte.» (*Romans*, p. 28)

Chose bien courante, à l'époque, le jeune garçon devait jouer plus ou moins docilement le jeu maternel (et clérical) durant un bon nombre d'années, non sans quelque inconsciente manifestation, parfois, de refus, comme semble l'attester le «martyre» par lapidation infligé par le petit Gérard à la poupée de franciscain que lui avait faite sa «maman — toujours désireuse de [l']influencer en direction du sacerdoce» (*Romans*, p. 47). «Était-ce là, par un phénomène de déplacement, dit-il, ma façon de réagir à ma pseudo-vocation religieuse ? Peut-être. C'est en tout cas le seul souvenir vivace que j'aie gardé de mon franciscain.» (*ibid.*)

En fait, la prétendue vocation eut des répercussions à plusieurs niveaux de l'existence personnelle et familiale. «Notre départ pour Montréal lui-même, écrit le mémorialiste, ne fut sans doute pas étranger à ce vœu maternel. En effet, je n'aurais pu me faire instruire, fréquenter un collège classique puis le séminaire sans quitter Saint-Alexandre et devenir pensionnaire et c'est là une séparation à laquelle maman se fût résignée avec douleur et anxiété, tellement intense était

---

7. Voir ce que G. Bessette déclare à ce propos dans l'interview de *Voix et Images* (vol. 1, n° 3, avril 1976, p. 319) et dans *Mes romans et moi* (p. 74).

8. La parataxe fait deux pages (p. 127-129), dans un roman qui en comprend 156.

son désir de me garder sous son aile le plus longtemps possible.» (*Romans*, p. 28-29)

Dans ce genre de cas, la famille la plus modeste était toujours prête à accepter les sacrifices nécessaires pour permettre à un «futur prêtre» de faire ses études. C'est dans un tel contexte que G. Bessette entreprit, comme élève externe, son cours classique au collège Saint-Ignace, institution sise à petite distance de la maison maternelle et réservée aux vocations sacerdotales de la Compagnie de Jésus et du clergé séculier [9].

L'illusoire vocation tourna court au milieu de l'année dite de «méthode», à Noël 1935, quand le jeune homme allait sur ses 16 ans. Mais il put néanmoins poursuivre son cours jusqu'au baccalauréat, à l'externat Sainte-Croix. C'est là, il faut le dire, dans l'ancien moule classique, que l'étudiant cultiva le goût des auteurs et de l'écriture et que la vraie vocation, la littérature, prit le relais de l'autre.

> Je devais être en belles-lettres, peut-être en versification [...] j'avais commencé une tragédie... en alexandrins. Je ne sais pas si j'ai encore quelques-uns de ces vers qui doivent être terribles...
>
> (Propos de G. Bessette dans le texte de présentation par Jacques Allard du *Libraire*, Montréal, Éd. du Renouveau pédagogique, 1970, p. 11.)

En ces temps reculés, non seulement tout collégien devait lire des vers, il apprenait à en faire. D'aucuns oseraient ensuite s'en souvenir en écrivant des poèmes ou en transposant les contraintes de la prosodie dans une prose souple et aisée.

G. Bessette allait être de ceux-là, plus entreprenant que d'autres, en vérité, puisque, dès cette époque, non content de donner quelque article [10] au *Trait d'union*, la feuille étudiante locale, il s'astreignit à l'épreuve du grand public avec une pièce de théâtre en un acte intitulée *Hasard* qu'il soumit au concours du M.R.T. (Mont-Royal Théâtre,

---

9. C'est au collège Saint-Ignace que G. Bessette connut François Hertel qui y enseignait. Celui-ci, dans son «Discours aux sourds» (*Rythmes et Couleurs*, n° 59, juillet-août-septembre 1967, p. 3), raconte dans le mode loufoque leurs exploits communs dans la pratique de la vertu d'*eutrapélie*.

10. En décembre 1939, *Le Trait d'union* publie «Thomiste débutant»: «Petit texte humoristique [...] Gérard Bessette y fait l'éloge de la philosophie, salue les philosophes qu'il a étudiés antérieurement et fait l'éloge de ceux qui seront au programme de cette année.» (Carole Pilotte, *Gérard Bessette: Bibliographie analytique et annotée 1939-1976*, mémoire de M. A. (études françaises), janvier 1978, p. 84.)

ex-Montreal Repertory Theatre) français. Événement considérable, à vingt ans ! Il faut le souligner, car le succès qu'il connut, en remportant le prix face à des concurrents plus vieux que lui [11], ressemblait déjà à une consécration. Le jury s'était prononcé sans équivoque :

> Nous avons basé notre jugement sur l'originalité dans l'inspiration et dans la présentation et sur les dialogues. Nous sommes unanimes à déclarer qu'à tous ces points de vue la pièce « Hasard » l'emporte [12].

Comment en juger, avec le recul ? Des nuances, naturellement, s'imposent. Quoiqu'elle s'ouvre sur la critique « sérieuse » du désavantage commercial dont souffrent, au pays même, les livres canadiens (*Le Beau Risque* d'Hertel et les *Poésies* de Nelligan sont nommés) par comparaison à ceux qui viennent de France, la pièce est une simple bluette sans prétention de message. La trame est faite d'une suite de hasards où la fantaisie et un réel jeu du langage importent plus que la vraisemblance psychologique. On note quelques gaucheries (méprise sur le genre d'un mot...), quelques fautes (deux ou trois anglicismes...) dans l'expression, mais ce qui ressort bien davantage du dialogue et de l'action,

---

11. Quatre pièces en un acte étaient en lice : *Hasard* de Gérard Bessette, *Jeunesse* d'Arthur Prévost, *Sous le masque* de Mme Irène Vigeant et *Un mari de son choix* de Madeleine Letram. Les interprètes de *Hasard* étaient Janine Sutto, Roland Crépault, J. Paquette et Cécile Fugère ; la mise en scène était de Mario Duliani. Il y eut deux représentations, le 28 avril 1940, à la salle Saint-Sulpice. Les publics de la matinée et de la soirée étaient appelés à exprimer un jugement de même qu'un jury particulier composé des docteurs Roméo Boucher et Philippe Panneton (Ringuet) et du journaliste Louis Francœur ; toute l'opération de scrutin devait être visée par M. Ludger Brien, juge de paix, commissaire et huissier à la Cour supérieure. L'accueil du public plaça les quatre pièces dans l'ordre d'excellence suivant : en matinée : 1. *Sous le masque*, 2. *Hasard*, 3. *Jeunesse*, 4. *Le mari de son choix* ; en soirée : 1. *Hasard*, 2. *Sous le masque*, 3. *Jeunesse*, 4. *Le mari de son choix*. De son côté, le jury, à l'unanimimté, mit la pièce de G. Bessette au premier rang (1. *Hasard*, 2. *Jeunesse*, 3. *Sous le masque*, 4. *Le mari de son choix*), de sorte que le dramaturge débutant remporta le prix de 100 $. C'est avec un brin de surprise que *Le Devoir* du mardi 30 avril 1940 publiait en entrefilet : « On nous prie de noter que M. Gérard Bessette, gagnant du 1er prix du concours de pièces canadiennes organisé par le M.R.T. français, est élève en philosophie 1re année de l'externat classique Sainte-Croix. » (D'après les informations parues dans *La Presse*, 27 et 29 avril, et *Le Devoir*, 27 et 30 avril 1940.)

12. Citation faite dans la présentation du texte de *Hasard* imprimé dans *Le Trait d'union*, à l'automne 1940. Carole Pilotte déclare dans sa thèse qu'elle n'a pas pu retrouver le texte de *Hasard*. Il existe au moins une photocopie du texte imprimé dans *Le Trait d'union*, dans le fonds C. Édouard Rinfret de la Bibliothèque nationale du Québec (annexe Aégidius-Fauteux, 4499, de l'Esplanade, Montréal).

c'est l'évident plaisir que l'auteur semble prendre à inventer les situations piquantes et, surtout, à exploiter les ressources de la parole (sonorités, mots, syntaxe...).

Œuvre d'« écolier », bien sûr ! (l'auteur est, d'ailleurs, encore sur les bancs du collège) mais réalisation qu'il faut apprécier en elle-même et par rapport à autre chose : manifestation d'un aplomb (juvénile) sincère et (pour le regard rétrospectif d'aujourd'hui) commencement casuel (modeste) d'une carrière d'écrivain.

II. Littérature pure

Avant de quitter le collège, le finissant du cours classique avait habituellement déjà fait son choix de la « profession » où il se spécialiserait. En ne voulant être « ni médecin ni avocat ni ingénieur (et encore moins prêtre) » (*Romans*, p. 84), le bachelier Gérard Bessette se singularisait visiblement. Il s'est trouvé alors en une situation d'incertitude telle qu'il put même se demander s'il ne faisait pas « figure de raté » (*Romans*, p. 83). Concordance de la vie avec la fiction du commerce des livres de *Hasard* et anticipation littérale des agissements d'Hervé Jodoin, le jeune homme commença par une drôle d'aventure de libraire à la manque, avant de chercher d'autres expédients. Finalement à l'automne 1941, « grâce à la recommandation d'un cousin qui y travaillait lui-même » (*Romans*, p. 84), le futur romancier de *La Bagarre* devint « commis gratte-papier à la Montreal Tramways Company » (*U.T.Q.*, automne 1980, p. 48-49) : « Je vidais les boîtes de tickets... [...] et je poinçonnais des correspondances... d'avance... un travail très fascinant » (propos de G. Bessette dans le texte de présentation par Jacques Allard du *Libraire*, p. 12). Il se souvient de l'année qu'il y passa comme d'un « interlude au cours duquel, malheureux et dépressif, [il n'avait] trouvé d'autres "remontants" que de scribouiller des vers à l'endos des factures et listes de correspondances de [son] employeur » (*U.T.Q.*, automne 1980, p. 49). Circonstances (de milieu et de durée) peu banales, en vérité, parmi les antécédents immédiats des *Poèmes temporels* (*Poèmes spatiaux* d'Omer Marin) !

Il est assez naturel qu'un petit fonctionnaire qui salue le tricentenaire de Montréal (1942) en écrivant *Confidence d'une ville*, long monologue-prosopopée (27 feuillets inédits) dans le style de Péguy, se recycle bientôt dans un élément davantage le sien, en s'inscrivant à l'École normale Jacques-Cartier, où il étudiera deux années (1942-1944). D'aucuns s'en souviendront précisément comme d'« un seigneur de la poésie », parce qu'il fait lui-même des poèmes et qu'il sait faire aimer ceux des autres (les « poètes maudits », entre autres, « Rimbaud, Verlaine »...) (M.-A. Guérin, « L'École d'Allemagne », dans *Québec littéraire I, Gérard Bessette*, 1974, p. 147). C'est peut-être là aussi un trait qui a pu le faire croire « distant et snob » (*ibid.*), le rapprochant en ce sens du futur personnage d'Augustin Sillery dans *La Bagarre* (M.J. Edwards, « Gérard Bessette », dans *Canadian Literature*, printemps 1981, p. 12).

Son séjour à l'École normale ne lui a pas donné seulement une information de première main sur une institution plus tard transposable dans *Les Pédagogues*. C'est l'époque où il a, sans trop le vouloir mais de façon décisive, jeté les bases fermes de ce que j'appellerai sa philosophie personnelle. On n'a jamais, bien sûr, « que la philosophie de ses goûts » (*V. et I.*, I, 3, p. 321). Dans le cas de G. Bessette, la cohérence de toute une carrière, de toute une œuvre, permet de mesurer après coup combien le choix premier des maîtres à penser a procédé d'un sûr instinct.

La découverte de Bergson (tout Bergson, mais celui surtout de l'*Essai sur les données immédiates de la conscience*), qui lui « a donné une espèce de vertige intellectuel » (*Q. fr.*, déc. 1980, p. 34), date sans doute déjà des années classiques de philosophie (1940-1941), mais toutes les suivantes ont été marquées par une imprégnation en profondeur dont « Le Coureur », composé à l'été 1943, est le témoin superbe. Bergson appartient à la lignée génitrice chez G. Bessette ; il faut en juger depuis le point de vue du *Semestre* (et d'Omer Marin). L'homme a été fasciné par l'idée de la visualisation du temps psychologique. « Bergson, dit-il, m'a appris que l'homme avait une tendance innée, presque irrésistible, à spatialiser le temps » (*Q. fr.*, déc. 1980, p. 34). Cette idée créatrice que l'écrivain ensuite allait réaliser par une projection directe et constante dans les dimensions de l'œuvre d'art — poème ou roman — montre très nettement, au terme, que l'« attitude vis-à-vis de l'espace constituait une des clefs de son comportement et de son caractère » (*Sem.*, p. 46), ce qui, par l'élucidation de la fixation domo(-matri-) centrique, nous ramène au point de départ du héros (et de l'auteur).

Mais il est remarquable que, à côté de Bergson, paraisse tout de suite l'étoile de Freud, « lu en détail » [...] « dans plusieurs œuvres » [...] « dès les années quarante » (*Romans*, p. 100). Cela date, de façon très précise, des années d'école normale. L'étudiant avait même tenté d'écrire un essai sur Freud et Bergson au début de 1944 [1]. Cette relation (forcée ?),

1. Il en est question dans *Mes romans et moi* (p. 100) et dans le journal (inédit) de G.B. en février 1944 (renseignement que m'a communiqué l'auteur).

effectuée pour son profit particulier pratiquement dès le départ, entre les deux pensées, est un phénomène important en soi, ainsi que l'extraordinaire ironie de l'inconscient qui occulte et refoule ensuite Freud pendant une quinzaine d'années. Durant cette période d'obscure incubation, celui qu'Omer Marin qualifiera plus tard de « *gourou viennois que j'ai aveuglément transformé en père idéal sans doute parce que mon vrai père manquait de force et d'éclat* » (*Sem.*, p. 154) restera néanmoins bien présent, et sa trace me semble perceptible dans les écrits bessettiens, aussi bien dans *Les Images en poésie canadienne-française* (1950, 1960) que dans *La Bagarre* (1958).

La suite est notoire. G. Bessette « redécouvrira » Freud au début des années 60, et du durable envoûtement qu'il aura éprouvé résultera une conversion radicale à la psychocritique et à la psychocréation. D'ailleurs tout le processus et ses aboutissements seront excellemment représentés dans *Le Semestre* : Freud comme figure paternelle omniprésente et la grille affectivo-intellectuelle de la psychanalyse devenue, à ce stade, une sorte de « cage de fer aux barreaux impliables » (*Sem.*, p. 187) dont on aspire, en fin de compte, à se libérer [2].

On peut chercher de divers côtés l'explication d'un pareil rebroussement (un peu velléitaire, en pratique). Mais, sans écarter les raisons esthétiques — « m'éloigner de la psychocritique pour revenir aux anciennes distinctions entre le type visuel, auditif et verbo-moteur » (*V. et I.*, I, 3, p. 322) —, je croirais qu'il puisse s'agir aussi d'une réaction-réflexe de défense — en quelque sorte instinctive (et, au niveau secret, pourquoi pas désespérée ?) contre la mécanique implacable du déterminisme total qui se trouve au fondement de l'interprétation (et de la projection) psychanalytico-critique et dont il n'a vraiment pris conscience, en même temps qu'il y donnait son « adhésion (quasi) absolue » (*Sem.*, p. 128), qu'assez récemment, à la suite de sa découverte des bouquins (phylogénétiques et autres) du savant Henri Laborit (*Sem.*, p. 72).

2. Qu'Omer Marin, tout en étant foncièrement « poigné » (et sans doute parce qu'il se sait impuissant à se déprendre), peste contre l'emprise freudienne, cela est évident tout au long du *Semestre*. Or les indications sont nombreuses qui montrent, depuis quelques années, que c'est décidément aussi le cas de l'auteur : « ce que j'essaie de faire maintenant, c'est de m'éloigner de la psychocritique » [...] (*V. et I.*, I, 3, 1976, p. 327) ; « Maintenant c'est la psychocritique qui commence à me lasser » (*Romans*, 1979, p. 101) ; « Disciple du docteur viennois auquel il se réfère souvent, Gérard Bessette voudrait maintenant s'en libérer » (Murray Maltais, « Gérard Bessette tel quel », dans *Le Droit*, 15 décembre 1979) ; « *I hope I am moving away from Freud, but I don't know where I am going next* » (Mary Jane Edwards, « Gérard Bessette, A Tribute », dans *Canadian Literature*, n° 88, printemps 1981, p. 17).

Mais, au fond, cette conviction déterministe — où la pensée n'est qu'un épiphénomène (*Sem.*, p. 226), la liberté une illusion (*Sem.*, p. 21) et l'homme un être-là, *dasein, de trop, improbable* (*Sem.*, p. 131) —, elle est, de manière implicite et paradoxale, acquise depuis que, à l'époque de sa jeunesse, dans les années 40, il avait donné sa foi à la doctrine bergsonienne qu'il s'était assimilée — *ad modum recipientis*, c'est-à-dire naturellement, en l'interprétant selon ses propres dispositions :

> puisque la création est de toute façon un mythe puisque la création n'invente jamais rien et comme l'écrit Bergson (ou peut-être Laborit) si un homme pouvait suivre le chassé-croisé de tous les atomes et molécules de notre cerveau — hypertrophié — relativement à notre poids et monstrueux de complexité même par rapport à celui des grands singes poilus — cet observateur surhumain pourrait connaître les moindres nuances de notre pensée — affectivité présente et future — mais les ordinateurs de l'avenir [...] réussiront peut-être à décoder cette phosphorescence ou ces trains d'ondes alpha bêta delta et leurs harmoniques — mais le singe nu n'en gardera pas moins l'illusion de penser par lui-même et librement (*Sem.*, p. 175)

...puisque, enfin, il en va de l'œuvre d'art comme de la vie, faite d'inconscient et de semblants de liberté, dans la relativité de l'espace et du temps.

Telle est en bref sa *weltanschauung* (en langage d'Omer Marin). G. Bessette en a très tôt (et de tout temps) trouvé la caution dans le discours composite d'une myriade de chercheurs, philosophes, théoriciens, scientifiques, praticiens et mages — cette insolite trinité : Bergson, Freud, Laborit, par exemple, que j'évoquais à l'instant — qu'il fusionne dans le creuset d'une expérience subjective et d'une réflexion auto-analytique. Par acquit de tempérament et besoin viscéral de méthode, il a eu — entrave pour d'autres, force positive et créatrice dans son cas — son système (variable, certes, dans les vicissitudes du devenir) qu'il soutient avec conviction et opiniâtreté. Ce qui fait de lui manifestement, dans l'acte ponctuel, le contraire d'un douteur, progressant plutôt (vivant, écrivant) selon des certitudes (mathématisantes) plus ou moins péremptoires. C'est pourquoi le critique en lui ne craindra jamais de se montrer affirmatif, catégorique, entier, (j'irais jusqu'à dire) dogmatique (parfois), confirmant toujours sur des règles classiques ou freudiennes ou personnelles (de son cru) les dires et jugements qu'il porte dans *Les Images en poésie canadienne-française*, dans ses articles sur Gabrielle Roy, dans *Mes romans et moi* [3], etc.

3. Et, à propos de ce dernier ouvrage, son grief contre un certain compte rendu de son livre (voir *U.T.Q.*, automne 1980).

La caractéristique de ses positions en matière d'idées, dans les domaines essentiels, me paraît être le radicalisme. On n'est pas sans conséquence disciple de Bergson (qui est d'ailleurs à l'*Index*) et de Freud, en 1944. Des questions de fond doivent aussi se poser, côté religion.

Jusqu'à la fin de son stage à l'école normale, c'est-à-dire jusqu'à sa vingt-cinquième année, G. Bessette a dû continuer au moins extérieurement à « pratiquer » (comme tout le monde). C'était, du reste, censément un règlement de l'institution : « les jeunes normaliens, tour à tour (comme tour à tour, un jour, ils devaient servir la messe, fussent-ils internes ou externes) devaient, le dimanche, lire l'Évangile du jour » (M.-A. Guérin, « L'École d'Allemagne », dans *Q. Litt.*, I, p. 147). On peut sans doute conjecturer sur quel ton le maître de cérémonie du Cercle pédagogique Mgr Gauthier a pu un jour dire à un condisciple : « Vous avez bien lu l'Évangile et je vous félicite. » (*ibid.*) Mais à un niveau plus intime, il semble avoir été détaché de longue date, sans s'être exagérément préoccupé des interrogations métaphysiques.

Dans « Le Coureur » (écrit en 1943), quand il est question du « tombeau des préceptes divins » (v. 336), c'est sur un ton hypothétique : « Changeras-tu ce temps [...] pour quelque trésor tien ?... » (v. 340-341) Mais la divinité reste bien abstraite dans le poème, si tant est qu'elle soit présente. Pourtant le mot « âme » (28 occurrences dans l'ensemble des *Poèmes temporels,* 16 dans le seul « Coureur ») semble l'un des termes clés du poète.

L'*Index* serait relié « en partie » à la perte de la foi : « Oui, c'était l'*index* et une certaine révolte contre... » (propos de G. Bessette dans le texte de présentation par Jacques Allard du *Libraire,* éd. du Renouveau pédagogique, p. 19-20). On peut supposer aussi qu'un certain style de vie, impliquant une nette émancipation morale, a dû entrer en ligne de compte. Je pense ici aux « folles années universitaires » d'Omer Marin (*Sem.*, p. 147), avec leurs « beuveries » (*Sem.*, p. 129), leurs « bambochades » (*Sem.*, p. 132) (dont on retrouve la trace chez les étudiants de *La Bagarre*), et, même si G. Bessette déclare que sur le plan sexuel, il ne fut pas précoce, il ajoute avoir perdu son pucelage quand il était dans la vingtaine et s'être permis des amours vénales durant quelques années (*Romans,* p. 112).

Il est sûr que, à l'époque des études à l'université, tout était définitivement réglé. La marque de Lionel Groulx sur lui n'a rien à voir avec la religion (non plus qu'avec une forme particulière de nationalisme) : « *I was an unbeliever even then* », assure-t-il (propos de G.B. dans M.J. Edwards, « Gérard Bessette », *Canadian Literature,* printemps 1981, p. 12).

Les années à Saskatoon (1946-1949), qui représentent ensuite un (premier) écart durable par rapport aux réalités de son milieu originel, ont dû favoriser cette distanciation affective qui s'appelle l'indifférence. Comme plusieurs de ses futurs personnages et selon l'esprit de l'Hervé Jodoin du *Libraire*, en particulier, il se tient en dehors de l'univers cléricaliste, indépendant, non intéressé vraiment, pourvu qu'on le laisse en paix. Et encore ! Il ne semble pas avoir réagi autrement que par son retrait pur et simple à des gestes évidents d'ostracisme : le non-accomplissement de la promesse (officieuse) d'un poste à l'Université de Montréal, au terme de son doctorat en 1950 ; le refus de la nouvelle « L'Extrême-onction » jugée osée, vers 1951 [4] ; l'édition en France plutôt qu'ici du *Libraire*, classé dans une catégorie « à ne pas mettre entre toutes les mains » (*Lib.*, p. 70) encore à la fin des années 50 ; ou le veto d'un certain abbé à la publication par les Presses de l'Université Laval des *Images en poésie canadienne-française*, en 1960, à cause de *La Bagarre* — *piis auribus offensiva*...

Mais le signe par excellence de l'affranchissement complet, durant toute cette importante période de son existence (jusqu'en 1960 à peu près), je le trouve dans le primat absolu que G. Bessette reconnaît à l'art. C'est l'époque même où Omer Marin « croyait encore à la "littérature pure", influencé sans doute par Mallarmé Valéry et consorts qu'il avait intensément admirés » (*Sem.*, p. 11).

Durant toutes ces années 40 et 50, ce qui le sollicitait avant tout (je dirais presque : jusqu'à l'intransigeance et exclusivement), c'était le côté esthétique du dire et du faire (ποιεῖν). La poésie qu'il aime (et qu'il pratique alors), le genre de critique qui le touche (et qu'il cultive), le prouvent à l'envi. *In initio erat Verbum* — au principe il y a la forme, en quoi naît et subsiste toute signification.

De là le souci primordial et la recherche, pour son compte personnel (et l'exigence mise pour la reconnaissance des grandes œuvres), du côté des moyens de langage : « *literature in its specificity* » (propos de G.B. dans M.J. Edwards, « Gérard Bessette », *Canadian Literature*, printemps 1981, p. 8). Entre autres, « les questions de langue et d'inventions linguistiques le travaillaient, fascinaient depuis son adolescence voire sans doute, présumait-il, depuis l'enfance [5] » (*Sem.*, p. 12). On comprend

---

4. La nouvelle paraîtra d'abord en anglais (première traduction par Glen Shortliffe d'une œuvre de G. Bessette), dans la revue universitaire *Queen's Quarterly*, à l'automne 1960.

5. Il est loisible de voir dans le jargon du chat Pilou (*Romans*, p. 33-35) la préfiguration du baragouin plus astucieux des *Anthrophoïdes*.

sous ce rapport que G. Bessette ait apprécié d'avoir eu Jean-Marie Laurence pour maître à l'école normale (*Romans*, p. 72). En vérité, l'auteur des *Poèmes temporels* a, dès l'abord et pour toute la suite des œuvres, un sens de la langue et du langage (dans la multiforme extension du terme) qui me paraît de l'ordre même de la virtuosité.

Mais il convient de poser ici une autre question, celle de l'appartenance littéraire. L'auteur de *Mes romans et moi* attestera que sa « première idole littéraire fut Chateaubriand » (*Romans*, p. 59). Omer Marin, quant à lui, précise que c'est durant son séjour comme *instructor* puis comme *assistant professor* en Saskatchewan qu'il lut avec fascination les *Mémoires d'outre-tombe* et qu'il découvrit avec intérêt Sainte-Beuve (*Sem.*, p. 68). On connaît par ailleurs cette liste d'écrivains que G. Bessette avoue avoir « admiré[s] avec passion [...] au cours de sa carrière (et de sa précarrière) : Chateaubriand, Benjamin Constant, Nelligan, Valéry, Gabrielle Roy, Sartre, Dos Passos, Claude Simon etc. » (*Romans*, p. 72) ; tous ces auteurs, du reste, laisseront quelque trace — fût-ce par pure réfraction — dans l'œuvre bessettienne. Or, dans l'énumération (qui n'est pas exhaustive), sur huit noms mentionnés, deux seulement sont d'ici : celui de Nelligan, que l'auteur place expressément « à part » (*Romans*, p. 59), et celui de Gabrielle Roy, sa « première admiration littéraire canadienne "viscérale", si l'on peut dire, [...] sur laquelle [il] publia [...] [son] premier article littéraire important » (*Romans*, p. 59).

Il faut compter aussi que le « contenu canadien » de ses deux thèses était à coup sûr exceptionnel comparé à ce qui se pratiquait partout avant 1950. Mais je doute fort que l'étudiant de 1946 eût pu déclarer (comme il le fera bien plus tard) : « *it never crossed my mind that I should devote my time to foreign — that means French — literature* [...] *Mind you, my doctoral thesis deals whith French poets as well as French-Canadian ones. But to me it was absurd that I should devote my time to writers who were foreign, first, and who had so many critics in France, second. I still don't understand the* Québécois *who devote most of their time to French literature.* » (Propos de G.B. dans M.J. Edwards, « Gérard Bessette », *Canadian literature*, printemps 1981, p. 7)

C'est un phénomène d'époque (aliénation collective du peuple colonisé) : quel que soit le sujet traité en matière de littérature, la perspective est toujours, d'une façon ou d'une autre, hexagonale (c'est-à-dire française de France), selon un terme qu'emploie Omer Marin (*Sem.*, p. 103, 189, 262). Il s'y soumet moins que d'autres, sans doute, mais G. Bessette néanmoins n'échappe pas complètement à la loi commune. Ce sera forcément la littérature française qu'il enseignera à Saskatoon, à Pittsburgh, au Collège militaire de Kingston et, durant ses premières années, à Queen's, et même encore, en partie, à Laval en 1966. Non seulement ses articles sur le roman français du XIXe siècle [6] (1954) puis sur Malraux [7] (1957) ont-ils l'air tout naturels, de la part du spécialiste universitaire qu'il est, mais l'auteur des *Poèmes temporels* n'a pas poussé le zèle jusqu'à manquer l'occasion de publier son recueil (son premier livre) à Monte-Carlo, à compte d'auteur. Mais ce qui paraît encore plus significatif, c'est combien les articles «canadiens» eux-mêmes s'articulent en fonction de critères, d'œuvres et d'auteurs français (ou empruntés à la littérature universelle). L'« Analyse d'un poème de Nelligan [8] » (1948) nomme Sainte-Beuve, Mallarmé, Bayle, Comte, Thibaudet, Du Bos, Racine, Valéry, cependant que l'article sur *Bonheur d'occasion* [9] (1952) renvoie à *Madame Bovary*, Vigny, Balzac, Zola, Proust, *Télémaque*, *Candide*, *Émile*, Gil Blas, Gide, Stendhal, Dostoïevski, George Eliot, Daudet, Romains, Tolstoï, Thackeray, ainsi qu'aux rationalistes du XVIIIe siècle.

La Bagarre même (1958), ce roman à coup sûr très montréalais, dont l'auteur a révélé, sur le plan de la genèse, le lien étroit avec l'événement traumatisant de l'apoplexie paternelle (1956) et souligné justement tout le jeu de tension entre des milieux — et des appartenances — antithétiques (*Romans*, p. 59 ss.), ne manque pas de points d'appuis européens : Bazin, Bourget, Pascal, Delly, Henri Ardel, *Azyadé*, *Le Père Goriot*, la Natacha de *Guerre et Paix*, etc. Certes on y fait aussi mention, au passage, de Saint-Denys-Garneau, Chapais, Frégault et d'*Au pied de la pente douce*. Mais, dans l'épisode significatif où l'apprenti écrivain s'interroge sur le type particulier de sa tentative romanesque, il est presque étonnant, dans le contexte bessettien des années 50, de se relier à Jules Romains — *6 Octobre*, *Présentation de Paris à cinq heures du soir* (*La Bagarre*, p. 89) —, quand on pourrait si naturellement — et avec combien plus de couleur locale — prendre modèle sur Gabrielle Roy — *Bonheur d'occasion*. D'autant plus qu'il s'agit ici du personnage de Jules Lebeuf et non de son double, Augustin Sillery, où l'auteur a plus visiblement projeté ses velléités françaises (hexagonales).

---

6. « Les douze meilleurs romans du XIXe siècle » (dans *La Nouvelle Revue canadienne*, janvier-février 1954, p. 88-94) et « Le plus grand roman français du XIXe siècle » [il s'agit d'*Adolphe* de Benjamin Constant] (dans *L'Action universitaire*, avril 1954, p. 15-22).

7. « L'unanimisme dans les romans de Malraux » (dans *L'École canadienne*, octobre 1957, p. 80-88).

8. « Analyse d'un poème de Nelligan » (dans *L'Action universitaire*, octobre 1948, p. 62-79 ; article repris dans *Une littérature en ébullition*, Montréal, éd. du Jour, 1968, p. 27-41).

9. « *Bonheur d'occasion* » (dans *L'Action universitaire*, juillet 1952, p. 53-74 ; repris dans *Une littérature en ébullition*, p. 219-238).

Je suis quant à moi convaincu que, jusqu'à la résurgence de Freud, vers 1960, et pendant toute cette vingtaine d'années de formation et de carrière, c'est l'esprit valérien qui prévaut chez G. Bessette, au sens de la formule : « le fond c'est la forme [10] ». Il ne faut évidemment pas nous méprendre ici, car «même si un poète "se sert des mots non pas seulement selon leur sens, mais selon leur pouvoir", même s'il tient autant compte de leur valeur sonore et sensuelle que sémantique, cette "matière verbale" possède néanmoins un contenu, un sens » (*Les Images*, p. 236). Certes ! On ne parle pas plus ici d'une forme vide que d'un plein informe. L'idée, c'est que, dans les *Poèmes temporels* par exemple, le contenu ne trouve tout son sens que dans la recherche et l'accomplissement d'une forme.

Il faut y insister davantage, parce que, à tout prendre, l'axiome (« le fond c'est la forme ») restera vrai chez G. Bessette même après 1960 et dans un contexte manifestement psychocritique. Il ne s'agit pas ici seulement de technique superficielle, de procédé visible ou d'artifice brillamment calculé. La « forme » ne procède pas du seul *conscient*, mais aussi et (souvent) plus encore de l'« instinct », de l'*inconscient*. Toutefois, ce qui paraîtra alors (après 1960) bien plus marqué dans le souci de la forme, c'est l'intention d'expliciter — d'élucider — davantage une autre dimension du *pattern* formel consistant dans des *figures* (chez G. Bessette : d'enfermement, de souterrain, de reptation, de labyrinthe, etc.), *images* justement qui ressortissent en totalité à ce que j'appellerai des morphostructures.

Une certaine polarisation cependant s'est effectuée assez distinctement du côté surtout de la poésie (création puis critique), dans les années 40, et, peu à peu, davantage vers le roman (critique puis création), au cours des années 50.

Les Images en poésie canadienne-française (1960), ouvrage qui correspond aux thèses universitaires [11] (1946, 1950), me paraît caractéristique à tous égards de cette entière époque bessettienne. L'écrivain (j'emploie le mot à dessein) qui a fait des poèmes très ouvrés [12] — et qui s'exerce

10. Voir l'article « Le Cycle créateur de Gérard Bessette ou le fond c'est la forme », dans *Livres et Auteurs québécois 1971*, p. 11-28. Voir aussi les réticences là-dessus de G. Bessette, dans *Québec littéraire I. Gérard Bessette*, p. 137, et dans *University of Toronto Quarterly*, automne 1980, p. 50.

11. Le chapitre sur Nelligan de la thèse de doctorat (chap. IV des *Images*) reprend l'essentiel de la thèse de maîtrise (voir Paul Wyczynski, « Gérard Bessette, critique de la poésie », dans *Québec littéraire I. Gérard Bessette*, p. 43).

12. « Je travaillais énormément mes vers. » (Propos de G. Bessette, dans *Québec littéraire I. Gérard Bessette*, p. 134.)

déjà sur des formes romanesques [13] — produit ici un ouvrage théorique non seulement descriptif et analytique, mais tout autant normatif [14] et qui corrige avec assurance les « erreurs [15] » des poètes (passés), un peu comme si le professeur de lettres dirigeait la fabrication (parfaite) de poèmes [16]. C'est en vérité la thèse d'un praticien de la poésie, et d'un (futur) titulaire de « cours de création » (comme on dit aujourd'hui [17]).

Mettant en œuvre un appareil statistique impressionnant — qu'il invente ou qu'il emprunte en l'adaptant à ses fins —, le critique entend « déterminer le processus de la création poétique chez un poète par le nombre et la nature de ses figures de style » (*Les Images*, p. 13). Il s'attachera donc à la « forme des tropes » (*Les Images*, p. 15) dans le rapport effectif à « leur contenu » (*Les Images*, p. 16-17). Après avoir, comme il se doit, défini la nature des tropes (chap. premier), il en étudie, en un premier mouvement, l'évolution « en poésie française depuis les classiques jusqu'à Valéry » (chap. II) — le projet ne manque pas d'ambition —, puis la conformation particulière, dans un contexte élargi aux éléments spécifiques de la prosodie, chez huit poètes canadiens-français (de Crémazie à Alfred Desrochers [18] (chap. III), pour explorer enfin, en restreignant le champ d'enquête afin de scruter d'autant plus près l'œuvre de Nelligan, « l'unique poète canadien qui ait su "imaginer en neuf" [...] le seul qui ait eu du génie et qui mérite par conséquent une étude poussée » (*Les Images*, p. 216) (chap. IV).

Il importe peu que le corpus inventorié reste malgré tout peut-être vague ou que la méthode statistique date quelque peu, en notre âge

13. Il est l'auteur entre autres d'un *Georges Blondin* (encore inédit).

14. [...] « pour qu'on puisse dire d'un poète qu'il a du métier, son vers doit posséder [...] » (*Les Images*, p. 116). « Le jeune écrivain qui veut écrire de la poésie [...] est voué à un échec [...] si [...] » (*Les Images*, p. 167). Etc.

15. C'est une particularité qui se remarquera chez G. Bessette critique à toutes les époques, comme le soulignent les interviewers de *Voix et Images*, avril 1976, p. 321.

16. Voir par exemple la « copie corrigée » de l'*Archer* de Paul Morin (*Les Images*, p. 186-187).

17. L'impression du cours qui se donne est d'autant plus accusée que l'auteur apostrophe volontiers son auditoire. « Pour bien vous en rendre compte, relisez *La Trebbia* et *Antoine et Cléopâtre*, puis parcourez cette délicate description »... (*Les Images*, p. 181) « Ce n'est pas, remarquez-le bien, que Nelligan recule devant l'obscurité »... (*Les Images*, p. 219) Etc.

18. La date limite de l'enquête est 1933 (*Les Images*, p. 159), ce qui exclut les poètes plus spécifiquement modernes : Alain Grandbois, Saint-Denys-Garneau, etc.

marqué par la banalisation de l'ordinateur. L'auteur ne me semble pas en avoir moins droit au titre (qu'il partagerait avec Omer Marin) de « maniaque de la précision » (*Sem.*, p. 224). J'admire grandement cette connaissance très exacte des ressources de l'image et de la « matière verbale », ainsi que cette allure flagrante d'homme du métier qui donne son allant à la démonstration. L'aisance souveraine de l'écriture qui ne craint pas l'élégance, non plus, même, que la préciosité, choisissant avec un sourire l'imparfait du subjonctif [19], utilisant termes latins [20] ou rares et vieillots [21], tout cela annonce déjà le futur « verbo-scripteur-auditeur » (*Sem.*, p. 190), inventeur-proférateur de mots au souffle puissant. Le ton catégorique ne me rebute pas, non plus qu'un certain subjectivisme dans l'appréciation, même si je diffère d'opinion dans plusieurs cas, question de goût.

Les Images révèlent encore et illustrent à qui mieux mieux l'arithmomanie de leur auteur (goût du chiffre, du nombre, de la classification) et cet instinct organisateur qui fait inventer des systèmes : ici de statistiques, plus tard de ponctuation (*L'Incubation, Le Cycle, Le Semestre*...), voire de langue et de grammaire (*Les Anthropoïdes*). Au demeurant, bien d'autres indices — les échanges préconisés entre tropologie et psychologie (*Les Images*, p. 12), par exemple, ou la présence en filigrane de Freud (d'ailleurs plusieurs fois nommé) dans tout l'ouvrage [22] — préfigurent ce qui va bientôt apparaître avec éclat dans l'œuvre de G. Bessette.

---

19. [...] « il serait temps que nos poètes revisassent leur attitude » (*Les Images*, p. 207).

20. [...] « sub specie aeternitatis » (*Les Images*, p. 80), ...« evolutionis » (p. 80), ...« civitatis » (p. 175), ...« motus » (p. 179), ...« linguae » (p. 277).

21. [...] « la paucité relative des métaphores » (*Les Images*, p. 179).

22. Clément Lockquell a eu du flair, dans un compte rendu d'époque, quand il a écrit en commentaire à une citation du livre (*Les Images*, p. 47-48) : « C'est la réhabilitation de l'analyse logique considérée comme instrument de diagnostic psychanalytique. La quantité et la récurrence de certains tropes devraient permettre d'esquisser la caractérologie des poètes. » (« Une étude de Gérard Bessette : *Les Images en poésie canadienne-française* », dans *Le Devoir*, 30 juillet 1960, p. 9-10).

III. Exils

Le début des années 60 est un moment où il convient à de multiples égards de faire le point dans la carrière de Gérard Bessette. À 40 ans, l'écrivain semble avoir enfin trouvé son rythme de production et de publication. En plus du recueil des *Poèmes temporels,* qui date déjà de quelques années, il a à son crédit un ouvrage critique important, sorti depuis peu, *Les Images en poésie canadienne-française,* et deux romans, *La Bagarre,* parue en 1958, et le récent *Libraire,* qui va connaître un succès durable, cependant que *Les Pédagogues* sont entre les mains de l'éditeur et *La Commensale,* sur le métier. Si « c'est par l'écriture, somme toute, qu'[il] voulai[t] "faire le saut" » dans un « statut social » (*Romans,* p. 59) différent de celui qu'il tenait de son père (d'ailleurs décédé au printemps de 1959), on peut considérer que la chose était accomplie et qu'il était en plein essor.

En ce qui a trait (disons synthétiquement) à la méthode, il faut noter alors un événement capital qui modifiera en profondeur toute la suite de l'œuvre (et de la vie) : il revient à Freud, le maître délaissé — refoulé ? — pendant quinze ans, qui recevra désormais son allégeance.

Sur un autre plan, sa découverte d'Albert Laberge (qu'il s'apprête à sortir de l'ombre) et sa vision nouvelle (freudienne) de Nelligan vont déterminer, dans sa recherche universitaire, le confinement de fait à la littérature canadienne-française (bientôt québécoise). Cela intervient en concomitance avec le phénomène de conscientisation nationale qu'on appellera la Révolution tranquille et à quoi censément son *Libraire* — ou « Comment la parole vient au pays du silence » (Jacques Allard, dans *Voix et Images du pays,* I, p. 51-63) — aura, à son insu, effectivement contribué.

Le fait est néanmoins que G. Bessette reste en dehors du Québec et qu'il ne s'en rapprochera jamais au point d'y rentrer pour de bon. Il a déjà séjourné trois ans (1946-1949) à Saskatoon, un an (1950-1951) à New York, sept ans (1951-1958) à Pittsburgh ; en 1960, quand le professeur de lettres passe du Collège militaire à l'université Queen's, il habite à Kingston, en Ontario, depuis deux ans et nous savons aujourd'hui qu'il y demeurera à peu près en permanence jusqu'au-delà de sa retraite, ayant ainsi vécu plus de la moitié de sa vie hors des frontières de sa patrie première, pour avoir cédé, comme dit le personnage du *Semestre*, « à l'appel-de-l'exil ou désir de fuite (comment savoir comment éclairer cette lanterne vacillante remontant au moins à la rupture-éclatement de [son] infantile *weltanschauung* et de [son] déménagement prépubertaire à Montréal » (*Sem.*, p. 178).

Je ne crois pas quant à moi que G. Bessette, du fait de son éloignement du Québec, ait éprouvé ce qui peut être un véritable sentiment d'exil avant le milieu des années 60. Je pense qu'il s'est même longtemps trouvé plutôt heureux d'être *en dehors*. Il échappait ainsi aux légendaires contraintes de la religion traditionnelle, du rigorisme janséniste, du duplessisme, etc., jouissant d'une liberté totale, lui que le puritanisme *W.A.S.P.* (*White Anglo-Saxon Protestant*) ne concernait en rien. Il n'est pas exagéré d'affirmer que, pendant bien longtemps, outre naturellement la bonne vie, ne lui importa guère que la littérature, et celle-ci (je l'ai déjà noté) pouvait être aussi bien hexagonale que largement universelle. Lorsque le problème canadien a commencé de se poser, dans les années 60, il l'a perçu à partir de son poste en retrait au Canada anglais, et on peut admettre qu'a pu jouer sur lui une certaine « influence », par exemple, d'amis *Canadians* comme Glen Shortliffe, son collègue professeur de français à Queen's, francophile reconnu et l'un des citoyens de Kingston-la-loyaliste « qui a le plus contribué à la bonne entente entre les deux principaux groupes linguistiques du pays » (texte de G. Bessette, « In Memoriam, Glen Shortliffe, 1913-1969 », dans *Queen's Quarterly*, automne 1969, p. 563). C'est pourquoi, lorsque la revue *Liberté* a voulu consacrer un numéro spécial au séparatisme, en 1962, G. Bessette, nageant à contre-courant, s'y était opposé, expliquant sa position dans un article intitulé « Dissidence... » (*Liberté*, n° 21, mars 1962, p. 127-132), sans pour autant rester indifférent aux remous québécois.

Pour la première (et unique) fois de sa carrière, le professeur G. Bessette a enseigné toute une année scolaire dans une université québécoise, en 1966-1967, alors qu'il avait le statut d'invité et qu'on lui offrait de continuer ensuite à demeure, dans un poste régulier. Par prudence, plutôt que de démissionner incontinent à Queen's, il s'était fait mettre en congé, mais son dessein avoué au départ était bien de rentrer au « pays » pour y rester. Or il ne mit pas grand temps à changer d'idée, puisque, après quelques semaines seulement passées dans le premier semestre, il avait déjà pris la décision ferme de revenir à Kingston l'année suivante.

Ici on doit donner le relais à Omer Marin qui, dans *Le Semestre* (écrit une douzaine d'années plus tard), relate avec assez de détails l'expérience lavalloise de l'auteur :

> jamais [il] ne s'était plus viscéralement rendu compte de la dualité schizophréneuse de son pays qu'au cours de l'année où professeur à Lanal P.Q. il avait troqué ses anglotes pour des étudiants canadiens-français en passe de s'appeler Québécois et prompts à projeter sur lui leur hargne antiparentale anti*establishment* ou antitout, contristes jusqu'à la moëlle c'est-à-dire jusqu'à l'inconscient — à quelques exceptions près (et ceux-là celles-là avaient tendance à le placer sur un piédestal) si bien que Marin avait cette année-là l'impression (et plus tard rétrospectivement à un degré encore plus intense) d'être un autre — car un autre eût aussi bien fait l'affaire comme objet-sujet de la projection estudiantine de Lanal P.Q., et le phénomène avait revêtu un caractère d'autant plus fascinant-agaçant-outremondain que Marin [...] faisait cette année-là ses (presque) premières armes en psychocritique (*Sem.*, p. 269-270)

Ce séjour à Laval fournit au *Semestre* l'un de ses thèmes lancinants. Ayant « été ce que les anglos appellent *a comedy of errors* », ce n'est pas étonnant qu'il ait laissé à Omer Marin-Gérard Bessette « une impression d'irréalité onirique » et que l'Enfant prodigue à peine de retour, « mi-exilé dans sa drôle de province-État », ait passé une longueur d'année à se demander: « Suis-je ici parmi les miens dans ma patrie ? » (*Sem.*, p. 270)

Certes les difficultés de cette « drôle de frustrante année instructive » ne furent pas uniquement (et peut-être pas d'abord) reliées à l'effervescence politique. Le professeur qui, au surplus, donnait éperdument dans la psychanalyse freudienne « s'était senti en présence d'une nouvelle race-génération et leurs "échanges", reposant avant tout sur la projection mutuelle [ils] s'étaient séparés comme deux "imagos" » (*Sem.*, p. 71). En somme, il prenait conscience de ce que « les anglotes étaient beaucoup moins malicieuses-agressives que les Québécois(es) dont certain(e)s du temps qu'il fantasmait tout haut dans les amphis lanallois lui avaient décoché quelques flèches (à lui ou à leur imago parentale) sans doute parce qu'ils ou elles avaient collectivement plus souffert que les anglotes bien tranquilles lesquelles se montraient (peut-être) douces et délicates à son égard parce qu'elles ressentaient (comment savoir) à l'égard des Canayens ou Québécois une espèce de culpabilité » (*Sem.*, p. 73).

Les raisons sont multiples, mais le fait est incontestable : il s'était senti « plus dépaysé dans ce milieu qu'à Narcotown[1] peut-être surtout à cause de l'organisation des études qui pouvait forcer les étudiants à suivre jusqu'à douze cours (douze sujets) par semestre mais était-ce bien à cause de cette bizarrerie-absurdité que Marin avait douze mois plus tard retransporté ses pénates à Narcotown ? n'était-ce pas plutôt parce que la tension la nervosité ambiantes [...] auraient marqué la fin de sa carrière littéraire (mais comment savoir comment être sûr) ? » (*Sem.*, p. 78-79)

Alors que, en 1958, l'installation à Kingston (Ontario) de l'homme venant de Pittsburgh (Pennsylvania) ressemblait à un rapprochement du Québec, c'est décidément un écart que représentait, en 1967, le retour à Narcotown. De ce moment date une attitude, qui se révélera définitive, non certes de « Canadien errant », mais à coup sûr de « Québécois hors Québec ». Ainsi quand le romancier passe à Montréal son année sabbatique de 1969-1970, le séjour québécois a bien quelque chose de « nécessaire » (être sur place pour écrire *Le Cycle*), mais il est vécu tout au long comme transitoire. Il en ira de même, quatre ans plus tard (rédaction des *Anthropoïdes*), et jusque dans l'achat d'une petite maison-pied-à-terre à Montréal (quartier Hochelaga) en 1975. La participation d'Omer Marin à la « vie » québécoise — commerce (au sens figuré du terme) assidu avec les parents, les amis, les écrivains, les éditions, les revues... — peut se parfaire dans un mode de visites plus ou moins étendues-fréquentes-espacées : « quelques sporadiques incursions à Montréal cet autre milieu étranger où je n'entretiens que d'anémiques-épidermiques relations » (*Sem.*, p. 258).

À la question que lui posait la revue *Québec français* (numéro de décembre 1980, p. 35) : « Est-ce que le climat politique, social et intellectuel du Québec a entraîné votre "exil" ? », G. Bessette répond :

> j'en suis venu à me demander si je n'avais pas une « vocation à l'exil » [...] Par rapport au Québec comme par rapport à presque tout, je pense que j'ai des sentiments ambivalents à l'égard du Québec. Ça veut dire : à l'égard du milieu, à l'égard de mes parents aussi. Nous avons tous des sentiments ambivalents et je ne me suis rendu compte des miens que depuis assez peu de temps. Je pense que c'est l'ambivalence qui caractérise mes rapports. Ça veut dire qu'ils sont très forts, très intenses. Ce sont les sentiments les

1. C'est le nom — littéralement : *ville de l'engourdissement* — que G. Bessette donne dans ses romans et dans la réalité à Kingston, en Ontario.

> plus forts qui sont les plus ambivalents. Mes sentiments envers Kingston sont ambivalents. Mes sentiments envers Saskatoon, où j'ai habité, étaient ambivalents... Mais ils sont particulièrement intenses vis-à-vis du Québec, me semble-t-il.

De telle sorte, en définitive, qu'il peut déclarer en toute vérité (dans une autre interview) :

> Oui, je me sens québécois, mais peut-être pas complètement. Je me sens un peu étranger quand même, parce que la moitié de ma vie maintenant s'est passée hors frontières. [...] Je ne sais si je me sentirais moins étranger si je n'avais pas quitté le Québec. Bien des Canadiens français de ma génération (il n'y avait pas de Québécois à l'époque) qui n'ont jamais quitté « Terre-Québec » se sentent aussi... mettons un peu déphasés...
>
> (*Voix et Images*, avril 1976, p. 325-326)

Le moment venu de prendre sa retraite (anticipée), en 1979, il a donc décidé de vivre à Kingston-Narcotown, « petite ville limbeuse-somnolente » (*Sem.*, p. 265). Un pareil choix apparaît extrêmement significatif, quand on connaît « *la domocentrie* » d'Omer Marin : « je suis *home-centrique* [...] il me faut une *home-base* un port d'attache une demeure-refuge » (*Sem.*, p. 47). Immergé dans une collectivité anglophone et avec toutes les attaches qu'il garde du côté de son Québec originaire (on pourrait dire : primal, au sens strictement psychanalytique), il est très conscient de

> l'éternelle question-conflit psycho-linguistico-politique de son drôle de pays schizophrène où la plupart des anglos unilingues macérant dans leur (insécure) complexe de supériorité et leur inaptitude à l'acquisition d'une langue seconde (peut-être à cause de l'extrême simplicité syntaxique de la leur) réagissaient avec hostilité lorsqu'ils entendaient du français et *a fortiori* lorsqu'on s'adressait à eux dans cette langue parce que cela (au plan affectif) les infantilisait les reportait à la lointaine époque où ils ne pouvaient suivre la conversation des adultes (*Sem.*, p. 211)

Il a sa façon à lui — pittoresque, ironique, bourrue, désabusée — de le dire, mais au fond il n'est pas un cas unique ni singulier :

> j'ai vécu je vis dans cette mer anglophone (d'abord canadienne dans les lointaines prairies puis américaine dans la ville de l'acier puis derechef canadienne dans cette paisible Narcotown) cette mer dont les vagues déferlent constamment aux frontières et même à l'intérieur d'un Québec qui a enfin décidé de se défendre — comme moi je me défends à ma façon solitairement retiré dans mon cabinet comme un moine dans sa cellule ou bien cette autre cellule : la salle de classe [...] où je répands diffuse à ma façon sinueuse-digressive (dilateuse de rates anglotes) cette littérature naguère canadienne-française maintenant québécoise (le changement

> n'étant pas que terminologique se disait Omer) à laquelle j'ai consacré tant d'efforts et d'années finissant par y acquérir une modeste réputation en même temps que — ô ironie — un sentiment de demi-étrangèreté vis-à-vis de la province dite belle (en train de se muer laborieusement en État) évolution tâtonnante qu'Omer suivait avec un intérêt passionné mais néanmoins distancié depuis sa niche sa cellule qui lui rappelait peut-être sa lointaine enfance protégée-emmitouflée au cœur de Saint-Césaire où il servait régulièrement la messe dans la chapelle du couvent ou à l'église (*Sem.*, p. 178)

...Drôle d'enfant de chœur et d'ermite dans une niche-cellule en retrait, à Kingston-Narcotown, en Ontario, borne d'arrivée à 66 ans (1986) « d'un *homo quebecensis* (de naissance) devenu par une série hasardeuse de circonstances un *homo* (à demi) *ontarionensis* ambivalent et compulsif scriptomane » (*Sem.*, p. 133-134).

Dans son œuvre, Gérard Bessette n'a jamais cherché systématiquement à représenter les lieux qu'il a hantés, pas plus le Québec en général que l'Ontario, et il a par exemple davantage décrit la savane imaginaire et fantasmatique des *Anthropoïdes* que le cadre réaliste de Saskatoon, de New York ou de Pittsburgh où il a pourtant vécu plusieurs années. Le déploiement de l'espace est toujours relatif chez lui à l'être et au devenir des personnages particuliers. Il n'empêche cependant que l'écriture reste la projection ressemblante de soi dans des dimensions personnellement identifiées, et l'on comprend, sous ce rapport, que l'alter ego Omer Marin soit « depuis quelques années convaincu que son attitude vis-à-vis de l'espace constituait une des clefs de son comportement et de son caractère » (*Sem.*, p. 46).

Deux des romans bessettiens, *L'Incubation* (1965) et *Le Semestre* (1979), se situent à Narcotown. Mais sans doute à cause du mode d'engagement de l'auteur dans chacune des deux œuvres, les réalités topographiques et humaines n'ont pas la même immédiateté. Dans *Mes romans et moi* [2], G. Bessette insiste énormément sur le fait que « *l'Incubation* raconte un drame qu['il a] vécu réellement et en fantasmes », mais « avec force déformations et déplacements » (*Romans*, p. 107), comme il se doit. Peut-être parce que le narrateur, qui est le seul parlant français, se situe malgré tout un peu en dehors, comme un « témoin passif » (*Romans*, p. 97) d'une histoire qui se joue entre pantins indigènes ou importés et qui fait l'objet d'une évocation onirique, ce qui relève de la couleur locale est fortement marqué au coin de la satire, qu'il s'agisse

2. Voir aussi la seconde partie (polémique) de l'article publié à l'automne 1980 pour le cinquantenaire de la revue *University of Toronto Quarterly*.

du conformisme *W.A.S.P.* et bourgeois [3], du dévergondage ennuyeux des bambochards de la puritaine province [4], de la toquade chevaline d'un riche Anglo désœuvré [5], etc. Comme il reste très vaguement décrit, le campus universitaire peut être celui de n'importe quelle institution anglaise un peu ancienne d'Ontario, cependant que la bibliothèque, qui joue un rôle important dans l'intrigue, en est réduite physiquement à ses labyrinthes catacombesques [6] comme la Londres du temps de guerre à l'enfermement de son *underground* et à l'opacité claustrogène de son brouillard. Narcotown correspond à Kingston moins en elle-même que par sa localisation depuis Montréal, sur une voie ferrée et une route qui longent le fleuve; dans la première ébauche du roman, la ville nommée était London (Ontario), qui, côté engourdissement (*narkè*), n'a certes pas grand-chose à envier à la cité kingstonienne, sauf que G. Bessette n'y a jamais habité.

En revanche, justement, me semble-t-il, parce que le personnage-acteur-narrateur du *Semestre* est le reflet — en un sens plus vrai que nature — de l'auteur et qu'il se raconte *hic et nunc* dans sa concrétude spatio-temporelle, la réalité ambiante est évoquée avec une complaisance qui dénote un véritable attachement : Narcotown fait très Kingston, Princess University est vraiment Queen's (avec ses rues, ses pavillons, ses bureaux et ses salles de cours) et, sous les noms à peine déguisés, on reconnaît aisément le *City* (Municipal) *Park*, les *Jingo* (Simcoe) *Apartments*, etc., au bord du lac Ontario avec Wolfe Island au large.

Parmi les notations les plus significatives, on peut mentionner celles de ce « City Park biquotidiennement traversé depuis des années » qui dans l'« espace intime » de Marin « constituait un lieu puissamment investi » (*Sem.*, p. 46). Ce parc, qui apparaissait déjà, mais bien plus abstrait — lieu mythique hanté par « les précautionneux vieillards pantinesques sclérotiques » —, dans *L'Incubation* (p. 59) est ici un coin très reconnaissable où l'on retrouve bien le palais de justice, le soldat du monument aux morts, la statue de Sir John A. Macdonald et les antiques ormes décimés par le *Dutch Elm disease*. Le personnage rêve qu'un jour on y érigera peut-être en son honneur — « tout *frog* et *French-pea-soup* qu'il fût dans ce milieu naguère hostile et maintenant plutôt neutre envers les minoritaires (francophones) » (*Sem.*, p 235) —

3. Description du salon de Maggie à Narcotown (*L'Incubation*, p. 46, 108, 125) ou de celui de ses parents à Toronto (*ibid.*, p. 164).
4. Soirée « dolcevitale » avec l'érotomane torontois (*L'Incubation*, p. 126 ss.).
5. Rituel sacré autour de la jument égrotante (*L'Incubation*, p. 129 ss.).
6. [...] « ce troisième poussiéreux lugubre sous-sol » (*L'Incubation*, p. 122).

une plaque de bronze comme celle qui s'y trouve pour commémorer le poète Charles Sangster (1822-1893), né et mort à Kingston.

Mais la projection la plus intense, dont on ne retrouve à mon avis l'équivalent dans aucun paysage bessettien — pas même dans le Montréal de *La Bagarre* —, s'effectue dans les dimensions et les registres multiples d'une réalité de l'environnement narcotownien, à travers le personnage d'Omer Marin :

> [...] moi si peu champêtre si peu enclin à la *pathetic fallacy* me projetant si peu dans *Terre-Québec* et encore moins dans *Terre-Ontario* sauf dans le lac qui venait laper doucement la rive ou déferler avec fracas sous la fenêtre de son étude mais son attachement pour cette énorme masse liquide ne provenait-il pas de son rétrécissement là-bas dans la région des Mille-Îles de son étranglement pour donner naissance au fleuve géant sur les rives duquel habitaient la plupart des siens... (*Sem.*, p. 88)

Il n'est pas étonnant que « toujours debout face au lac [...] face à la double fenêtre hublot de son étude » (*Sem.*, p. 253), Marin reconnaisse dans cette force de la nature l'image de sa propre entreprise créatrice et qu'il le dise, au sommet du roman-bilan, dans un passage-synthèse complexe, littéralement inspiré :

> [...] exilé plus ou moins volontaire solitaire-ermiteux enfermé dans son cabinet d'étude encombré dont la double fenêtre enfin coite (car après s'être époumoné deux jours durant le suroît avait perdu le souffle) donnait sur le profond lac Ontario face à Wolfe Island dont clignotaient au loin les feux immobiles devant lesquels les phares et le réflecteur rotatif du traversier se déplaçaient avec lenteur, Omer au cœur gravitant de la nuit laissait son stylographe poursuivre par à-coups sur la page blanche son tracé d'insecte tenace qui (sentait obscurément Marin) avait pour lui valeur de symbole au tréfonds de sa gravide ténèbre (psychosomateuse) androgyne instrument à deux jambages réunis en un seul fendu au centre d'une raie mince comme un cheveu le long de laquelle fluait imperceptiblement depuis un cercle minuscule quasi ponctuel le noir *semen* capable de se perpétuer-revivre de génération en génération [...] son stylo à plume d'or quatorze carats dont la pointe le reliait au monde et lui permettait (seul replié dans sa coquille protégé des bruits externes par le chuintement de son ventilateur) de communiquer (ne fût-ce qu'à retardement) les ondes-fantasmes de son cerveau aux quelques cinquantaines d'anglos aux quelques milliers de Québécois qui lisaient le bizarre anachorète involutif dont la fenêtre donnait sur le lac Ontario à l'écoulement imperceptible, mais dont le(s) flot(s) n'en aboutissai(en)t pas moins au gigantesque entonnoir du fleuve Saint-Laurent et Omer Marin sentait-cénesthésiait une analogie-correspondance entre la forme géante-jumelée du lac fluvigène et de son stylo liliputien dont le cercle quasi-ponctuel ou plutôt le réservoir figurait le lac et la fente médiane le fleuve géant (sur les rives

> d'un affluent duquel Omer avait hasardeusement vu le jour il y avait plus d'un demi-siècle) [...] Omer établissait fantasmatiquement un rapport entre ce lac gonflé-testiculaire se déversant dans le fleuve pénien et les écrits nombreux qu'il avait engendrés-enfantés dans cette ville vieillotte qui dans un sens convenait bien au besoin de calme et de tranquillité qu'il éprouvait de plus en plus intensément au fur et à mesure que passaient les années (*Sem.*, p. 273-274)

À mon sens, l'admirable correspondance, mise en valeur dans ce texte, entre (d'une part) le lac-fleuve-pays primal-originaire-géniteur et (d'autre part) l'entreprise d'écriture, qui est en vérité la raison de vivre d'Omer Marin-Gérard Bessette, non seulement représente-t-elle de façon passagère l'éminence d'un acte éphémère, mais je croirais qu'elle assure en permanence à l'écrivain, dans le dynamisme d'une intense *pathetic fallacy* [7], la continuité d'un ressourcement tellurique.

Mais la situation de Narcotown-Kingston dans l'espace-temps personnel de l'auteur est davantage encore précisée dans un fragment du même grand morceau lyrique sur le lac que j'ai omis et que je transposerai à présent hors de toute fiction. Car Kingston, « anténommée Fort Frontenac » (*Sem.*, p. 274), fait en quelque sorte éclater le hasard, dans l'existence de Gérard Bessette. Au témoignage, en effet, d'un archiviste qui l'a révélé à l'écrivain, il appert que Jean Bessède ou Bessette dit Brisetout, le premier et le seul du nom à venir en Nouvelle-France, soldat dans le régiment de Carignan-Salières, s'est trouvé censément présent aux côtés de son commandant, lors de la fondation du Fort Frontenac en 1673. Ce qui fait de G. Bessette aujourd'hui le plus raciné sans doute des Kingstoniens.

> [...] dans cet historique Fort Frontenac où il se trouvait (d'une part) assez près de son État-pays-province natal pour en sentir les remous-fluctuations-transformations et (d'autre part) assez loin pour que lesdites agitations-déferlements (qui devaient remonter le courant pour lui parvenir) ne le

---

7. « La *pathetic fallacy* (expression quasi intraduisible et qui a fait fortune depuis que Ruskin l'a inventée) est le phénomène par lequel, sous le coup d'une émotion, on "transforme" la nature : d'ordinaire pour lui prêter ses propres sentiments, pour voir dans certains de ses aspects la représentation de ses préoccupations, ruminations ou obsessions personnelles. » (G.B., *Ébull.*, p. 267) Henri Peyre (*Hugo*, Presses universitaires de France, 1972, p. 45) traduit littéralement *pathetic fallacy* par « mensonge passionné ». Gérard Bessette-Omer Marin (*Sem.*, p. 44, 96) proposent quant à eux le mot « transitivisme », parce qu'il s'agit en fait d'un passage ou d'une correspondance entre l'état de la nature et l'état de la psyché du personnage ou de l'auteur.

> troublassent-remuassent pas outre mesure et inutilement (car qu'y pouvait-il qu'y aurait-il pu même s'il était resté au niveau villemarial-montréalais du triple fleuve naguère dépeint à son insu dans un roman démesuré-originel ?) — si bien que se disait Omer Marin qui faisait contre douteuse fortune bon cœur et cherchait peut-être à rationaliser son espèce d'exil en établissant une équivalence entre distance et distanciation (affective-esthétique) propice à l'élaboration de ses œuvres musait Marin [...] Je n'ai plus le choix les jeux sont faits *alea jacta est* il ne me reste plus qu'à continuer d'aligner sur le papier des parolades (quelles que soient leur qualité ou leur médiocrité) dont l'élaboration-déroulement est devenue la grande affaire de ma vie (*Sem.*, p. 274).

Alea jacta est, le sort en est jeté ! « Dois-je rentrer au "pays" ou bien rester ici à Kingston [...] ? », se demandait G. Bessette dans *Mes romans et moi* (écrit en 1977-1978). « C'est là, disait-il, une question qui m'a déchiré pendant longtemps (et peut-être me déchire encore). » (*Romans*, p. 123) L'auteur venait tout juste de transcrire le passage de la fin de ses *Anthropoïdes* à quoi il faisait allusion dans l'extrait du *Semestre* que je citais à l'instant :

> [...] je vivrai désormais en retrait de cette savane tant aimée (mais poreuse et fragile) et ne verrai qu'en imagerie solitaire (par-delà la mer-des-sables) le musculeux fleuve géant que les sorciers Duracoudi-Sinaloké invoquent sous le nom guttural de Kébékouâ et sur les rives fécondes duquel naquit l'antique géniteur inconnu [...] à qui je dois [...] le jour [...] (*Anthro.*, p. 295)

Alea jacta est, les jeux sont donc faits... du moins jusqu'à nouvel ordre. Mais l'exil est un terme bien relatif, quand on garde sa vraie patrie en soi. Et quoi qu'on dise on parle d'elle, si l'on est écrivain.

IV. Pédagogies

L'œuvre littéraire ne serait pas ce qu'elle est, si Gérard Bessette n'avait pas mené une carrière parallèle (et interférente) d'enseignement et de recherche. À l'origine, parce qu'il ne s'engageait du côté ni de la prêtrise ni de la médecine ni du droit, les études de pédagogie et de lettres offraient une voie de garage qui ne l'éloignerait pas trop de ce qui l'intéressait avant tout : écrire. Ce pouvait être surtout le moyen d'assurer le nécessaire gagne-pain permettant de faire ce qu'on veut dans les périodes de relâche scolaire.

Il a parlé de l'interview loufoque — à la Jodoin, tout à fait ! — qui lui avait valu de n'avoir pas de poste comme instituteur, une fois nanti du diplôme de l'école normale (propos de G. Bessette dans le texte de présentation par J. Allard du *Libraire*, p. 13). Il allait donc continuer d'attendre (et bon gré mal gré d'espérer) en préparant à l'université les grades de licence-maîtrise — *gradus Licentiae in litteris (Lettres classiques) Magisterii in Artibus* — puis de doctorat — *Ph. D.* Mais il ne trouverait de poste, à l'époque et durant longtemps, qu'au loin, *abroad in partibus* (si l'on peut dire). De sorte que, sauf pour l'année mémorable qu'il passa à Laval (1966-1967), il a toujours professé son français dans des sections « étrangères » de *Foreign lang[uages] and lit[eratures]*, comme Omer Marin dans sa très *Canadian Princess University (Sem.*, p. 126, 211), devant son « troupeau d'anglotes gentilles » (*Sem.*, p. 262).

Or il faut comprendre qu'enseignement et recherche n'ont jamais été des occupations marginales pour l'écrivain-écrivant-qui-n'aurait-voulu-qu'écrire. Au fur et à mesure qu'il a progressé, l'osmose a joué entre les deux exercices, au point de n'en faire plus qu'un, en définitive, au stade du professeur-critique (psycho) qui ne voit plus de différence entre son discours et un texte romanesque « sauf que le premier est entrelardé de citations » (*Sem.*, p. 175).

Le cas paraît ici exemplaire. La commande pédagogique (qui commence avec la formation-instruction personnelle) a déterminé le registre de la recherche (critique) et, par mode de conséquence, celui de la création. On conçoit ainsi quelle forme de poésie et de roman, moins férue d'originalité (et d'indicible) que de perfection esthétique, l'écrivain a cultivée dans sa période de «littérature pure», selon des règles et canons traditionnels ou classiques, objets d'admiration naturelle, d'étude fervente et de didactique prescrite. De même, la reconversion «psycho», qui éclate dans *L'Incubation* et qui conditionne toute la suite de l'œuvre, ne se serait sans doute pas réalisée d'aussi radicale façon si le romancier n'avait pas d'abord été aiguillé (plus ou moins inconsciemment) sur la voie décisive par son double critique, professionnel décortiqueur de textes et de pensées, soucieux de renouveler sa démarche analytique.

Le professeur reste ainsi très près du créateur, et la fonction d'enseignement se découvre nourricière non seulement parce qu'elle assure à l'homme une rémunération régulière et congrue, mais, davantage encore, parce qu'elle fait bénéficier l'artiste des connaissances mises à jour dans l'instance didactique, jusqu'à servir de matière essentielle, dans *Le Semestre*, à l'édification «d'un insolite roman-bilan» (*Sem.*, p. 278).

À cet égard, il faut donner toute son importance à l'évolution des dernières années qui conduit la réussite bessettienne à des sommets sur tous les plans. J'y reviendrai plus loin au sujet de la création. Je m'en tiens pour l'instant au sentiment de plénitude stimulante (en même temps que d'exclusive assignation) éprouvé dans ce type d'exercice critique car «une fois lancé dans l'oniranalyse et les actes manqués et la psychocritique ça devient une sorte d'hypnose qui rend difficile — ou insipide — tout autre mode d'approche» (*Sem.*, p. 154).

Là-dessus, plus que jamais le cas Marin éclaire le cas Bessette en relevant un certain nombre de principes ou, plutôt, de pratiques qui caractérisent l'opération concrète. Sa méthode l'a amené à engager de plus en plus de sa personne dans son cours ; «pourtant jadis (ou même naguère) jamais il ne se fût permis pareil étalage de son vécu intime, il s'abstenait autrefois par principe de toute référence même neutre à son moi (à l'époque où naïvement il croyait à l' "objectivité" de la critique littéraire pure)» (*Sem.*, p. 47). La raison du changement en est, au bout du compte, que «l'on découvre chez les autres (chez les personnages littéraires) seulement ce que l'on porte en soi (à l'état plus ou moins latent)» (*Sem.*, p. 131). Et, même au fait d'un certain embarras, l'élève peut en témoigner : «Oui au plan manifeste vos cours manquent souvent de clarté ou d'organisation mais on les sent polarisés par une telle passion par un tel dynamisme sous-jacents que vos hésitations-tâtonnements de surface (mettons) passent inaperçus» (*Sem.*, p. 74). Ce genre de leçons finit par être «beaucoup plus que des cours ce [sont] des expériences vécues profondément *flesh and bones*» (*Sem.*, p. 87) et communiquées comme sur le vif par le maître à des disciples (*happy few*), qui se découvrent eux-mêmes, à leur tour: «Vous ouvrez en moi des abysses vous faites tourner ma tête...» (*Sem.*, p. 18), confie la jeune anglote au professeur Omer Marin.

À ce régime, on voit comment Marin (-Bessette) a pu résoudre le supposé «dilemme de l'enseignant»:

> s'il fait en cours de route des découvertes qui sont toutes chaudes dans son esprit mais ne surgissent ni ne se succèdent de façon logique et ordonnée, il risque de faire des cours chaleureux-enthousiastes mais désordonnés. Si d'autre part, il se contente de transmettre en classe des découvertes déjà anciennes et refroidies, il fera des cours logiques et bien organisés mais sans vie. (*Sem.*, p. 28)

Il préconise (et pratique) le *cours-découverte* plutôt que le *cours-exposé*, selon ses «principes voulant que les cours doivent être improvisés sous peine de compromettre la communication le mystérieux lien affectivo-intellectuel qui unanimise le prof et sa classe» (*Sem.*, p. 39). Cela suppose, il faut bien le dire, une préparation préalable jusqu'au tréfonds de l'être.

Sincère et franc (d'une franchise volontiers brutale), sans aucune sorte de respect humain (parce qu'il a le courage de ses actes-opinions et qu'il y croit), il ne craindra pas de passer, aux yeux de tous les Butor-Ali Nonlieu du monde, pour «un illuminé freudomane assénant sur le crâne de [ses] lecteurs [...] et dans les tympans de [ses] anglotes les "vérités" incontestables du mage viennois et de l'Aquisextain aveugle Charles Mauron» (*Sem.*, p. 36).

Le produit du cours doit, de toute nécessité, être neuf, non (encore) publié mais destiné à alimenter plus ou moins prochainement ses œuvres de critique — «lorsque le bol de ses notes de classe [devient] émétique» (*Sem.*, p. 138). Tout aboutit donc, là encore, à l'écriture, c'est-à-dire en somme à un acte de style qui est aussi, dans son genre, création littéraire. L'accent particulier sera alors celui d'un discours vigoureux, proféré plutôt que purement consigné, sorte de dialogue-échange (réduit à sa partie: réponse) avec un vis-à-vis implicite et silencieux, sans doute, mais plus manifeste, tout de même, que l'allocutaire des œuvres de fiction [1]. C'est ainsi que les études critiques

1. Interlocuteur intime plus perceptible aussi que «le lecteur intérieur» dont G. Bessette fait état dans son article (sous ce titre) dans *Liberté*, vol. 14, n° 6, nov.-déc. 1972, p. 61-64.

bessettiennes, même celles — comme la thèse ou certains articles — qui n'ont pas d'abord été professées en salle de cours ou de conférences, ont néanmoins ce caractère de texte « enseigné », qui ne se contente pas d'être didactique dans une espèce d'absolu mais qui semble s'adresser à quelqu'un de présent qu'on veut convaincre et qu'on ose même, au besoin, provoquer (d'autant plus, d'ailleurs, que le témoin muet peut fort bien être, à l'occasion, un autre critique aux opinions différentes avec qui on polémique). Sur quoi je dis que le personnage a très profondément la fibre professorale, bien plus, censément, qu'Omer Marin ne paraît le suggérer quand il se croit « meilleur écrivain qu'enseignant » — donc moins bon enseignant qu'écrivain — , en ne s'incluant pas dans la catégorie des « enseignants par vocation » (*Sem.*, p. 205-206).

Si, passé un certain seuil, G. Bessette s'est donné l'air, aux yeux de beaucoup, d'avoir vendu son âme à Sigmund Freud, il n'a jamais oublié qu'il avait débuté dans une critique classique et dans l'analyse de la forme au sens traditionnel du terme. On peut différer d'avis sur ses interprétations, sans rejeter sa méthode d'ensemble comme paralittéraire. En expliquant à ses élèves (dans la salle de cours) et à tout venant (dans ses livres) les ressorts cachés (jusqu'à l'inconscient) de quelques auteurs, le « jongleur-marchand de mots, disséqueur de personnages imaginaires » (*Sem.*, p. 25) s'est trouvé, par la même occasion et le même moyen, mettre à jour sur le plan technique et formel des phénomènes aussi importants que ceux de « brouillage [2] », de *pathetic fallacy* [3], de cénesthésie [4], etc. — toutes trouvailles, au surplus, qui ont été des prises de conscience personnelles et qui laisseraient des traces vérifiables dans la texture de son œuvre subséquente (de fiction), comme auparavant l'étude de l'unanimisme de Malraux [5] avait eu quelque effet sur des procédés de *La Bagarre*. J'estime qu'il a tenté, dans sa démarche propre (enseignement et écriture), de réaliser effectivement la synthèse d'une critique qui fût esthétique autant que (psych) analytique.

---

2. Voir l'étude sur Claude-Henri Grignon, dans *Une littérature en ébullition* (1968). Par analogie avec l'image auditive ou radiophonique, le critique appelle « brouillage » dans un roman l'interférence incontrôlée de plusieurs voix narratives qui confondent le lecteur et l'empêchent de distinguer qui, de l'auteur ou du (des) personnage(s), fait le récit.

3. Voir les articles des années 60 sur Gabrielle Roy dans *Une littérature en ébullition*.

4. *Ibid.*, et dans *Trois Romanciers québécois* (1973).

5. « L'unanimisme dans les romans de Malraux », dans *L'École canadienne*, octobre 1957. L'unanimisme, surtout illustré en littérature par Jules Romains, est une vision de la réalité qui privilégie, au-dessus du strict individu et de ses pulsions séparées, la représentation de la vie collective.

Dans l'un de ses derniers essais, G. Bessette porte un témoignage sur la valeur de son entreprise: «Ignorée par les uns [...] goûtée par un petit nombre [...] rejetée par plusieurs» (*Romans*, p. 57).

> J'y ai quand même consacré de longues réflexions et des efforts soutenus. Je reste persuadé d'avoir, par exemple, apporté un éclairage nouveau — et valable — à l'œuvre d'un Thériault, d'un Victor-Lévy Beaulieu, d'une Gabrielle Roy, etc. (*Romans*, p. 57)

Cela est certain, et il faudrait encore allonger la liste, ajouter surtout les noms de Nelligan et de Laberge ainsi que le sien propre.

Car G. Bessette a voulu scruter aussi, «le moins subjectivement possible» (*Romans*, p. 55), son cas particulier, oubliant peut-être alors les observations sévères qu'il avait un jour notées au sujet des écrivains qui osent se disséquer eux-mêmes [6]. Appuyé sur une citation de Vigny

---

6. Je transcris au long le développement là-dessus qui ouvre l'article «La romancière et ses personnages», dans *Une littérature en ébullition*, p. 279-280:

> Je cite de nouveau l'extrait du *Journal d'un poète* [de Vigny] qui figure dans mon article de 1952:
>
> > Gœthe fut ennuyé des questions de tout le monde sur la vérité de *Werther*. On ne cessait de s'informer à lui de ce qu'il contenait de *vrai*.
> >
> > «Il aurait fallu, dit-il, pour satisfaire à cette curiosité, disséquer un ouvrage qui m'avait coûté tant de réflexions et d'efforts incalculables dans la vue de ramener tous les divers éléments à l'unité poétique».
>
> Je crois que, même si Gœthe avait voulu «disséquer» *Werther*, il n'aurait découvert qu'une partie des «éléments» *vrais* qui avaient servi à son élaboration. Comme c'est toujours le cas pour une œuvre d'imagination, certains de ces «éléments» provenaient des observations *extérieures*, des rencontres de l'auteur (c'est-à-dire de ses contacts avec le monde environnant); les autres, au contraire, étaient tirés de lui-même, de ses observations *intérieures*, de ses introspections et de ses pulsions, etc.
>
> Faire le départ entre ces deux sortes d'observations est loin d'être facile pour l'auteur. On conçoit d'ailleurs sans peine que ce travail (qui consisterait à désorganiser ce qu'il a organisé) lui répugne. «Disséquer», dit Gœthe: c'est-à-dire traiter comme un cadavre une œuvre et des personnages auxquels on a voulu donner vie. Mais la répugnance n'est sans doute pas que «d'ordre parental»: c'est-à-dire semblable à celle d'un père ou d'une mère qui ne voudraient pas compromettre la santé de leurs rejetons. Cette répugnance de l'écrivain à remonter aux sources, aux «éléments» de son œuvre constitue souvent (peut-être toujours) une sorte de

à propos de Gœthe, il avait tâché de démontrer que, en acceptant d'élucider les éléments *vrais* contenus dans son œuvre, un auteur ne peut que se frustrer lui-même et frustrer ses lecteurs : pas plus qu'il n'arrive à identifier toutes les données amalgamées dans l'unité poétique, il ne peut faire le départ entre ce qui sourd de l'intime secret de l'être et ce qui est d'origine extérieure. La gêne qu'il éprouve à devoir expliquer sa propre création tient, d'une part, à ce que l'écrivain ne veut pas réduire — et, à la limite, détruire — son œuvre (raison d'ordre esthétique) et, d'autre part, à ce qu'il craint — « légitime défense » (*Ébull.*, p. 279) — d'inverser le processus de catharsis qui l'a libéré (raison d'ordre psychologique) :

> Voilà sans doute pourquoi, soutenait alors le critique, les commentaires qu'un écrivain fait sur ses propres œuvres sont en général si décevants, si « trompeurs ». Qu'on songe à ceux de Lamartine sur les *Méditations* ; à ceux de Valéry sur le *Cimetière marin*. Ni l'un ni l'autre poète ne nous apprend rien d'important : on a l'impression qu'ils parlent tous deux en dehors du sujet. C'est pourtant eux, me semble-t-il, qui devraient pouvoir « aller aux sources ». Il n'en est rien — ou, du moins, tout se passe comme s'il n'en était rien. (*Ébull.*, p. 280)

G. Bessette a quand même tenté l'aventure et peut donc à son tour être jugé sur les résultats. Son livre dévoile une quantité considérable de renseignements que l'auteur était seul à connaître, tant sur sa « petite » histoire que sur les intermittences de sa psyché. Nous sommes alors dans le domaine du fait, et cela est assurément positif [7], encore

---

légitime défense. Le poète ou le romancier refuse de s'engager dans un processus inverse de celui qui l'a « catharsisé ». « La confession de l'artiste, affirme Dracoulidès, est une plainte ou un aveu, une protestation ou une vengeance, etc. C'est une projection de son moi, dans le but unique de sa libération psychique. Libération passagère qui aura besoin de se renouveler à travers toute une série de créations du même auteur [...] Ainsi l'artiste, au point de vue psychologique, poursuit par son œuvre artistique, 1) un effet cathartique, 2) une compensation du manque de la vie, 3) une valorisation de son moi et 4) une supériorisation ».

« On ne saurait mieux dire ; et, en même temps, mieux indiquer pourquoi l'artiste, temporairement libéré par une œuvre, ne veuille plus s'y emprisonner, s'y angoisser en la disséquant. »

7. La première partie du livre, intitulée « Mes premiers souvenirs », appartient au genre des mémoires et reconstitue un certain passé personnel à l'aide de souvenirs ; il ne s'agit pas alors de critique littéraire ni d'analyse d'œuvre. Le reste de l'ouvrage, « Mes romans et moi » (qui donne son titre à tout le livre), fait état aussi de nombre de souvenirs et de faits précis qui sont tous très éclairants et qu'il faut apprécier à leur juste prix, bien que leur interprétation analytique n'ait pour personne une valeur apodictique.

que plusieurs détails, donnés de mémoire, restent approximatifs et qu'ils eussent gagné à être vérifiés afin d'être exactement transmis. Mais parce qu'il s'interdit de tout dire (par pudeur légitime, par respect des autres, vivants ou disparus, et pour ne pas déflorer d'éventuels mémoires d'outre-tombe), il cache intentionnellement plus d'une chose (sur quoi tout de même il glose et tourne autour du pot), et cela ne peut être que décevant.

De façon analogue, en restreignant l'examen aux seuls « romans », il s'expose à tronquer la perspective psychologique, qui devrait se dessiner sur l'existence entière et couvrir en particulier la totalité du projet littéraire. Or toute la période initiale (si hasardeuse et tâtonnante qu'elle ait pu être, jalonnée de poèmes, d'études, de récits plus ou moins avortés...) est ici complètement occultée. On devine un peu pourquoi : c'est que l'auteur vient de percevoir la relation — pour ce qui est des thèmes, des personnages et de l'action — entre l'événement traumatisant de la quasi-mort (par apoplexie) du père et la mise en train de *La Bagarre* qui donne le branle à toute la suite constante et ininterrompue des romans. Ainsi engagée, l'analyse égotiste met un tel accent sur la recherche et le dépassement du père (à travers ses avatars et ses substituts de tous ordres) que les autres composantes de l'œdipe personnel (ce qui concerne notamment l'imago maternelle) s'en trouvent un peu trop laissées pour compte.

En outre, comme il n'a pas le dessein d'épuiser son sujet, il se contente, pour chacun des romans, de suivre la première piste qui s'offre, sans trop chercher de ramifications, si bien que certaines œuvres font l'effet d'être à peine effleurées et que l'ensemble de l'exposé reste un peu décousu. Les trouvailles de tous genres sont cependant nombreuses, obtenues par l'entremise des grilles-schémas-axiomes freudiennes, mauroniennes ou autres, mais les plus révélatrices à mon sens sont le résultat de l'éclair intuitif, comme lorsque l'auteur comprend soudain — « et c'est la première fois que j'y réfléchis », dit-il (*Romans*, p. 116) — qu'il s'est arrangé à son insu — « l'inconscient trouve toujours moyen de s'exprimer » (*Romans*, p. 116) — pour que le narrateur des *Anthropoïdes* puisse identifier son père.

En fin de compte, cette drôle d'enquête (décidément originale dans son propos) — où l'on note des évidences, ressasse des secrets, projette des fantasmes et des souvenirs, où l'on monte en épingle un détail en retenant d'autres aveux, où l'on brode, insiste et se dérobe — incite le lecteur à s'interroger, dans la ligne pertinente qu'explorera le personnage du *Semestre*, sur le « genre » exact d'un tel type d'ouvrage :

> lorsque je fais (censément) de la critique (psycho-) quelle différence y a-t-il entre mon texte et un texte romanesque sauf que le premier est entrelardé de citations[8] ? (*Sem.*, p. 175)

Quoi qu'il en soit du degré de catharsis consécutif à l'auto-psycho-critique directe, l'entreprise immédiatement subséquente du *Semestre,* œuvre de fiction et pourtant d'inventaire, pourrait prouver (s'il en était besoin) combien le témoignage oblique (ouvertement romanesque), dans sa fantaisie, sa liberté, son absence de retenue, est supérieur, somme toute, en quantité (d'informations révélatrices) et en qualité (de communication). Au reste, *Le Semestre* n'est pas moins didactique, puisqu'on y trouve dynamiquement élaboré ce que je tiens pour un modèle d'analyse de *Serge d'entre les morts* (de Gilbert La Rocque) et de soi (rêves, fantasmes, actes manqués...).

Au bord de sa retraite (anticipée), G. Bessette aura ainsi réussi le roman du professeur-enseignant et du critique-écrivant, qui chez lui se rencontrent, se complètent et s'équivalent. Sur le double plan, le bilan est positif. Le professeur Omer Marin n'a d'ailleurs eu, d'année en année, que des « *class evaluation reports* (élaborés par ses anglotes) [...] plutôt favorables ou même parfois nettement louangeurs » (*Sem.*, p. 70-71). Même cette fameuse année éprouvante passée à Québec — « où Omer se percevait comme un pitre hagard ne sachant jamais (à cause peut-être d'un certain trac car il n'était rien moins qu'extroverti) ne sachant jamais si son message passait la rampe lorsqu'il parlait de contenu latent et manifeste et de projection parentale et de déplacement affectif et de complexe liminaire (franchissement de seuils symboliques) » (*Sem.*, p. 271) — semble avoir connu un grand succès auprès des étudiants, puisque « si l'amphi où Marin donnait ses performances était toujours hyperbondé (au point que les tard venus devaient s'asseoir par terre) c'est que les étudiants séchaient souvent leurs autres cours désertant même à l'occasion d'autres facultés pour venir l'entendre (sans doute — en partie — parce qu'il parlait sans détour de sexe et de libido) » (*Sem.*, p. 271).

Omer Marin a pu se considérer comme un « pédagogue peut-être sympathique par certains côtés et d'autre part pas trop exigeant qui ne

---

8. Quelques mois avant la parution du *Semestre,* j'ai eu l'occasion de donner mon point de vue là-dessus dans un compte rendu publié dans *Lettres québécoises,* août-septembre 1979, p. 42-43, sous le titre « Mes romans et moi ou Gérard Bessette auto-bio-psycho-critique ». On connaît la réplique indignée qu'il m'a servie ensuite — plaidoyer *pro domo* du type qu'il attribue lui-même à Thériault et Jasmin (*Romans,* p. 55) — dans un article intitulé « Romancier(s) québécois », paru dans *University of Toronto Quarterly,* automne 1980, p. 47-52.

réclamait que de rares travaux écrits mais par contre les corrigeait avec une méticulosité excessive (peut-être parce qu'il était — du moins en partie — de type anal ou parce qu'il avait l'habitude de se corriger lui-même implacablement-obsessivement) » (*Sem.*, p. 269). Professeur, il aura consciencieusement assumé toute la responsabilité circonscrite dans une stricte charge d'enseignement et de recherche, réussissant à se maintenir — sagement — à l'écart de tout poste administratif — directorat (*Sem.*, p. 79) — y compris (à une exception près commandée par l'urgence) le service dans les « comités [...] chronophagiques » (*Voix et Images*, avril 1976, p. 325). Au bout du compte, il sait qu'il a marqué de son empreinte une poignée de fidèles, qui peuvent être appelés, à juste titre, des disciples [9].

Vis-à-vis de ceux (et de celles)-là Omer Marin (*Sem.*, p. 152-153), comme Gérard Bessette lui-même (*Voix et Images*, avril 1976, p. 327), a pris figure de « substitut paternel », selon sa théorie-conviction que « l'enseignement ne représentait que le côté manifeste donc le moins important des cours alors que le côté latent (plus fondamental) permettait aux élèves et à l'enseignant de reprendre-jouer par substitution des relations familiales parent(s)/enfant(s) » (*Sem.*, p. 207). Et parce que, au fond de lui, « Omer savait que les monologues intérieurs-extériorisés qu'étaient au fil des ans devenus ses cours pouvaient toucher en profondeur bouleverser ouvrir des perspectives insoupçonnées chez certaines anglotes plus sensibles que les autres aux messages de leurs ténèbres psychiques » (*Sem.*, p. 165), il ne pouvait que se réjouir d'entendre « au cours des années quelques étudiant(e)s [...] lui dire [...] que ses cours avaient tranformé leur perception non seulement de la littérature et du roman mais aussi de la psyché humaine » (*Sem.*, p. 202).

Réussite à coup sûr passionnante et — moralement — roborative, mais tâche d'abord ingrate et angoissante qu'il a fallu accomplir, ces dernières années, dans des circonstances impraticables, en raison de la maladie, certes — qu'on songe à « ce déprimant-crevant demi-semestre » (*Sem.*, p. 90), enduré dans la réalité puis revécu dans la fiction —, mais peut-être surtout de cette conviction de plus en plus impérieuse qu'on est avant toute chose écrivain et qu'il vient un moment dans la vie où l'on n'a plus le loisir que de braquer toutes ses forces sur l'essentiel.

Ayant renoncé à tout le reste, vivre c'est écrire, écrire, écrire...

---

9. Voir le témoignage explicite et circonstancié de Louis Lasnier « Bessette professeur », dans *Québec littéraire I Gérard Bessette*, p. 119-126, correspondant à l'expérience analogue de Jean-Louis Pasquier *et alii*, vis-à-vis de maître Omer Marin (*Sem.*, p. 153,185).

V. Comportements

Au temps où Gérard Bessette écrit *Le Semestre*, il marche vers la soixantaine, comme son double du moment, le professeur-romancier Omer Marin. Ils relèvent — et plutôt péniblement — l'un et l'autre d'une débilitante maladie, et le moins qu'on puisse dire, c'est qu'ils sont conscients de la totalité de leur être, dans ses dimensions onto-phylo-génétiques ; ils sont d'ailleurs encore pleins, l'un de ses *Anthropoïdes*, l'autre de ses *Hominiens*. Même si Marin se tient pour «victime (comme les trois à six pour cent de ses congénères souffrant aussi d'un Q.I. excessif) victime de l'outrancière céphalisation de son espèce» (*Sem.*, p. 128), il n'en demeure pas moins «(absurdement) très fier de son cerveau de son intelligence» (*Sem.*, p. 128). Pourtant, ce qui est encore plus accusé, c'est sa dépendance intégrale, originaire, irrémédiable, vis-à-vis de son corps, et donc l'importance de celui-ci : sa présence, ses besoins, ses foucades, son inertie, ses sursauts, ses misères...

Mais si l'on y regarde de près, on s'aperçoit qu'il n'y a rien là de nouveau et que la vérité de l'œuvre entière repose sur la représentation adéquate, jusque dans la nuit des temps, de cet état de choses qui a, au préalable, fondé le style de vie et les mœurs de l'individu improbable qui a nom Omer Marin (alias Gérard Bessette). L'écrivain qui ferait lucidement tant de place aux cénesthésies dans la dernière partie (majeure) de son œuvre n'avait-il pas auparavant créé un Jérôme Chayer qui savait que «rien n'est efficace au cours d'une controverse comme de rappeler à un rival arrogant qu'il a un corps, qu'il est physiquement vulnérable» (*Comm.*, p. 67), un Hervé Jodoin conciliant, côté odorat, mais sujet à «des brûlements de la vessie» (*Lib.*, p. 14), s'il absorbe trop de bière, et, plus avant encore, ce coureur (puis ce danseur), à la machine biologique parfaite ? Par tempérament (comme par choix) il a toujours été bien *incarné*, et c'est sans doute pourquoi il a d'entrée de jeu adopté un régime de bon vivant — la «vraie vie»

(*Romans*, p. 97), voire ! —, faisant sa quote-part au plaisir — de « se déranger » — et au mal conséquent — « une gueule de bois et un crâne tambourinant » (*Sem.*, p. 130). Cela a commencé « durant ses folles années universitaires [où] il aimait bambocher-noctambuler et ne rentrer qu'aux petites heures (contre la volonté de ses parents) » (*Sem.*, p. 147). On voit d'où viennent ces étudiants de *La Bagarre* qui passent plus de temps dans les boîtes qu'à l'université.

Gérard Bessette ne s'en cache pas. Ce qu'il reconnaît avoir pratiqué, après Montréal, dans les tavernes de Saskatoon (*Romans*, p. 98) — et qui a pu inspirer ensuite l'auteur du *Libraire* autant que celui de *L'Incubation*, car on trinque beaucoup et de multiples façons dans cette œuvre —, sur la foi d'Omer Marin je présume qu'il l'a fait aussi à Pittsburgh puis à Kingston. Je crois Omer sur parole, quand il avoue que « le biberonnage faisait chez [lui] des progrès inquiétants au cours de ce que [...] son groupe de fêtards noctambules appelaient les *nuits blanches de Narcotown* » (*Sem.*, p. 262) — celles-ci d'ailleurs peuvent avoir servi de référence pour la relation de la morne soirée *dolce vita*, dans *L'Incubation*.

Il est assez remarquable qu'un tel dévergondage ne semble pas avoir affecté l'excellence personnelle ni entravé le rendement général. Bien plus, on serait presque tenté d'y chercher une sorte de stimulant efficace. Omer Marin se rappelle, en effet, que

> ses beuveries nocturnes s'étaient multipliées au cours de son année terminale (de licence-maîtrise) alors que ses visites au bordel devenaient régulières (mais sa mère n'en avait jamais rien su) et pourtant en dépit de ces excès Omer n'avait jamais tant abattu de si bon travail intellectuel, terminant une solide et complexe thèse sur Nelligan dans l'espace de six mois collaborant à une encyclopédie où il était devenu *rewriter* bien rémunéré, tout cela sans vraiment négliger ses études puisqu'il avait fini à la tête de sa classe (comme en témoignait une médaille de bronze à l'effigie d'un quelconque lieutenant-gouverneur et qui devait traîner encore la médaille au fond d'une malle) (*Sem.*, p. 129)

On pourrait même, en un sens, trouver là un fonds d'expériences qui permet par exemple au jeune initié d'écrire, à cette époque, en parfaite connaissance de cause, le très bel « Hymne à l'esprit alcoolique [1] » des *Poèmes temporels*.

Pure coïncidence ou bien analogie préétablie entre le style et la vie, il y a dans le langage bessettien ce qui me paraît un goût inné de l'ivresse,

1. Le poème a été publié d'abord dans la revue *Liaison*, décembre 1947, p. 594-596.

propice à la facétie, au canular, à l'esclandre et qui l'incite naturellement au morceau de bravoure. Cela se retrouve dans chaque œuvre et dans toutes (poésie, roman et critique) comme une espèce de disposition orgiaque qu'aucune énormité ne rebute.

Il faut néanmoins convenir, au bout du compte, que la création littéraire est le fruit non de l'abus mais de l'ascèse. Omer Marin, qui a, pendant des années, multiplié systématiquement les incartades (« long, immense et raisonné dérèglement de tous les sens », à la Rimbaud ?), a dû, lui aussi, calmer sa fièvre et se ressaisir, quitte à recommencer :

> les bouquins qu'il avait produits [...] il les devait en grande partie aux périodes de parcimonieuse retraite qu'il s'était ménagées (à compter de l'apoplexie paternelle) entrecoupées — ces périodes d'allure monastique où devait autour de lui régner un silence religieux — par d'autres périodes « profanes » de plus en plus courtes (*Sem.*, p. 129 130)

Or c'est dans ce contexte que peut s'insérer le chapitre (bessettien) « amitiés-camaraderies-compagnonnages », en raison de la place qu'y tiennent, parmi les péripéties d'usage, la partie de plaisir (bachique) et ses suites surprises. Sur le plan anecdotique, je laisse ici l'auteur dans son quant-à-soi de fantasmes et de souvenirs — mi-secrets, mi-aveux — et ne scrute délibérément le cas que du seul Omer Marin-personnage-de-roman qui, lui, ose « mettre son cœur à nu [...] [s]e déboutonner sur papier puisque de toute façon les circonstances [...] ont voulu qu'après [s]a renonciation forcée à l'alcool illusionniste [il] renonce aussi à (presque) toute vie sociale parce qu'elle [lui] semble chichiteuse-chronophagique, [s]e bornant à quelques rares échanges épistolaires du fond de son cocon narcotownien à quelques sporadiques incursions à Montréal cet autre milieu étranger où [il] n'entretien[t] que d'anémiques-épidermiques relations » (*Sem.*, p. 258).

Le bilan de Marin fait le tour de quelques expériences principales, concrètement situées dans le temps et dans l'espace et identifiées avec force détails quant aux êtres qu'elles mettent en présence. L'une, la plus sereine, celle de ce Rick Buckley sympathique, qui remonte à l'époque de Brigadoon et qui durera pour Omer, sans anicroche, jusqu'à la mort de l'autre, n'est peut-être telle au fond que parce qu'elle se joue toute dans l'éloignement — « une correspondance anémique » et deux revoirs « en vingt ans » (*Sem.*, p. 263), sans « nul souvenir amer ni même doux-amer » (*Sem.*, p. 264). Les autres, en revanche, fondées davantage sur une certaine vie en commun et sur des rencontres plus suivies, n'ont pu éviter de tourner au long des ans à l'épreuve physique autant que morale.

La plus ancienne concerne « Gilbert Lesieur et Jeannette (née Hubert) ex-condisciples de la Faculté des lettres en compagnie desquels (et de quelques autres) il avait si souvent noctambulé-biberonné dans le quartier et les boîtes interlopes de la *Main* » (*Sem.*, p. 137). Cette relation des débuts, maintenue très étroite pendant plus de vingt ans, en dépit des phases nombreuses et longues de séparation forcée, et marquée à toutes les occasions possibles d'odyssées et de beuveries épiques, a pris figure de mythe aux yeux de Marin, incarnant en quelque sorte sa jeunesse durable. De sorte que la rupture, consécutive à la détérioration lamentable des rapports, avait signifié « la fin affective-définitive de la vie estudiantine que Marin avait vécue avec une telle frénésie puis idéalisée avec une telle ténacité » (*Sem.*, p. 135).

Outre qu'elle arrive à son terme au même temps — du fait, cette fois, de la disparition du partenaire —, l'aventure d'Omer Marin avec Gordon Blackwell aura quelque analogie avec la relation Lesieur. Avec son enchaînement effréné de bambochades, elle a consisté pour Marin à prolonger au-delà de la quarantaine les années de sa jeunesse mythique. Mais, dans l'ambivalence trompeuse de ses sentiments, Omer n'aura pas seulement eu des accointances avec un joyeux (et triste) compère ; les circonstances claires ou douteuses lui auront suscité en « ce pauvre Gordon détraqué (mais intelligent) [...] au rire toujours recommencé » (*Sem.*, p. 204) une sorte de double de lui-même (*Sem.*, p. 259) — un allié et un rival — tout ensemble « loufoque et pathétique » (*Sem.*, p. 260), devant l'urgence — moquée — de « combattre-refouler la pensée de la Faucheuse » (*Sem.*, p. 204). Au moment de sa rétrospective, appréciant l'acquis des dernières années, Marin estimera non sans un implicite contentement « qu'en mourant Gordon Blackwell lui avait sans le savoir rendu un fier service (mais en était-ce vraiment un ?) : celui de transformer un fêtard soûlographe en une espèce d'ermite penché jour après jour sur ses grimoires » (*Sem.*, p. 261).

Sans doute la mort de Gordon fournit-elle un point de repère quant au temps où Omer a « peu à peu renoncé à la bouteille pour devenir quasi abstème » (*Sem.*, p. 261). Mais il faut aussi reconnaître le rôle, certes non planifié mais tout de même irremplaçable, qu'a pu jouer la maladie du corps, dans le changement de style de la vie et de l'œuvre. Et je parle à présent aussi bien de Gérard Bessette que d'Omer Marin, puisque c'est l'auteur de *Mes romans et moi*, lui-même, qui le dit :

> À la suite de mon Coxsackie, je dus changer mes habitudes, renoncer à l'existence un peu bohème que je menais et où beuveries et noctambulations se succédaient à un rythme excessif. (*Romans*, p. 97)

Du pouvoir des maladies sur la création littéraire : tel pourrait être le titre d'un traité sur la genèse de l'œuvre bessettienne. Et l'on pourrait remonter jusqu'au début de la carrière, comme Omer Marin lui-même qui rejoint son « Sprinter » (alias « Le Coureur »), lequel « ramassé en crapaud sur la piste et prêt à partir — et ne partant pas, renonçant inopinément à la course afin de se consacrer (si Marin avait bonne mémoire) à des poursuites intellectuelles ou artistiques » (*Sem.*, p. 119) :

> Ce sprinter, c'était moi, bien sûr (se dit Marin) moi qui à l'époque de ma double opération herniaire (et même avant lorsque j'étais hernieux) dus renoncer à mes projets athlétiques et même aux jeux (violents) de mon âge. (*Sem.*, p. 119)

O. Marin se souviendra d'avoir « subi une bonne huitaine d'opérations attrapé quantité de maladies dont l'une l'avait conduit aux portes du crématorium et laissé dans tous ses membres et dans son épine dorsale une raideur incurable » (*Sem.*, p. 171). Toutefois, jusqu'à une date précisable en millésime (du côté de G. Bessette sinon d'O. Marin), l'œuvre porte la trace du mauvais sort des autres (l'apoplexie paternelle et la genèse de *La Bagarre* et du *Libraire*, d'après *Mes romans et moi*), plutôt que d'un accident personnel de l'auteur.

La première maladie que l'on pourrait qualifier de créatrice est celle qui se déclare pendant que G. Bessette est à Paris (puis à Londres), durant l'été 1962 [2]. À cause des forts médicaments qu'il absorbait, il se trouvait dans une espèce d'état second. *L'Incubation*, qu'il commence juste à ce moment, en est le témoin à plus d'un égard. Sur le plan de l'histoire d'abord : ce Gordon en état second qui piste Antinéa dans une Londres de cauchemar, le romancier l'a « vécu », en quelque sorte, cliniquement, au cours de ses errances oniriques dans Soho. Mais c'est surtout sur le plan du style et de la technique que s'effectue la contagion. La narration elle-même — pas seulement l'histoire —, délaissant les canons logiques et les cadres cartésiens d'une écriture « écrite », voudra reproduire à l'état brut la transe ou le jaillissement plus ou moins délirant d'une pensée enfiévrée. Il s'agit d'une mutation radicale, par rapport aux œuvres antécédentes. De sorte qu'il est vrai d'affirmer que ce que, à l'époque, on a appelé le changement de style, le passage de l'ancien au nouveau roman, a correspondu chez l'auteur de *L'Incubation* à un changement physiologique aussi bien que psychique (autant, sinon plus, qu'à une influence des « nouveaux romanciers » de l'heure) [3].

---

2. L'auteur donne des détails (anecdotiques) là-dessus, dans l'article « Romancier(s) québécois », *University of Toronto Quarterly*, automne 1980, p. 50-51.

3. Dans l'article cité à la note précédente, G. Bessette se demande si l'ébauche parisienne de *L'Incubation* a l'« allure torrentielle-remoueuse » du texte

Le fameux Coxsackie qui lui fit serrer la mort de bien près — cependant qu'Omer Marin y « avait éprouvé sa plus intense tentation de suicide » (*Sem.*, p. 130) — eut des conséquences profondes sur sa *weltanschauung*. Cette maladie grave, soignée à coup de drogues hallucinogènes, acheva décisivement la transformation du romancier et donna sa figure définitive à *L'Incubation*.

Toute la suite de l'œuvre s'en ressentira. Sur le plan stylistique, le roman bessettien sera désormais voué aux formes du *stream of consciousness* [4] et l'écriture, comme exacerbée par l'expérience pénible du mal physique compliqué par l'épreuve inéluctable du vieillissement corporel et la conscience plus lucidement perçue de la foncière animalité de l'homme, aura acquis le pouvoir de reproduire, à un degré adéquat d'intensité, le jaillissement continu de la sensibilité cénesthésique.

Et l'avenir s'étant trouvé barré, c'est toute la vision du monde qui se sera modifiée : l'élan vital s'exercera désormais dans le sens de la rétrospection et du retour aux origines. « Faute de mieux, écrit après coup l'auteur, (faute de ce que je considérais la "vraie vie", car elle me permettait un certain défoulement) — mais s'agissait-il vraiment de "mieux" et d'authenticité ? — je me rabattis sur mon passé ou plutôt sur celui de mes personnages » (*Romans*, p. 97) ; « au point (renchérira Marin) de ne plus voir l'avenir qu'en termes dépréciatifs » (*Sem.*, p. 134).

De telle sorte que, traversant *Le Cycle* puis *Les Anthropoïdes*, le mouvement aboutira au *Semestre*, « ce drôle de récit-chronique-roman » (*Sem.*, p. 21) où le devenir du personnage rejoint celui de l'auteur, alors que la maladie de l'heure, étonnant moyen de connaissance et de création, assure « un certain recul une distanciation inusitée face à des événements contemporains » (*Sem.*, p. 21).

---

définitif. Tout en déclarant l'ignorer, à ce moment, il se dit porté à en douter. Or un examen du manuscrit (dans un cahier français de marque Héraklès, portant sur la couverture une reproduction de l'archer de Bourdelle) et d'une deuxième ébauche (dans un autre cahier où le texte est daté du 30 juillet 1962) fait plutôt penser que la manière est déjà confusément trouvée, dès ce moment (plus d'un an, donc, avant l'attaque de Coxsackie, à l'automne 1963). Il s'agit d'un texte qui ressemble de près à celui de *L'Incubation* publiée, même si le « système » n'est pas encore parfaitement au point.

4. Stream of consciousness, c'est-à-dire le « courant de conscience », cette espèce de flux vital perçu comme le sentiment de la durée, de la vie qui bat dans l'écoulement du temps.

VI. Féminitude

La présence de la femme dans l'œuvre bessettienne (comme thème, comme personnage, comme ressort d'intrigue) invite à chercher des correspondances de départ du côté de l'expérience vécue. Mais il importe ici plus que jamais de procéder prudemment et de ne pas négliger surtout les écarts qui permettent toujours à la fiction de dépasser librement la réalité — ou bien l'inverse. Dans plus de la moitié des romans bessettiens (de *La Bagarre* à *L'Incubation*, en passant donc par *Le Librairie*, *Les Pédagogues* et *La Commensale*), le personnage de la femme, configuré du dehors ou à travers un regard masculin, fait figure de comparse plus ou moins encombrant, insaisissable dans sa différence, comme s'il appartenait en définitive à une autre espèce. En revanche, quatre des sept voix du *Cycle* se veulent féminines, ce qui me paraît peut-être chez l'auteur le signe d'un changement de perspective, certes, mais sans doute aussi de connaissance et d'appréciation. À l'étape suivante, dans *Les Anthropoïdes*, la femelle, imprescriptible objet des convoitises animales les plus brutes, se révélera somme toute plus avancée que le mâle vers le stade *sapiens sapiens* de l'évolution humaine. Enfin le bilan — provisoire — du *Semestre*, bien que tracé dans une optique masculine, éclairera néanmoins avec plus de nuance et de complexité la réalité d'être et d'action (et de passion) de la femme aux multiples visages, mêlée au devenir personnel d'un individu.

Le sujet peut s'aborder franchement par son aspect le plus flagrant, la sexualité, puisque l'auteur de *Mes romans et moi* s'est montré laconiquement explicite dans ses aveux essentiels concernant un certain type de rapport avec les femmes : « Au plan sexuel, dit-il, je ne fus pas précoce. Je perdis mon pucelage seulement dans la vingtaine et me limitai pendant des années à des amours vénales sans influence sur mon affectivité. » (*Romans*, p. 112)

On peut s'en tenir là, quant aux faits de la vie privée, et passer une nouvelle fois du côté des fantasmes pour suivre un peu plus les ébats d'Omer Marin avec Yvette la maternelle (*Sem.*, p. 196-197), Pauline — « quelle vache d'une abyssale bêtise » (*Sem.*, p. 161) — et autres Joanne (*Sem.*, p. 197) ou « ces Noires qui n'avaient sans doute pas oublié l'ancien esclavage encore récent » (*Sem.*, p. 161), dans les « maisons de passe pénombreuses de Montréal Madrid, éclairées de Paris miteuses de Bragadoon *pungent and tough* de Steelburg » (*Sem.*, p. 161) — toutes villes, soit dit en passant, que le romancier aussi a habitées ou visitées un jour, réellement ou en imagination.

Sur le chapitre de l'état civil, G. Bessette et O. Marin se sont tous deux mariés : l'auteur en 1947, le personnage à une date plus vague. L'un et l'autre a rompu ensuite avec sa femme : G. Bessette en 1968, après vingt et un ans de mariage ; O. Marin, on peut moins bien préciser quand, dans la relativité des épisodes romanesques. Mais tandis que ce dernier en restera sur son quant-à-soi, son auteur se sera remarié en 1971, l'année du *Cycle*. Tous les deux cependant, — « après une douzaine d'années de (premier) mariage » (*Romans*, p. 112), pour G. Bessette —, dans les « circonstances » (*Romans*, p. 112) mémorables d'une « crise affective » (*Romans*, p. 94) décuplée par le déclenchement d'une maladie très grave, avaient connu « les plaisirs et les affres de l'éternel triangle — lequel était tantôt simple, tantôt double et même triple » (*Romans*, p. 112-113), dans un « chassé-croisé interpersonnel » (*Romans*, p. 98) qui a laissé des traces profondes dans l'œuvre littéraire. « Avec force déformations et déplacements, avouera G. Bessette à ce propos, *L'Incubation* raconte un drame que j'ai vécu, réellement et en fantasmes. » (*Romans*, p. 107) Et il n'est en rien présomptueux d'en dire autant, par exemple, du *Semestre* [1].

C'est cette expérience traumatisante en effet — « affaire de cœur (ou de cul) » (*Sem.*, p. 226), « histoire de fesses ou de cul » (*Sem.*, p. 243) — qui motive l'affirmation catégorique d'O. Marin : « l'amour passion est une maladie psychosomatique » (*Sem.*, p. 225) et toutes les variations-réflexions-commentaires sur « cette loufoque-tragique liaison [qui] en était une de cul plutôt que de cœur, mais qu'est-ce que ça voulait dire de cœur de cul puisque tout était de toute façon psychosomatique » (*Sem.*, p. 257).

Ainsi donc l'amour — celui qui vous prend tout entier et vous pousse à l'extrême — serait une maladie, que l'on se donne, sans doute, mutuellement mais qu'on doit guérir seul et qui vous laisse de l'autre un

1. Écrit après *Mes romans et moi.*

souvenir cuisant. Conclusion établie ! qui s'ajuste du reste parfaitement à la conception déterministe de l'existence. Mais s'agit-il pour l'homme d'une unique — et illusoire — voie de connaissance de la femme ?

En général, dans l'œuvre, le portrait de la femme est rien moins que flatteur. On peut être tenté d'y chercher de la misogynie de la part de l'auteur. « Il y a beaucoup de lectrices qui voient de l'antiféminisme dans mes livres », constate Gérard Bessette en 1980 (*Québec français*, déc. 1980, p. 35). Mais on aurait tort d'y voir de la discrimination sexiste. L'image de l'homme n'est pas plus favorable. C'est en vérité l'humanité tout entière — mâle et femelle — qui est sévèrement jugée, au nom du réalisme — en apparence — ou, davantage, de ce que Glen Shortliffe avait appelé le « schizoïdisme [2] ».

Cela semble un trait de nature chez l'écrivain Bessette et se traduit, dans les premiers romans à la troisième personne, par une propension très accusée à relever de façon superficielle et statique le côté spécifiquement animal du corps humain — homme ou femme : on ne dénombre plus, dans *La Bagarre* (1958) ou *Les Pédagogues* (1961), les « yeux porcins » (*Bag.*, p. 179 ; *Péd.*, p. 17) ou « bovins » (*Péd.*, p. 278), « face chevaline » (*Péd.*, p. 134), « trogne de bouledogue » (*Péd.*, p. 131), « gestes de gorille » (*Bag.*, p. 107), bouche « lippue comme un cul de poule » (*Bag.*, p. 177), etc. Et c'est peu de dire que les Jodoin, Chayer et Lagarde, narrateurs des romans à la première personne des années 60, ont un point de vue sur la personnalité des autres et de soi-même aussi indiscrètement *physique* que leur auteur.

Je crois que la suite de l'œuvre permettra à l'écrivain d'exploiter beaucoup plus à fond ce moyen d'approche et d'expression des êtres et d'en raffiner dynamiquement l'usage dans une écriture sensible qui reproduira en quelque sorte l'opération de penser avec tout son corps. Le moment décisif sous ce rapport dans la pratique créatrice de l'auteur et, par résonance réflexive, dans l'évolution de certaines idées essentielles me paraît être celui de sa découverte des cénesthésies [3],

2. Glen Shortliffe, « Gérard Bessette, l'homme et l'écrivain », dans *Études françaises*, octobre 1965, p. 26 : « Qu'est-ce donc que le "schizoïdisme" ? C'est une allure psychologique savamment adoptée par l'écrivain, attitude qui a pour effet de le soustraire de son milieu, de le dégager, de le détacher des objets et des hommes dont il se trouve entouré, voire "emprisonné" ».

3. « *Cénesthésie* : Donnée globale traduisant en sensation consciente le fonctionnement végétatif de l'organisme [...]. La cénesthésie comporte des sensations diverses : bien-être, malaise, fatigue, faiblesse, fièvre, etc. [...] La cénesthésie est le fondement de la personnalité physique, de la conscience de la vie, de la notion de la durée. » (*Manuel alphabétique de psychiatrie*, Paris, P.U.F., 1965)

vers 1965. Celles-ci sont naturellement un phénomène humain fondamental — à la fois physique (animal) et conscienciel — certes non exclusif à un sexe, mais que le hasard aura conduit G. Bessette à déceler d'abord chez la Florentine et la Rose-Anna (*Bonheur d'occasion*) de Gabrielle Roy, en relation donc avec des expériences de femmes, qui le fascinent et qui remuent au fond de lui toutes sortes de potentialités plus ou moins inconscientes. Je me demande même s'il ne devine pas déjà là une supériorité de la nature féminine, en ce qui a trait à la perception du sentiment d'existence individuée, analogue, sur un autre plan, au «sentiment océanique» de corrélation avec l'univers, qu'il décrira ouvertement dans une interview de 1980 : «Il s'agirait, dit-il, d'un intense sentiment d'appartenance au cosmos, à la race, à l'espèce. Le mâle a plus de difficulté à l'éprouver que la femelle, semble-t-il. C'est une infériorité, une limitation chez l'homme.» (*Québec français*, déc. 1980, p. 35)

Quand, dans *Le Semestre*, O. Marin admirera tant «l'exceptionnelle imagination cénesthésique» (*Sem.*, p. 15) de Gilbert La Rocque, «le don de se substituer à ses personnages féminins de les sentir cénesthésiquement» (*Sem.*, p. 80), G. Bessette sait fort bien qu'il est lui-même capable, plan fabrication ou *mimésis*, d'en faire autant. Cette possibilité de sentir *du dedans*, d'écrire *de l'intérieur du corps* (comme du dedans de la maison, de la caverne, du souterrain), il l'a déjà mise en œuvre avec succès en composant notamment *Grossesse* (1967) et *Le Cycle* (1971). «*Now*, lui dira sans ambages Mary Jane Edwards, *some feminists might say that to try to go into the psyche of women is a dangerous undertaking for a man, especially when you start talking about the menstruation of the youngest daughter. That's very bold !*» À quoi le romancier répond : «*I don't know that it's bold, but I think it was worth trying. As you know, male artists envy women because of their power to create life. So, it's only natural that I should feel the urge to put myself inside their skin.*» (*Canadian Literature*, printemps 1981, p. 15)

J'ignore si les féministes qualifieront semblable déclaration d'énormité. G. Bessette ne l'a sûrement pas faite à la légère car il y revient sans sourciller dans des formules équivalentes ou complémentaires : «J'envie énormément les femelles de pouvoir devenir deux, le temps de la grossesse, même si elles disent que c'est une servitude.» (*Québec français*, déc. 1980, p. 36) Et O. Marin vient à point comme un fidèle truchement dans le même sens. Il y a plus ici qu'un simple jeu ; je crois même pouvoir y trouver une sorte d'explication dernière, la clé de tout un destin. Mais pour bien comprendre, il importe d'aller plus au fond des complexes personnels.

En vérité, la prise de conscience-découverte d'un tel état de choses est sans doute un phénomène biographique assez récent chez l'auteur, datant du moment où « la sonnerie mémoriale » (*Sem.*, p. 267), c'est-à-dire l'envie d'écrire ses mémoires, se fait entendre dans sa psyché et où il a commencé ouvertement à « se purger-catharsiser [...] s'offrir en pâture [...] stranguler ce qui peut rester en [lui] de respect humain et mettre son cœur à nu » (*Sem.*, p. 258).

Au stade de *Mes romans et moi* (1979), alors qu'il se retourne sur son passé et qu'il parle directement de lui-même, G. Bessette aborde le cas de son propre œdipe. Tout le volet relatif à Laïos — rivalité mythique avec le père (voir plus haut, chap. I) — est très franchement dévoilé et ses reflets sont retrouvés dans le miroir des différents romans. En revanche, il est fort peu question de la mère, sauf obliquement dans le commentaire tout de même insistant du fameux passage de *La Commensale* où le passé de Jérôme Chayer fait « irruption » (*Romans*, p. 73) dans la conscience : l'épisode représente « une faille se produisant dans ce qu'on peut appeler le "refoulé [4]" » (*Romans*, p. 74). Or l'incident tire à la surface, entre autres choses, un authentique complexe maternel chez le sujet. L'analogie entre « les traits bouffis, le teint écarlate, les yeux hagards » (*Comm.*, p. 59) de sa maîtresse, pendant que Jérôme faisait l'amour, et « le masque martyrisé, convulsif » (*Comm.*, p. 128) de sa mère dans la scène d'enfance retrouvée amène l'auteur à parler sans détour de « relations [...] de ce fait symboliquement incestueuses » (*Romans*, p. 93). Ainsi la commensale éponyme du roman — lequel modifiera significativement son titre en « *l'Avaleuse* » quand il s'insérera parmi les œuvres d'O. Marin (*Sem.*, p. 267) —, c'est bel et bien « l'imago

4. G. Bessette se réfère au propos de François Ricard (dans *Liberté*, n° 102, nov.-déc. 1975, p. 95-107). Puisqu'on parle ici de « refoulé », je soulignerai le mouvement qui concerne en définitive l'auteur. Cette brusque remontée du passé n'a pas incommodé seulement le personnage de Chayer, c'est la séquence du roman sur laquelle G. Bessette est le plus souvent revenu dans ses commentaires, même s'il agite à certains moments des problèmes d'ordre formel plutôt que psychologique (outre les passages de *Mes romans et moi*, p. 73-75, 89-94, voir l'interview de *Voix et Images*, avril 1976, p. 319, et l'article de *University of Toronto Quarterly*, automne 1980, p. 50). Coincé à l'époque (1962) entre deux évidences, il lui faut choisir. D'une part, *La Commensale* est un roman qu'il a « poli et repoli [...] avec acharnement » (*Comm.*, p. 7) et qu'il *devrait* publier ; il suffirait soit de supprimer la scène qui détonne (à cause de sa teneur particulière et de son intensité), soit de la transformer (sur le plan de l'écriture) pour l'adapter au reste de la narration. D'autre part, il n'y a pas à dire, cette diable de parataxe est importante, et l'auteur qui plus tard, au stade de *Mes romans et moi* (1977-1978), dépistera mauronniennement son moi (fantasmé) chez les protagonistes de ses propres récits, y tient plus qu'il ne faudrait. Il relègue alors le manuscrit au tiroir d'où il ne sera pas bien difficile de le faire sortir une quinzaine d'années après, quand certaines choses se seront tassées et que tout pourra s'expliquer.

terriblement dévoreuse si longtemps tapie au fond de sa psyché » (*Sem.*, p. 133), c'est-à-dire sa mère.

Du côté d'un O. Marin en instance de retraite et qui sent que son « passé (brouillé jusqu'à naguère) [lui] remonte de plus en plus densément-vividement à la mémoire » (*Sem.*, p. 267), l'élucidation de sa fixation maternelle, second volet de son œdipe, est à coup sûr l'un des fils conducteurs de l'entreprise du *Semestre* (*Sem.*, p. 277) et sans doute le maître ressort de son destin propre. Depuis l'histoire enfantine du tricycle (*Sem.*, p. 143-144), jusqu'au « rite de sevrage » (*Sem.*, p. 132) que fut le départ du « foyer maternel plutôt que paternel » (*Sem.*, p. 132), tout dans son devenir contribue à accentuer le sentiment de « domocentrisme » (*Sem.*, p. 144) — « il ne fait aucun doute que je sois domocentrique ou *home-centrique* et cela doit se refléter dans mon œuvre » (*Sem.*, p. 47) —, de sorte que « l'affectivité spatiale et la domocentrie (matricentrie) de Marin » (*Sem.*, p. 79) trouve finalement sa clé dans « sa mère perçue peut-être alors et sentie pour la première fois en tant que femme biologique et fragile-désemparée » (*Sem.*, p. 79).

Il s'agit d'O. Marin, bien entendu ; mais en fantasmes — ou par une efficace astuce —, il s'agit autant de G. Bessette, qui dit lui aussi en toutes lettres : « Mon complexe de retraite, mon complexe de retour au sein maternel » (*Québec français*, déc. 1980, p. 35)... Il y a lieu d'y insister beaucoup, parce que c'est dans ce mode que se réalise la communication la plus intime et, je dirais, *structurante*, de cet homme qui est un écrivain créateur, avec le féminin essentiel.

Je définirai ce complexe comme un syndrome de féminitude ou, plus précisément, de maternité, cas patent, s'il en est (et pour parler le langage freudien), d'UTERUSNEID (envie de l'utérus), exacte contre-partie du fameux PENISNEID (envie du pénis) que la théorie du mage viennois attribue à l'être-femme. On ne s'étonne plus alors devant l'importance que prennent les multiples scènes d'accouchement-avortement-fausses-couches dans *Le Semestre*. Marin ne parle si bien de la « fascination-terreur qu'exerçait sur La Rocque [et sur d'autres romancières et romanciers] le phénomène de l'enfantement » (*Sem.*, p. 15-16) que parce qu'il en est lui-même possédé. Il y reconnaît à bon droit « ce sentiment (au dire des psychanalystes) [...] fort répandu chez les artistes ou créateurs de sexe masculin qui enfantaient des enfants de papier [...] par compensation faute de pouvoir mettre au monde des enfants de chair et d'os » (*Sem.*, p. 17) [5].

---

5. Dans la pièce XLVII de *La Légende des siècles* (2e série, 1877), Victor Hugo fait des poètes « des mères » :

Cela conduira même Marin — « ayant l'impression de toucher pour ainsi dire à sa psyché à (ce qu'on appelait jadis) son âme » (*Sem.*, p. 185) — à rêvasser de sa paternité (psychique) — qu'il refuse par ailleurs — en termes presque de maternité, par une sorte de transfert ou d'assomption de l'être de son ancienne femme en train d'avorter : « Avoir un enfant [...] avoir eu un enfant un garçon une fille mais surtout une fille [...] à présent c'est à des enfants symboliques à des disciples que Marin rêvait (n'ayant au fond jamais souhaité se perpétuer biologiquement) » (*Sem.*, p. 185). Et c'est peut-être en définitive tout ce jeu d'affinités féminines qui le fait se sentir de plain-pied avec ces jeunes filles devenues, par la force (heureuse ?) des circonstances, ses seul(e)s étudiant(e)s, « plus influençables que les garçons, plus ouvertes aux explications qui reposaient sur le contenu latent d'un texte et sur la perception liminale d'un phénomène parce que cela répondait davantage à leur façon souvent intuitive de saisir certaines nuances ou certains phénomènes alors que les étudiants réclamaient des preuves plus rationnelles-factuelles » (*Sem.*, p. 202). Et, de fil en aiguille, il est logique que, dans sa lutte contre l'oubli, il projette sa durée en manière de connivence effective avec « des femmes non encore nées et possédant de part et d'autre de leur fente un double bourrelet poilu qu'il ne verrait-toucherait-pénétrerait jamais, la pensée que ces femmes futures souhaiteraient (possiblement) le connaître ou plutôt l'avoir connu procurait à Omer une vague jouissance absurde » (*Sem.*, p. 267).

Selon les clauses matérielles du complexe, Œdipe, comme fils et amant de Jocaste, est le dominé, le castré, l'avalé de l'Avaleuse, tout résorbé qu'il est dans l'essence maternelle. D'ailleurs toute la dynamique de recherche du paradis matriciel correspondant au cycle archétypal de l'éternel retour, mythe féminin par excellence, motive chez O. Marin la « préférence exclusive du passé sur l'avenir » (*Sem.*, p. 127) qui fait ne voir plus « l'avenir qu'en termes dépréciatifs » (*Sem.*, p. 134), à l'encontre du mythe typiquement masculin du progrès mécaniste et de l'élan vers le futur.

Mais en dédommagement, par mode de sublimation, les effets positifs d'un tel état de nature, dont résulte au bout du compte une sorte d'osmose ou d'imprégnation féminoïde des dons et des moyens créateurs,

---

Les Shakspeares féconds et les vastes Homères,
Tous les poètes saints, semblables à des mères,
Ont senti dans leurs flancs des hommes tressaillir,
Tous, l'un le roi Priam et l'autre le roi Lear.
Leur fruit croît sous leur front comme au sein de la femme.

(Pléiade, p. 586)

paraissent un enrichissement plus grand que toute déperdition. Et c'est là qu'intervient la très précieuse «pulsion d'écrivain (Omer rejeta-vomit soudain avec violence le mot *vocation* si honteusement galvaudé par la religion) cette chuchotante voix remonterait à la mère [6] intériorisée qui [l]'a surcouvé et dont [il] ne pouvai[t] une fois adulte et plus lettré qu'elle (qui ne l'était pas) [s]e libérer que par la parole écrite» (*Sem.*, p. 102). Et même s'il est «dans un état quasi second» (*Sem.*, p. 103) quand il y songe, Marin a bien raison de faire remonter au berceau et, plus haut encore, à la symbiose de la gestation l'ambitieuse mission qui l'investit d'assumer la langue si bien dite maternelle pour la «restaurer dans sa splendeur originaire [...] et même d'aller plus loin [...] c'est-à-dire qu'il lui incombait de faire éclater l'enclos linguistique hexagonal [...] pour recréer un dire irrésistible ailleurs que dans la préhistoire [...] le livre vraiment primal qui serait dans un sens un roman mais un roman-mémoire et d'anticipation créatrice» (*Sem.*, p. 103).

Je dis que c'est là la raison d'exister et de vivre de l'être qui s'appelle Gérard Bessette.

6. Hors de toute fiction, les indications fournies dans « Mes premiers souvenirs » (*Romans*, p. 32-35, 46-50) inviteraient l'analyste à compléter ce contexte familial et féminin (jouant par information-délégation) de la «pulsion» (*vocation*) littéraire de la sœur aînée (elle aussi fille de Jocaste, et sœur d'Œdipe), comme prolongement-complément de la mère imagoïque, en même temps qu'*alter ego*-reflet-modèle du petit frère (même devenu grand).

VII. Écritures

À l'été 1979, le professeur Gérard Bessette, âgé de 59 ans, prend sa retraite d'enseignant, six années avant la date où cela intervient habituellement dans le métier universitaire. Ce n'est pas qu'il est au bout du rouleau, comme on dit, quoiqu'il ressente une réelle lassitude : physique d'abord, consécutive aux maladies harassantes et au vieillissement corporel ; morale aussi, devant cette exigence de mener un constant combat avec soi-même et avec les autres pour se renouveler sans cesse, dans un système rigide et contraignant qui vous « force à devenir des machines à paroles (superflues) des spécialistes du délayage... » (*Voix et Images*, avril 1976, p. 327). On peut chercher encore d'autres motifs du côté d'un certain pacte de réciprocité où le pédagogue, à tort ou à raison, ne reçoit plus désormais sa quote-part en *feed-back* didactique : « Une des raisons, je pense, pour lesquelles j'ai décidé de cesser d'enseigner, dira en effet G. Bessette, c'est que, les toutes dernières années, les étudiants ne m'apprenaient plus grand chose. » (*Québec français*, déc. 1980, p. 36)

Mais la cause principale, véritablement déterminante, était d'une autre sorte et rejoignait dans l'intention le rêve fait quelque quarante ans plus tôt d'être un écrivain créateur (de n'être que cela et de l'être à temps plein) qu'il avait fallu accommoder à l'inéluctable nécessité de gagner sa vie. Car aujourd'hui comme hier et de tout temps, G. Bessette à l'instar du personnage du *Semestre* était convaincu qu'« il était (se croyait) meilleur écrivain qu'enseignant » (*Sem.*, p. 205) et qu'il importait d'agir en conséquence dans la réalisation de soi-même. Du reste, dans les dix dernières années, par le jeu des circonstances, par la force des choses ou par suite d'heureux arrangements, l'écrivain s'était trouvé de fait dans une situation de demi-écart par rapport à l'enseignement et (je dirais) d'appétence continue vis-à-vis de l'écriture. Cette période avait commencé avec l'année sabbatique de 1969-1970 entièrement consacré à la composition du *Cycle*. Au cours de la décennie, deux semestres scolaires avaient déjà pratiquement dû être mis entre parenthèses, l'un par suite d'un accident de voiture, l'autre en conséquence d'une infection mystérieuse (et de la lutte épique des tétracyclines contre les chlamidiæ dont Omer Marin allait être le rhapsode). Mais il faut compter surtout trois années complètes (1974-1975, 1976-1977, 1978-1979) exclusivement affectées à l'écriture. Un accord avait en effet été conclu avec l'université qui permettait au professeur de passer une année sur deux à l'écart de l'enseignement. À la fin d'un premier congé (sans salaire), après toute une année à travailler aux *Anthropoïdes* (qui n'étaient néanmoins pas achevés), l'écrivain s'était senti « désespéré d'être obligé de retourner à [s]es cours » (*Voix et Images*, avril 1976, p. 323) et n'aspirait plus qu'à recouvrer à nouveau sa liberté... d'écrire. C'est sans doute pourquoi, au terme du troisième congé « négocié », pendant lequel il avait écrit *Le Semestre*, il prit ses dispositions pour que la situation souhaitée devînt permanente, sous la forme d'une retraite anticipée.

Trente-cinq (ou même vingt-cinq) ans plus tôt, c'eût été le commencement idéal d'un grand œuvre prospectif. À la date présente, il ne s'agit plus, en un sens, que du couronnement de l'accompli, qu'il est cependant déjà possible de juger *a posteriori* et synthétiquement. Quelle est donc en définitive la signification de l'entreprise bessettienne, comme on peut l'abstraire de l'œuvre même et la définir en termes adéquats ?

« L'impulsion primordiale et spécifique qui pousse l'écrivain à écrire, a dit un jour G. Bessette lui-même, [est] un besoin d'affirmation et d'explication tangibles de soi en présence du lecteur interne avec qui l'écrivain vit en symbiose et à qui il veut prouver, par la publication et la réussite, que son discours a une valeur transpersonnelle » (« Le lecteur intérieur », *Liberté*, vol. 14, n° 6, nov.-déc. 1972, p. 62). En bonne psychanalyse (et d'après Michel M'Uzan que cite G. Bessette), ce « lecteur intérieur » équivaut dans l'imaginaire à une figure parentale (père ou mère) introjectée, avec qui on dialogue, discute, lutte, etc. Écrire consiste en somme à se connaître dialectiquement et à construire là-dessus, en acte de langage, l'univers. Telle est au demeurant l'expérience d'O. Marin, qui éclaire celle de son auteur : « me [...] constituer le centre (magique) du monde (d'un monde) par l'écriture cet acte rituel et sacré [et] retisser fantasmatiquement le cocon de mon enfance mais agnostique-antireligieux ce monde scriptural auquel j'ai adhéré "librement" (moi qui nie le libre arbitre) » (*Sem.*, p. 179). Il s'agit donc ni plus ni moins d'une aventure spirituelle, métaphysique.

Plus précisément encore, l'œuvre dans le cas présent est la mise en forme-réalisation d'un *projet d'écriture* qui, en l'espèce, non seulement assure la genèse littéraire, mais en constitue le thème essentiel et principal. La formule que Jacques Allard a inventée pour rendre compte du *Libraire* me paraît s'appliquer avec justesse à la signification de Bessette tout entier : l'écriture bessettienne ou « comment la parole vient au pays du silence » (*Voix et Images du pays I*, avril 1967, p. 51). On le vérifie à la lettre dans l'élan nouménal du Coureur, la prise de parole (avortée) de Lebeuf, le discours malgré lui de Jodoin, le cri libertaire des Pédagogues, le scribouillage de Chayer, les monologues de Lagarde et du septuor du *Cycle*, jusqu'à la parolade originaire de Guito et au bilan cathartique du *Semestre*.

Le romancier a d'ailleurs lui-même, tout le premier, estimé son œuvre (affirmation-explication) en référence à son lecteur intérieur (figure parentale introjectée). En reliant notamment sa mise en branle romanesque au traumatisme consécutif à l'apoplexie-mort paternelle (voir *Mes romans et moi*), il interprète son œuvre comme la tentative de dépasser (transcender, sublimer, racheter, libérer) par l'écriture le père voué au silence. Ensuite, de façon directe et par le truchement commode d'O. Marin, il descend plus profond et retrouve en lui la voix primordiale, le dessein primal de proclamer la parole maternelle qui le tenaille, lui, « dernier-né surmaterné surprotégé, possédé pourtant d'une inextinguible-dévorante ambition, d'une imaginaire mission issue peut-être de [s]a nuit ontogénétique » (*Sem.*, p. 275).

Cette démarche fondamentale est particulièrement évidente depuis le « second départ romanesque vers la quarantaine » (*Sem.*, p. 262), c'est-à-dire après la crise passionnelle et la maladie qui ont conditionné *L'Incubation* — « Mon complexe de retraite, mon complexe de retour au sein maternel se trouve exprimé chez Lagarde » (*Québec français*, déc. 1980, p. 35), et l'on peut ajouter *a fortiori* : dans toute la suite et plus encore chez O. Marin. Par le moyen de l'écriture, tout concourt dans le même sens du retour au passé, aux origines onto-phylo-génétiques, pour se connaître donc et se posséder : « si mes bouquins, dit Marin, deviennent de plus en plus difficiles-abscons pour les lecteurs [voire !], ils ne perdent sans doute pas pour moi leur efficace thérapeutique car sans l'ombre d'un doute je suis maintenant moins angoisseux plus sobre (mais aussi plus solitaire-misanthrope) que lorsque je me suis mis sérieusement c'est-à-dire régulièrement à coucher mes fantasmes sur papier » (*Sem.*, p. 262). Solitaire-misanthrope, certes, « espèce d'ermite penché jour après jour sur ses grimoires » (*Sem.*, p. 261), mais qui trouve là toutefois un unique et souverain moyen de se relier au monde, de vivre et d'être heureux : « que de papier n'avait-il pas noirci couvert de gribouillages depuis vingt-trente-trente-cinq ans alors qu'il avait commencé à tenir irrégulièrement son journal mais cela l'avait-il rendu heureux tous ces fantasmes et cette manie scripturale lui avaient-ils donné une vie une vraie vie ? » (*Sem.*, p. 96)

La réponse définitive ne peut être que dans l'œuvre achevée (et à suivre), *opus mirandum*. Mais elle coïncide aussi avec la pratique quotidienne, humble, ascétique, crucifiante du métier d'écriture assumé corps et âme, avec cette conviction (ô Mallarmé de la jeunesse marinienne !) que « tout, au monde, existe pour aboutir à un livre [1] ».

1. Mallarmé, « Le livre instrument spirituel », dans *Divagations* (*Œuvres complètes*, poésie-prose), Paris, Pléiade, p. 378.

Jean-Baptiste Bessette (1880-1959) et Victoria Bertrand (1884-1981). Mariage (1904).

Marie-Anne et Gérard Bessette, en 1921. « Nous fûmes, ma sœur Marie-Anne — diminutif Ria — et moi, des enfants tard venus. » (*Romans*, p. 14).

Rosemont, 1937 — La famille Bessette : le père, 57 ans ; la mère, 53 ans ; Ria, 21 ans ; Gérard, 17 ans.

1937 — Gérard et sa sœur. « Les inclinations de ma sœur, tout comme plus tard les miennes, la portaient vers la littérature. Car elle fut en tout point, mais surtout en composition française, une élève hors pair. » (*Romans*, p. 49).

1937 — « J'ai commencé à songer à écrire alors que j'étais encore assez jeune (versification). Je noircissais du papier sans trop me poser de questions. » (*Québec littéraire I*, p. 133).

1941. Le bachelier ès arts sera tour à tour libraire, aide-arpenteur, puis videur de boîtes de tickets et poinçonneur de correspondances à la CTM : « interlude au cours duquel, malheureux et dépressif, je n'avais trouvé d'autres "remontants" que de scribouiller des vers à l'endos des factures et listes de correspondances de mon employeur. » (UTQ, automne 1980, p. 49).

Les finissants de l'Externat classique Sainte-Croix en 1941 : « Alors que la plupart de mes confrères avaient décidé de s'inscrire à l'Université, à polytechnique (ou au grand séminaire), moi qui étais pourtant président de mon ancienne classe, ne faisais-je pas figure de raté ? » (*Romans*, p. 83).

A la douce mémoire de

Jean-Baptiste Bessette

époux de

Victoria Bertrand

décédé le 13 avril 1959

à l'âge de 78 ans et 9 mois

R.I.P.

13 avril 1959, mort du père, des suites d'une crise d'apoplexie subie trois ans plus tôt. « C'est à ce moment-là seulement que je me suis carrément décidé à dépasser mon père ; par le truchement de l'écriture. » (*Romans*, p. 59).

1946. Instructor of French. University of Saskatchewan at Saskatoon.

1951. Professeur de langue, littérature et civilisation française, Duquesne University, Pittsburgh, U.S.A.

1961. Dans son bureau de Queen's University, après la sortie des *Pédagogues*.

« [...] je vous envoie sur photo une des curiosités de Kingston, qui est une ville pleine de ressources, et bilingue sans le savoir. Il s'agit des arrières de l'hôtel de ville. » (G.B. à R.R., 10 juin 1971).

Homme libre (Journal *Le Jour*, lendemain du lancement de *La Commensale*).

« [...] ma vie de troglodyte, blotti terré au fond du troisième sous-sol de la *Sir Joshua Roseborough Memorial Library* » (*L'Incubation*, p. 57).

«Je n'ai jamais connu de professeur comme vous (dit Sandra) vous ouvrez en moi des abysses vous faites tourner ma tête [...] vos cours ont été beaucoup plus que des cours ce furent des expériences vécues profondément *flesh and bones*» (*Le Semestre*, p. 18, 87).

1971. Victoria Bertrand, mère de G.B., à 87 ans.

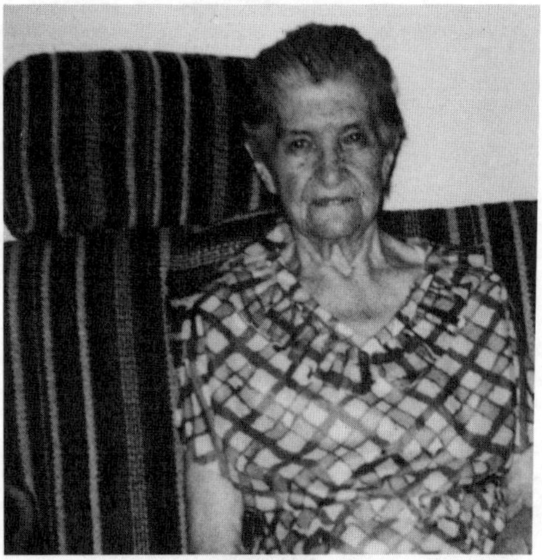

1979. La mère à quatre-vingt-quinze ans. «Omer comprenait mal aujourd'hui que cette frêle vieillarde fût à l'origine de l'imago terriblement dévoreuse si longtemps tapie au fond de sa psyché» (*Le Semestre*, p. 133).

1979. Retraite (anticipée) de l'enseignement.

G.B. et sa femme Irène au Faculty Club de Queen's en mai 1983.

1985. Parmi les livres. « Mais je pensais aussi aux étranges années de silence littéraire qui suivirent la retraite d'Omer Marin, d'autant plus inexplicables que Marin avait censément pris sa retraite dans le but d'écrire davantage, de noircir du papier, lui dont la production, sans être abondante, avait durant un quart de siècle accusé une régularité plus qu'honorable. » (*Les Dires d'Omer Marin*, p. 15).

QUEEN'S UNIVERSITY
KINGSTON, ONTARIO

le 5 sept. 1968

Que devenez-vous, implacable analyste, infatigable chercheur et maudit Torontois? Je brûle d'apprendre tous les malheurs qui ont pu s'abattre sur vous durant mon absence du pays.

Quant à moi, après avoir essuyé une grève à Paris, subi une cure thermale à Rheinfelden — où j'ai failli laisser ma peau grâce aux coups répétés d'un masseur teuton — et mené des recherches poussées — et épuisantes! — dans les bordels de Barcelone, me voici de retour à Narcotown, prêt à endormir derechef étudiants et étudiantes grâce à l'éloquence irrésistible de mon verbe.

Mes amitiés à Viviane & à vous

Bessette

Lettre manuscrite de Gérard Bessette à Réjean Robidoux.

DEUXIÈME PARTIE : L'ŒUVRE DE CRÉATION

I. L'âge de la poésie : *Poèmes temporels*

Au principe de la création bessettienne, il y a la poésie. Je l'entends au sens de la chronologie où l'unique et singulier recueil de vers des *Poèmes temporels* précède la série des autres livres, mais j'y vois plus encore un phénomène de nature, une puissance génétique qui informe par la suite toute nouvelle et changeante manifestation d'écriture.

On peut se demander s'ils ont été adéquatement appréciés, ces poèmes, en dépit des consécrations officielles de prix (Concours littéraire de la province de Québec, en 1947) de gloire pindarique (Jeux olympiques de Londres, en 1948), de réédition mal à propos (à une époque plus portée sur les vers-libristes, en 1972). Au moment de leur parution première en recueil (500 exemplaires, aux frais de l'auteur) à Monte-Carlo en 1954, le seul compte rendu un peu substantiel qu'ils méritèrent vint d'un amateur qui avait, du reste, à l'origine contribué de quelque manière à leur élaboration [1]. Les rares échos qui se firent entendre à l'époque se caractérisent plutôt par leur hostilité : « Ces poèmes sont remplis des pires clichés romantiques et symbolistes. [...] Tout est ici fabriqué et mal fabriqué [2]. » La réédition de 1972 (très fautive [3]) eut

---

1. Bernard Thibault, « *Poèmes temporels* de Gérard Bessette », dans *Le Devoir*, 4 juin 1955. M. Thibault est l'ami le plus ancien de G. Bessette. Il sut se faire mécène à l'occasion : pour que fût écrit « Le Coureur », durant l'été 1943, il avait prêté une somme d'argent qui permit à G. Bessette de consacrer tout son temps à la composition du poème. (Lettre de G.B. à R.R., juin 1982.)

2. Wilfrid Lemoine, *La Revue des arts et des lettres*, CBF (Radio-Canada), 3 mai 1955, p. 4. (Cité par Carole Pilotte, *Gérard Bessette : Bibliographie analytique et annotée (1939-1976)*, p. 130-131.)

3. Presque tous les ouvrages imprimés (en français) de G. Bessette comportent un nombre plus ou moins élevé d'erreurs, fautes ou coquilles (toujours malencontreuses et déplaisantes), que non seulement l'on ne se soucie pas

beau se faire à un moment où la réputation de Gérard Bessette (comme romancier) était bien établie, elle allait contre les modes et tomba dans l'indifférence générale, sauf pour un solide commentaire

---

de corriger quand on procède à une soi-disant nouvelle édition, mais que l'on aggrave encore, le plus souvent, en pareille circonstance. Il va sans dire que cela est par-dessus tout déplorable lorsqu'il s'agit de vers et de poésie. Je regrette, quant à moi, qu'il n'existe aucune bonne (et belle) édition des *Poèmes temporels*. Au demeurant, comme on ne sait quand le recueil pourra être à nouveau édité, je donne ici la longue liste des fautes qui devraient être éliminées des précédentes éditions (« Regain » et/ou du « Jour »). (Je souligne les termes fautifs et indique entre parenthèses ceux qui doivent les remplacer.)
« Peinture surréaliste »

v. 26 Dont puisse *encore* l'âme sentir
(Jour, p. 12) (> *encor*)

v. 49 Délire *fauvre* au faste enclin
(Jour, p. 13) (> *fauve*)

« Variations »

v. 11 Le sable infiniment s'étale *modoré*
(Jour, p. 15) (> *mordoré*)

« Le Danseur »

v. 42 Tu *relèves* un temple à mon âme inconnu...
(Regain, p. 21) (> *révèles*)

N.B. Bien que « relèves » puisse s'expliquer, c'est la leçon « révèles » que l'on trouvait déjà dans la *Nouvelle Revue canadienne* (juin-juillet 1953, p. 323) et que l'on retrouve dans l'édition du Jour.

v. 50 De prolonger dans l'ombre un *faume* instantané
(Jour, p. 21) (> *faune*)

« Le Coureur »

v. 99 Tu fus pour jeunesse un leurre incontestable
(Jour, p. 30) (> pour *ma* jeunesse)

v. 105 De mes vastes vouloirs les longs appels *talents*
(Jour, p. 30) (> *latents*)

v. 141 *Voir* à mon for finir les redoutables pauses
(Regain, p. 32) (> *Voit*)

v. 157 Nul, hélas, *fut*-il lourd d'un vertige actuel
(Regain, p. 32) (> *fût*)

v. 268 ...Le stable n'est plus où, de gloire agité,
(Jour, p. 37) (> ...Le stable *temps* n'est plus)

v. 336 Et que, sur le tombeau des préceptes *distincts*,
(Jour, p. 40) (> *divins*)

v. 457 Langue du monde *intrus*, prison par qui l'instinct
(> du monde *aussi*)

positif soulignant que le poète était « l'homme d'une profonde attention au langage [4] ».

(Jour, p. 45 ; à moins que ce ne soit une vraie correction par rapport à *Gants du ciel* et Regain)

v. 464 Qui mise sur *moi*-même soi-même se mord
(Jour, p. 45) (> Qui mise sur *soi*-même)

v. 476 Vainement sur le monde joyaux étalée
(Jour, p. 46) (> sur le monde *en* joyaux)

v. 488 Celui-là *seule* progresse, interne voyageur
(Regain, p. 46) (> Celui-là *seul* progresse)

v. 524 Je m'élance brûlant vers astre inconnu.
(Jour, p. 48) (> vers *un* astre inconnu)

« Hymne à l'esprit alcoolique »

v. 14 Frémir la peur de *ce* qui s'avouerait ange
(Regain, Jour, p. 50) (> de qui s'avouerait ange)

N.B. La leçon de la revue *Liaison* (déc. 1947, p. 595) est la seule correcte.

« Deux perspectives crépusculaires II Celle d'Astate »

v. 14 ...Mais lugubre règne *de la* vaste ennui
(Jour, p. 58) (> règne *le* vaste ennui)

En outre, toutes les versions imprimées du « Coureur » (y compris celle de *Gants du ciel*, juin 1945, p. 25) donnent un vers 119 assonant (« Pansent languissamment les angoisses *pensives*... ») mais qui ne rime pas avec le vers 116 (« Pendant que l'heure, lente, en mauve *cicatrise* »). On ne sait quelle pouvait être la leçon d'un éventuel brouillon. Lorsque j'ai demandé à G. Bessette comment il fallait rétablir la rime, il m'a fait cette réponse : « Même en consultant mon dictionnaire de rimes, je n'ai pu trouver un acceptable adjectif en *-ise(s)*. Je vous suggère des "choix multiples" :

« Pansent languissamment mes muettes
natales
vénales
banales
secrètes traîtrises... »

(Lettre de G.B. à R.R., 15 juin 1982)

Au vers 280, je croyais devoir lire *compagne* au lieu de *campagne* (« Trompeuse intimité, fugitive campagne »). Mais l'auteur suggère justement d'entendre « Saint-Alexandre [sa *campagne* natale] et perception de la nature, etc. » (G.B. à R.R., 15 juin 1982). Enfin, à une question que j'avais posée au sujet du double emploi d'un même mot à la rime des vers 391 et 392 (« Me sert sensiblement de précieux *prétexte* / À revêtir encor mon absence *prétexte* »), l'auteur m'a donné l'explication suivante : « Il me semble que, dans une lettre, vous parliez du "Coureur". La rime *prétexte* y figurait deux fois. Étrangement, je me suis souvenu, moi dont la mémoire est souvent passoire, que j'avais alors pensé à la robe prétexte que revêtaient, je crois, les Romains devenus pubères. » (G.B. à R.R., 4 juin 1981)

4. Eva Kushner, « Gérard Bessette, *Poèmes temporels* », dans *Livres et auteurs québécois 1973*, p. 132.

Il est à croire que G. Bessette lui-même, à mesure que le temps avance, se détache davantage de la poésie comme telle et de son passé de poète. Au stade de l'interview du *Québec littéraire*, réalisée en février 1973, il en était encore relativement près ; les *Poèmes temporels* venaient d'être réédités, et l'auteur disait : « [...] à l'époque, je me sentais porté à écrire de la poésie et alors j'ai fait de la poésie et ça me satisfaisait » (*Le Québec littéraire* I, p. 134). En 1985, il se donne des airs bien détachés :

> Poésie, péché de jeunesse que commettent presque tous les écrivains (non-poètes). Mes vers étaient fignolés avec soin, mais ils n'exprimaient pas assez directement mes sentiments. La forme primait le fond.
>
> Valéry qui, lui, était véritablement poète, a écrit : « Quand on fait des vers à vingt ans, c'est parce qu'on a vingt ans ; quand on en fait à quarante, c'est parce qu'on est poète. » Moi, j'ai cessé de versifier vers l'âge de vingt-cinq ans. [...]
>
> (*Les Dires d'Omer Marin*, p. 115-116)

Faudra-t-il, un jour, défendre les *Poèmes temporels* contre leur auteur lui-même, s'il s'avisait de les reléguer trop à l'écart [5] ?

Puisque le recul historique permet déjà certains bilans [6], on a tout de même commencé à les scruter, ces poèmes (hardiment non prosaïques, comme il se doit). Le lecteur d'aujourd'hui, amateur du Bessette dernière manière, saura y retrouver d'un point de vue rétrospectif ces commencements anté-romanesques d'une écriture polymorphe, toujours foncièrement poétique [7].

---

5. Au fait faut-il lui contester déjà sa supposée citation de Valéry ? Ne s'agirait-il pas, plus exactement, de Péguy, qui écrit, dans l'un des grands mouvements anaphoriques de *Clio* : « L'homme qui est poète à vingt ans n'est pas poète, il est homme ; s'il est poète après vingt ans alors il est poète » (Péguy, *Clio*, Paris, Gallimard, 1932, p. 250) ?

6. Voir la notice préparée par Clément Moisan dans le *Dictionnaire des œuvres littéraires du Québec*, t. III : 1940-1959, p. 781-782.

7. Avant le temps du roman, G. Bessette a été conscient de ce qu'il lui fallait vivre le temps de la poésie. Mais il s'agissait d'expériences équivalentes faisant partie du même projet de parole, qui informera, somme toute, sa carrière entière. « Ainsi, c'est décidé : je ne travaillerai pas pendant les vacances. Cette décision de mes parents m'enlève un grand fardeau de sur les épaules. Enfin, je vais être libre, libre de mon temps, de mes occupations pendant deux mois. Mais cela m'inquiète aussi, me trouble. C'est maintenant ou jamais que je dois faire l'essai de mes forces. Auparavant, je pouvais toujours prétexter mes occupations, mes études pour ne rien faire, ou ne créer que des œuvres médiocres. J'ai vingt-trois ans. Par conséquent, je suis d'âge à composer une œuvre durable. C'est en poésie que je travaillerai. Personne n'a écrit de roman solide à cet âge ; on n'est pas grand romancier avant trente ans. » (Journal de G. Bessette, 2 juillet 1943, dans *Québec/*

Le recueil de 1954 est, en fait, l'aboutissement d'une pratique commencée quinze ans auparavant dont témoignent, outre quelques publications en revue, un certain nombre de papiers et de cahiers manuscrits. En dépit d'un propos que le jeune poète note, le 18 septembre 1939, d'adopter le vers libre [8], presque tous les exercices que révèle l'examen des brouillons consistent en des vers réguliers, obéissant donc à des règles strictes dans un cadre métrique propre à susciter la musique par les rythmes et les sonorités. Et si l'on veut aller plus avant dans la reconstitution de l'opération créatrice, il faut parler très précisément d'un travail d'invention à partir de la rime. Pour l'expliquer je ne puis faire mieux que d'affirmer que le poète met en œuvre, probablement par pur instinct, le principe énoncé par un grand connaisseur et praticien de l'art des vers (qu'il importe de prendre ici en laissant chaque mot peser tout son poids de signification) :

> [...] l'écriture du vers, chez ceux qui font le contraire de rimailler, pour qui la rime est PREMIÈRE, et non pas complaisance, l'écriture du vers commence par le mot essentiel appelé rime, et *la pensée se développe à partir du mot,* [...] promu à la dignité de rime, c'est-à-dire de commande de la pensée [9].

Et la poésie qui en résulte, ne cherchant pas à être l'expression de sentiments personnels (mettre en vers, par exemple, une aventure amoureuse), produit un lyrisme à la fois sensuel et abstrait, d'un accent qui se veut valéryen.

Qu'ils s'appellent *Poèmes temporels* ou bien *Poèmes spatiaux* — selon le titre qu'ils assument dans l'œuvre correspondante (fictive) d'Omer Marin (*Sem.*, p. 119) —, ils sont parfaitement identifiés, dans leur concordance variée : temps, espace psychologique, durée, mémoire, oubli, toutes données qui se retrouvent d'un texte à l'autre et qui témoignent de l'obédience bergsonienne du poète [10]. À maint égard, ce sont des

---

Amérique, vol. 3, n° 7, p. 17). Est-il besoin de souligner l'importance de ce que dut être une telle expérience de complète immersion en poésie et quelle ascèse fut notamment l'exercice de créer « Le Coureur » ?

8. Renseignement communiqué à R.R. le 28 octobre 1981.

9. Aragon, *Le Réalisme de l'amour*, Paris, éd. du Centurion, 1966, p. 166-167.

10. D'une concordance générale du vocabulaire établie par M. Hubert Larocque, je transcris les mots suivants en donnant le nombre d'occurrences (les chiffres entre parenthèses, inclus dans les autres, indiquent le nombre d'occurrences dans « Le Coureur ») : temps 20 (17), Temps (avec majuscule) 4 (4), avenir 7 (6), chronomètre 2 (2), durée 3 (3), durer 2 (2), espace 12 (11), éternel 3 (3), éternels 1 (1), éternité 1 (1), futur 5 (4), heure 6 (6), heures 2 (1), passé 10 (8), présence 5 (5), présences 2 (1), présent 4 (3), présente 1 (1), présentes 1 (1), révolu 1 (1), souvenances 2 (2), souvenir

poèmes philosophiques, qui ne tournent néanmoins jamais à la dissertation, comme ils évitent (sauf séquences plus banales) l'anecdote narrative et le cliché. Pour essayer de les comprendre, je les aborderai sous l'angle de l'exercice d'écriture (lyrique), dans l'esprit même où ils furent composés.

L'unité du recueil (huit pièces — dont une double — de masses très diverses) est assurée aussi bien par ces références fondamentales au temps-espace et à la mémoire (qui reviennent dans tous les poèmes sinon comme thème principal du moins comme arrière-plan ou décor) que par la poétique rigoureuse (traditionnelle, si l'on veut, postsymboliste) qui les régit[11].

---

9 (7), souvenirs 1 (1), souviens 1, toujours 6 (3), transitoire 1(2) ; âme 28 (16), amour 13 (8), amoureuse 1 (1), amours 2, ange 3 (1), mort 18 (13), morte 1, mortelle 1, morts 2, mourir 2 (1), néant 6 (2), néants 2 (2), nouménal 2 (1), nouménale 1 (1), trépas 1 (1), ultime 4 (3), mer 11 (2), océan 3 (1), univers 4 (3), monde 17 (12), aube 1 (1), aurore 3 (1), cosmique 1, cosmos 1, couchant 1, crépusculaire 1, crépuscule 3 (2), diurne 1 (1), étoilé 1 (1), étoiler 1, nuit 18 (12), nuits 3 (3), soir 10 (6), soirs 2 (2), soleil 7 (5), soleils 2 (2), ténèbres 2 (1), ténébreuse 3 (1), ténébreuses 1, ténébreux 3 (2), cauchemar 1, fantasmes 2 (1), fantômal 1 (1), fantôme 7 (4), fantômes 4 (2), ivre 2 (1), ivres 2 (1), ivresse 1 (1), ivresses 2 (2), rêve 11 (8), rêver 1, rêveuse 1 (1), sommeil 4 (4), somnolence 4 (2), songe 10 (5), songeais 1 (1), songes 3 (1), spectre 1...

Assez curieusement, je constate que le mot *conscience,* dont il me semblait qu'il devait être un terme clé, n'apparaît pas même une fois dans les poèmes. On trouve *inconscience* une fois, dans « Le Coureur » (v. 373).

11. Par rapport aux lois de la prosodie française régulière, les seules libertés que G. Bessette s'accorde (plus souvent, disons, que Valéry qui se les permet à l'occasion) sont les suivantes : 1. Il tolère l'hiatus ; les cas sont peu nombreux (5 en tout) dans les *Poèmes temporels,* mais il y a celui du vers initial du « Coureur » particulièrement en évidence : « Ramass*é en* crapaud sur la piste elliptique » ; 2. Il s'affranchit complètement de la règle d'alternance des rimes féminines et masculines ; 3. Il accepte aussi sans difficulté qu'un singulier rime avec un pluriel ; 4. Dans un poème long, comme « Le Coureur », il ne s'en tient pas à l'alignement ininterrompu des rimes plates (comme Valéry l'avait fait dans « La jeune Parque »), mais joue plutôt à son gré de la surprise, utilisant toutes les combinaisons possibles : rimes doublées, triplées, croisées, embrassées, mêlées. Quand il respecte la diérèse dans la mesure de mots comme *axiome, diamant, liaison, lien, précieux,* etc., il correspond à l'usage moderne autant qu'il suit le canon classique. Les deux seules occurrences de mots à désinence en *-tion* (« Évocation » et « Variations ») se trouvent dans les titres du premier et du troisième poème et n'ont pas à être comptées en pieds. On peut se demander si c'est de propos délibéré que le poète s'est abstenu de recourir à ce type de mot abstrait dans le corps du vers, s'exemptant du même coup d'avoir à choisir entre la synérèse de la prononciation actuelle et la diérèse de l'ancienne, conservée dans les conventions poétiques.

Les pièces sont, paraît-il, placées dans l'ordre chronologique de leur création, sauf pour celle d'ouverture (« Évocation »), postérieure en fait à plusieurs autres qui la suivent et qui fut écrite pour relever le défi lancé par un ami de composer un « poème élégiaque [12] », et pour « Le Danseur », qui fut fait par le poète à Saskatoon, à l'automne 1946, plus de trois ans donc après « Le Coureur », tout en étant de même inspiration [13].

Je ne crois pas que leur ordonnance à la suite les uns des autres importe ici beaucoup. J'observerai seulement là-dessus que la position à peu près centrale du « Coureur » peut être commandée par des raisons d'équilibre étant donné l'ampleur matérielle du poème (524 vers sur un grand total de 922), et que c'est sans doute à dessein que les deux dernières pièces (« Hymne à l'esprit alcoolique » et « Deux perspectives crépusculaires »), qui ont d'ailleurs des liens (de vision et de délire) avec « Peinture surréaliste » (placée en deuxième position du début), achèvent significativement l'ensemble dans un mode de plongée au sein originel :

> Tel aujourd'hui, bercé de noirs mensonges,
> Qu'en un sein clos diffusément je fus,
> Centre d'un monde aux messages confus...
>
> (« Hymne à l'esprit alcoolique », v. 48–50, p. 51)

et dans l'apothéose cosmique :

> Ô mer, sur la tristesse de tes bords,
> Ô calme mer où plonge un disque d'or...
>
> (« Deux perspectives crépusculaires II
> Celle d'Astate », v. 49-50, p. 59)

Je n'oublie certes pas qu'il s'agit en tout cela d'écrits de jeunesse, sujets autant aux maladresses naïves qu'à l'imitation de modèles. Il y a lieu de

---

12. Il s'agit à nouveau de Bernard Thibault, qui s'est fait cette fois maïeuticien-accoucheur. (Lettre de G.B. à R.R., 15 juin 1982).

13. Lettre de G.B. à R.R., 15 juin 1982.
La plupart des pièces (6 sur 8) ont paru dans des revues avant d'être recueillies dans les *Poèmes temporels* (au 4e trimestre de 1954) : 1. « Le Coureur » : un fragment (le début) dans *Gants du ciel*, décembre 1944, p. 15-16, puis *in extenso* dans *Gants du ciel*, juin 1945, p. 21–39 ; « Évocation » : dans *Amérique française*, mars 1946, p. 45–47 ; 3. « Deux perspectives crépusculaires » : dans *L'Action nationale*, novembre 1946, p. 168–171 ; 4. « Hymne à l'esprit alcoolique » : dans *Liaison*, décembre 1947, p. 594–596 ; 5. « Entretien nocturne » : dans *Liaison*, avril 1949, p. 198-199 ; 6. « Le Danseur » : dans *La Nouvelle Revue canadienne*, juin-juillet 1953, p. 322-323.

distinguer dans le recueil trois types de poèmes dont l'un seulement, pratiqué dans trois pièces relativement courtes (placées en position un, trois et cinq : « Évocation », 72 vers ; « Variations », 32 vers ; « Entretien nocturne », 26 vers), ne dépasse guère le plan de l'effusion romantique plus ou moins conventionnelle, quelle que soit par ailleurs la perfection technique de la facture. En revanche les deux autres catégories, qui me semblent l'une et l'autre réussir assez bien la saisie et la représentation du monde intérieur (« Peinture surréaliste », 64 vers, deuxième pièce du recueil reliée aux deux de la fin, septième et huitième : « Hymne à l'esprit alcoolique », 50 vers, et « Deux perspectives crépusculaires I Celle d'Ophtalme », 51 vers, «II Celle d'Astate », 50 vers) ou l'élucidation métaphysique et nouménale de l'acte corporel et mental (en position quatre et six : « Le Danseur », 53 vers ; « Le Coureur », 524 vers), sont d'une incontestable originalité. Plusieurs de ces poèmes ont en outre ce trait de modernité d'être des exercices d'autoreprésentation (le poète en acte de création), reflétant en image quant à leur sujet le fonctionnement d'un projet d'écriture (trait qui marque donc dès le départ l'entreprise littéraire bessettienne).

Le raffinement et la somptuosité extrêmes du langage supposent, à même le travail d'artisan — la *fabrication* [14] — qu'impose à un fort degré la versification régulière, une réflexion constante et très poussée sur les problèmes de l'expression. Le poète a quelque chose à dire mais son message, si savant et didactique (bergsonien) qu'il soit dans l'ordre de l'idée, ne saurait certes être reconstitué en prose comme essai sans désamorcer sa logique même (fondée sur la métaphore) et sa teneur irréductible. Il s'agit avant tout d'un « vouloir écrire » qui s'exerce dans une pratique du mouvement de base où la prouesse verbale, loin d'être empêchée, doit être en quelque sorte suscitée par la contrainte la plus rigide (mesure mathématique, rythme scandé, passage de la rime...). Soit dit en passant, je suis convaincu, quant à moi et connaissant la suite, qu'il était profitable de vivre pareils antécédents de langage pour évoluer un jour dans une « prosodie » aussi émancipée, souple et inventive que celle qui intervient à son heure au stade romanesque et qui épouse les formes les plus variées du courant de conscience, dans *L'Incubation, Le Cycle, Les Anthropoïdes* ou *Le Semestre.*

Pour écrire des vers, il faut avoir le goût de ce que j'appellerais l'écriture gratuite. Il est évident que l'auteur des *Poèmes temporels* aime

---

14. « Je ne crains pas le mot fabrication, car poésie signifie fabrication » (Valéry, *Œuvres*, Paris, t. I, Pléiade, p. 1614). La façon dont G. Bessette procède pour effectuer la correction que je sollicitais afin d'éliminer le cas de rimes fautives, aux vers 116 et 119 du « Coureur » (voir, *supra*, note 3), illustre bien cet aspect de la création.

les mots. Il s'en délecterait déjà pour leur seule saveur sonore, mais c'est en eux aussi qu'il connaît et engendre les réalités. Il suffit pour en convenir de prêter attention au dynamisme des vocabulaires spécialisés : chorégraphique par exemple dans « Le Danseur », chromatique dans « Deux perspectives crépusculaires ». L'observance méthodique de la fameuse consigne mallarméenne qui veut qu'on « cède l'initiative aux mots » (« Crise de vers », dans *Œuvres complètes*, Pléiade, p. 366) a pour effet de réaliser à la limite chez le lecteur d'étonnantes extensions de sens, parfois même censément au-delà des calculs probables du poète. L'agencement des images et le jeu du contexte font alors concorder les significations multiples, distantes et cachées (au profane) dans des vocables clairvoyamment choisis. J'en citerai quelques cas d'éclatante poésie (création). C'est ainsi que je lis le mot *moire* (« Le Coureur », v. 313, p. 39 : « Sous ton voile vivant de mensonge et de moire »), en y voyant à la fois les reflets changeants d'une *étoffe* tissée par l'araignée (v. 315) de la mémoire (v. 312) et une rémanence de la vieille MOIRA tragique, qui veut dire *parque* (fileuse de vie et de mort) et *destin*. Pareillement je prends *fléau* (« Le Coureur », v. 321, p. 39 : « D'un fléau précurseur peser le double prix ?... ») au double sens de *balance* et de *calamité*. Quant au mot *temple(s)* qui revient onze fois dans les *Poèmes* (six dans le seul « Coureur »), j'y perçois à trois reprises au moins (« Le Coureur », v. 102, p. 30 : « Tu ne songes, pointeur, en produire le temple » ; v. 125, p. 31 : « Cyclorama suprême au temple décimal » ; v. 212, p. 35 : « J'ai hanté si longtemps le temple de mes brumes ») le sens originel d'espace tracé et sacré par le bâton de l'augure. Et j'en fais tout autant de ce *terme* (« Le Coureur », v. 145, p. 32 : « Tel un terme s'endort et se fige uniforme ») qui est bien une *limite* dans l'espace ou le temps mais qui n'en est pas moins, dans sa connotation, cette figure de *dieu latin* sans bras ni jambes, en forme de borne de territoire. — On n'est pas pour rien passé, poète ou lecteur, par les humanités classiques...

Dans une veine analogue, le mot rare ou la pure invention prendra valeur de nécessité, selon qu'on cherchera par exemple dans le motif de la fuite du temps l'allusion furtive à un mythe de l'amour (nécessité avant tout de poésie !) : « L'âme *adonise* en toi mainte métempsychose » (« Le Coureur », v. 231, p. 35), ou visiblement qu'on voudra répondre en écho parfait à une rime d'« étincelles *lamées* » (nécessité donc d'abord de versification) : « Sur le mystère bleu de ces ondes flammées » (« Deux perspectives crépusculaires I Celle d'Ophtalme », v. 12 et 14, p. 53-54).

La forme poétique par ailleurs, dans son essence même, commande d'utiliser sans vergogne toutes les ressources morphologiques de la langue, même celles qui peuvent être désuètes, parce que hors de l'ordinaire : cet expressif imparfait du subjonctif — *transformasse* (« Le Coureur », v. 272, p. 37) — qui rimera splendidement avec

...la durée au tracé de limace

(« Le Coureur », v. 274, p. 37) ;

ou ce clair passé défini — *formâtes* (« Le Coureur », v. 362, p. 41), — pertinente trouvaille du

Chimiste distillant poisons et *aromates*

(« Le Coureur », v. 363, p. 41).

Le poète use à sa convenance de ses droits sur la langue [15], que ce soit pour inverser le genre casuel d'un mot fluctuant :

Je ne me souviens plus de mes amours défunts

(« Entretien nocturne », v. 14, p. 24)

Tellement j'englobais dans une même amour

(« Le Coureur », v. 59, p. 28)

ou bien pour se prévaloir aujourd'hui des ressources de l'ancienne grammaire :

Lucide, dis-je ?... Ai-je si tôt la femme éteinte
Qui tant doutait ?

(« Deux perspectives crépusculaires I Celle d'Ophtalme », v. 34-35, p. 54)

ou encore pour tirer profit du plus mallarméen des anglicismes :

Tristement une entre mille présences.

(« Hymne à l'esprit alcoolique », v. 23, p. 50)

Le phénomène syntaxique majeur de cette écriture, dans les entraves (et la sauvegarde) du cadre prosodique, est à coup sûr l'inversion grammaticale, exploitée sous les formes les plus diverses. L'influence semble ici notoirement valéryenne [16], provoquant les distorsions (télescopages, contractions, ellipses, scissions...) les plus variées, depuis

15. Voir la lettre de Valéry du 19 novembre 1927 intitulée « Les droits du poète sur la langue », dans *Œuvres*, Paris, t. II, Pléiade, p. 1262-1265.

16. « Je suis partisan des inversions » (Valéry, « Variations sur les Bucoliques », dans *Œuvres*, Paris, t. I, Pléiade, p. 217). « L'inversion est d'ailleurs le seul lambeau qui nous reste des libertés impériales de Virgile : "Des cocotiers absents les fantômes épars..." » (Valéry à André Fontainas, lettre citée dans *Œuvres*, *op. cit.*, p. 1623).

celle qui passe presque inaperçue et qu'imposait peut-être seulement le compte des syllabes ou le besoin de la rime, jusqu'à la plus audacieuse qui ne craint pas d'ouvrir tout un volet de poème (« Deux perspectives crépusculaires II Celle d'Astate », p. 57) par un relatif dépendant, de façon que le substantif essentiel, qui devrait être avant (et qui l'est, si l'on se reporte sommairement au volet antécédent : « I Celle d'Ophtalme »), mais qui reste davantage en attente, prend figure littérale de postcédent, au terme d'une période solidement construite et superbe :

> *Dont* je réfléchis la rouge plongée,
> Habitant serein du royaume astral,
> Jamais cataclysme assez théâtral
> Pour assouvir mon âme ravagée,
> Au monde épouvanté n'annoncera
> Ta mort, toi qu'implacablement j'abhorre,
> *Soleil*...

Nulle prose en vérité ne pourrait soutenir pareil écartèlement, embrassant au surplus d'autres tensions intercalaires. Il s'agit là sans doute d'un cas extrême, mais le recours persistant au procédé d'inversion éloigne absolument du langage prosaïque, ressourçant du même coup la syntaxe française sans apprêt (bien intelligible hors de tout hermétisme) dans ses origines latines. Et cela constitue, me semble-t-il, un haut fait de création littéraire qu'on aurait grand tort de négliger.

Malgré l'exemple qu'il a pu trouver chez ses maîtres et modèles avoués (Baudelaire, Mallarmé, Valéry, Nelligan), l'auteur des *Poèmes temporels* ignore totalement pour son usage personnel le moule des formes fixes. D'un tel état de fait j'infère que le poète devait être peu porté à cette époque de juvénile débordement vers une esthétique de concentration propice par exemple à l'écriture de sonnets. Au contraire, le système manifeste de tous les *Poèmes temporels*, y compris ceux qui retiennent un cadre strophique, est celui de l'expansion, actualisée dans le développement de la phrase ou de la période et, en conséquence, étant observée la stricte fidélité à la mesure rythmique et à la rime — celle-ci fût-elle, justement, mêlée —, dans une prolifération numérique des vers.

En général l'appel d'échos à intervalles libres (suites aussi bien plates que croisées, embrassées, mêlées) des rimes (la plupart du temps riches, sonores et savamment recherchées) génère en une concaténation de vers une phrase au souffle nombreux, sans cesse renaissant de son mouvement anaphorique ou simplement méandreux, pour former de larges laisses où deux ou trois images sont filées dans un écheveau complexe d'élans, de variations, de reprises, de rallonges, de parenthèses et d'enjambements, dont je citerai l'exemple le plus complètement récapitulatif du procédé :

> ...Quelques îles encore à franges vaporeuses
> Dérivent sans douleur sur la mer endormeuse,
> Quelques îles du jour qui voguent vers l'oubli,
> Vers la mort et l'oubli de l'onde aventureuse,
> Dérivent lentement, car le rêve aux replis
> De reptile, et l'amour aux ruses venimeuses,
> Car le rêve et l'amour, et l'alcôve remplie
> De parfums et d'appels que le soir multiplie
> Sous les frissons de la tenture aux teintes fauves,
> Car le rêve et l'amour et la nuit et l'alcôve,
> Sur la mer endormeuse où des îles encore,
> Dont la douleur diurne en l'ombre s'édulcore,
> Flottants fantômes, vont, vaporeuses, mourir,
> Car le rêve et l'amour aux replis de reptile,
> Car la nuit et l'alcôve en surprises fertiles,
> Dans leur douceur insidieuse font mûrir,
> — Laborieux repos, souveraines semences, —
> Les plans, les pleurs, les souvenirs qui, dans l'immense
> Obtusité des pleins soleils éblouissants,
> Mêlaient leur devenir au rythme de mon sang.
>
> («Le Coureur», v. 288-307, p. 38)

La longue phrase, facile, au fond (j'en risquerai pour les besoins de la cause la traduction suivante : « Quelques vestiges du passé continuent de subsister car le rêve et l'amour décantent les rémanences de la vie »), se développe par vagues plus ou moins régulières, à la façon des variations musicales, en s'appuyant sur des structures de pures répétitions juxtaposées, cependant que l'armature prosodique (mesure du vers et retour indéfectible de la rime) donne à la séquence son allure indémaillable et ouvrée. On comprend que sur le plan de la forme, les expériences de ce genre, première manière de la création bessettienne, multipliant sciemment les artifices langagiers, n'aient rien de particulièrement inapprêté. On peut et doit parler d'une poésie de technicien, en n'oubliant pas que la technique bien possédée devient elle-même pour le poète une seconde nature : son style.

Ce caractère résolu de culture — très (trop) livresque, si je puis dire, et propre à rebuter plus d'un lecteur qui n'y verra qu'emphase et affectation — se vérifie aussi au niveau de l'imaginaire, dans le contenu thématique, comme le montrera un bref examen de chacun des poèmes.

Les *Poèmes temporels* mettent en œuvre des sujets relativement abstraits ou, du moins, abstraitement traités, dans le raffinement extrême de l'écriture versifiée et de la spéculation expresse ou concomitante sur les mécanismes créateurs. Sauf exception, on y décèle moins l'épanchement lyrique d'un jeune MOI sur quelque vicissitude anecdotique que l'étude modulée de phénomènes psychologiques généraux et universels (acte, conscience, mémoire, sommeil, ivresse, extase...), dans leur déroulement intérieur ou dans leur projection au dehors parmi les transports d'une *pathetic fallacy* fastueuse.

« **Évocation** » (I)

Le poème est fait de six douzains de vers octosyllabiques. Le type de la strophe n'a rien de bien ingénieux, donnant une suite de rimes plates, dans les huit premiers vers, et de rimes embrassées ou (une fois) croisées, dans les quatre derniers. La strophe initiale (qui est à sa façon un résumé de tout le poème) est reprise telle quelle à la fin du morceau pour créer un climat de circularité, mais il en résulte principalement, me semble-t-il, un effet de lourdeur, en raison de l'amplitude de la répétition.

Sans doute la pièce dans son ensemble se ressent-elle de son origine quelque peu trop gouvernée. On sait qu'elle est la réponse au défi d'écrire un « poème élégiaque [17] ». Je ne crois surtout pas qu'il faille y chercher une vérité biographique. Le poème est le produit de bien des artifices, tant sur le plan de l'idée ou du sentiment (le lieu commun du romantisme conventionnel) que sur celui de l'image (l'océan, le gouffre immense, le navire, le songe, le désespoir, etc.). La mer, choisie comme décor et référence analogique, est pour le poète à cette époque une donnée tout imaginaire dont le caractère un peu factice est en quelque sorte confirmé par la résonance de certains mots (l'onde [18], le zéphyr...). « Évocation » peut être considéré comme un pur exercice rhétorique.

« **Peinture surréaliste** » (II)

D'après des feuillets manuscrits et plusieurs copies dactylographiées (toutes en désordre), ce poème a porté différents titres (« L'exercice », « Art », « Prémisses », « Inspiration »...) avant de devenir « Peinture surréaliste ». Il est resté inédit jusqu'à sa parution dans les *Poèmes temporels*

---

17. J'ai dit plus haut (note 12) que c'est Bernard Thibault qui a provoqué la composition vraiment *a priori* de cette pièce.

18. On retrouve le mot « onde(s) » dans « Le Coureur » (v. 294) et dans « Deux perspectives crépusculaires I Celle d'Ophtalme » (v. 14, 23), et son emploi ne me semble comporter rien d'artificiel, sans doute parce que tout le poème, dans chacun de ces cas, paraît plus sincère et donc moins ostensiblement exécuté.

(1954), mais il avait été écrit à la même époque que les autres pièces du recueil (c'est-à-dire vers 1945), avant le *Refus global* (1948). Au fait on connaît l'opinion de l'homme de la cinquantaine concernant le « petit cénacle » de Borduas : « nous n'étions pas prêts à devenir surréalistes. Tout ce mouvement, tout ce recours à l'irrationnel pour combattre ici une intellectualité inexistante m'ont toujours paru stériles, déréalisants [19] ».

Qu'on entende le terme « peinture » du titre au sens concret de « tableau(x) » ou dans l'acception plus abstraite d'« art pictural », le poème semble tout le contraire d'une profession de foi surréaliste. Il s'agit bien plutôt d'une réflexion (valéryenne [20]) sur le fonctionnement de l'esprit créateur où l'inconscient, fauteur d'automatisme, doit être dompté par les rigueurs lucides de l'art.

Le poème, d'une forme extrêmement appliquée, est fait de huit strophes de huit vers octosyllabiques, dans un système alterné de rimes (le plus souvent riches ou très étudiées) croisées puis embrassées. Les mots (tout à la fois images sémantiques et sonorités gigognes, dans la strophe initiale par exemple) s'appellent et se succèdent, dans la collusion toujours reprise, au niveau du sens, entre le magma désordonné et le moule plastique.

« **Variations** » (III)

Ce poème a été publié pour la première fois dans le recueil, en 1954, mais sa composition remonte à une dizaine d'années auparavant, à la même époque que les autres *Poèmes temporels*. Il est fait de huit quatrains de vers alexandrins, dans une disposition de rimes croisées (strophes

---

19. Propos de G. Bessette dans une interview de *Voix et Images*, vol. I, n° 3, avril 1976, p. 326.

20. Pierre Gobin (« Méthodes critiques et création romanesque », dans *Lectures de Gérard Bessette*, Montréal, Québec/Amérique, 1982, p. 21) l'a fort bien reconnu dans sa recherche des fondements critiques de l'œuvre bessettienne : « Bessette avait passé par l'unanimisme poétique, et, avant cela, par un symbolisme fortement marqué par Nelligan, Baudelaire, Mallarmé et Valéry dont les influences dominent les *Poèmes temporels* — au point qu'un texte intitulé *Poème surréaliste*, [lire plutôt : *Peinture surréaliste*] évoque beaucoup plus l'*Ébauche d'un serpent* que Breton ou Éluard. » [...]

    Par le serpent, le feu s'étage...
    (...)
    La gueule est prompte et l'œil tenace
    De ce reptile en art versé
    Le miroir tangue et me menace
    Par les signaux que je traçai...

1, 3, 4, 6, 8) ou bien plates (strophes 2, 5, 7). La reprise de la strophe initiale à la fin du poème accentue l'effet de circularité déjà signifié dans le thème du temps et de la durée.

L'état d'âme ici représenté est celui de la semi-conscience — « douteuse extase » (vers 1 et 29) — aux confins de la veille et du sommeil. Le JE qui vit et dit l'expérience est en communication profonde avec la nature (mer, paysage) dans le suspens d'instants d'éternité où convergent passé, présent et futur.

Il est loisible de retrouver dans ces vers la trace de Bergson, sur le plan de l'idée, cependant que se perçoivent, dans l'expression (en particulier dans la quatrième strophe : « Repose-toi, mon âme »...), des réminiscences tout ensemble baudelairiennes et nelliganiennes.

J'ai suggéré plus haut de lier « Variations » à « Évocation » et « Entretien nocturne » sous l'aspect de l'effusion romantique ; le poème se rattache aussi bien aux autres, illustrant en quelque sorte mimétiquement un mouvement de l'âme.

« Le Danseur » (IV)

Composé à Saskatoon en 1946, ce poème est sans doute chronologiquement le dernier écrit de la série des *Poèmes temporels*. Il est fait de 53 alexandrins, d'abord groupés en quatrains, les deux premiers en rimes croisées tournant aux rimes plates dans le troisième, pour continuer ensuite librement en laisses inégales aux rimes mêlées.

Le sujet du « Danseur » (description stylisée de l'eurythmie corporelle) est très voisin de celui du « Coureur », composé trois ans plus tôt. Comme dans l'autre poème, le personnage qui dit JE est dans la situation précédant immédiatement l'entrée en lice : il anticipe en esprit l'accomplissement temporel et la signification transcendante de son jeu.

Afin de bien établir la couleur locale, le poète a très consciemment multiplié, surtout dans la séquence des vingt premiers vers, les termes plus ou moins spécialisés d'un vocabulaire chorégraphique : « pivotants vertiges » (v. 1), « schème qui voltige » (v. 3), « manège d'épaules et de bras » (v. 13-14), « bond » (v. 15), « renversé » (v. 15), « pas de basque oblonguement filé » (v. 16), « sissonne » (v. 18), « déroule un chassé » (v. 19), « double royale » (v. 20), « balancé tempestueux » (v. 35)... Le danseur, envahi et possédé par le « démon (δαιμων, génie, esprit) de la danse » (v. 21) littéralement « [s]'aboli[t] » (v. 32) dans son être banal et participe d'un dynamisme cosmique (v. 37). À l'instar du coureur qui se voit comme « un pur mouvoir, sans image et sans pause » (« Le Coureur », v. 500), le danseur est conduit par sa transe au « mouvoir absolu » (v. 23). Ainsi ce mot essentiel, qui revient deux autres fois dans « l'absolu pensif » (v. 40) et « mon culte absolu » (v. 53), marque-t-il la visée intrépide du poème.

La projection concrète de l'« inexorable faune et monstre chevelu » (v. 24), séduit par les « appâts d'une vierge de lait » (v. 17), renvoie implicitement à quelque Nijinski mythique en proie à l'enchantement créé par Debussy sur l'églogue mallarméenne[21].

Mais qu'il

> [...] simule un ange ou pompeusement feigne
> De prolonger dans l'ombre un faune instantané (v. 49-50)

le danseur représente ici le poète offrant à son public

> De son culte absolu l'extase colossale. (v. 53)

« Entretien nocturne » (V)

C'est le poème le plus court du recueil : 26 alexandrins, aux rimes plates pour les 18 premiers vers, croisées dans la séquence des 8 derniers.

Entre deux séquences égales d'une voix narrative qui plante d'abord le décor fastueux puis qui tire la leçon de

> La démence des pleurs et l'ennui des amours (v. 26)

s'insère un court dialogue (sur 10 vers) de quelque amoureux transi avec son évasive et rêveuse amante. À celle-ci le poète a donné le nom de Lindamire (v. 9) (peut-être inventé sur l'italien : *linda*, gentille, polie, et *mira*, étonnante, surprenante), sonnant un peu XVIIIe siècle. D'ailleurs on ne peut s'empêcher d'évoquer ici la teneur du « Colloque sentimental » des *Fêtes galantes* de Verlaine.

---

21. Dans *La Bagarre* (IIe partie, chap. VIII, p. 145-146), la mère d'Augustin Sillery écoutera *Le Prélude à L'Après-midi d'un Faune de Debussy* : « Cette musique sinueuse et touffue qui sentait la forêt avait le don de lui calmer les nerfs. »

« Le Coureur » (VI)

Voici la pièce du recueil la plus importante par ses dimensions (524 vers, contre 398 pour toutes les autres réunies, sur un total de 922) et par la « pensée » qu'elle véhicule. C'est aussi le premier des poèmes bessettiens qui ait été publié (dans *Gants du ciel*), avant de représenter le Canada aux Jeux olympiques de Londres, en 1948. Sa composition est le résultat d'un travail véritablement ascétique qui occupa tout l'été (les vacances scolaires) 1943.

Le jeune poète a proclamé bien haut son allégeance valéryenne : on ne peut éviter de rapprocher « Le Coureur » de « La jeune Parque », si risqué que puisse être l'enjeu. Les deux poèmes sont de même taille, à douze vers près (la « Parque » en fait 512) ; on peut retrouver dans chacun cette structure musicale fondée sur la modulation de différents fragments de longueur inégale, entre une entrée caractérisée (« Le Coureur », v. 1-22) et un finale en plein essor (v. 506-524).

Du point de vue de l'idée, le poète lui-même a reconnu ses sources, en résumant les questions qui l'avaient agité :

> Le problème du temps psychologique me préoccupait. Quelle image, quelle représentation nous faisons-nous de notre temps intérieur ? J'avais beaucoup lu Bergson, *Essai sur les données immédiates de la conscience* surtout. Bergson y montre bien que l'homme est toujours porté à exprimer et à visualiser son temps psychologique en *termes d'espace*. [...] Autre problème connexe (toujours bergsonien) : celui de la mémoire. Puisque cette dernière « accumule » du passé spatialisé, l'esprit a tendance à assimiler la mémoire à une espèce de réservoir, de contenant physique. Alors, que deviennent nos anciens « moi » ?... C'étaient là des problèmes qui me trottaient dans les méninges à l'époque. Ils reviennent dans plusieurs poèmes, dans « le Coureur » en particulier[22]...

Il s'agit donc, explicitement et dans l'intention même, d'une poésie de type philosophique. Non pas qu'il faille chercher ici des bribes plus ou moins banales de ce qu'on appellerait philosophie versifiée. Comme il appert de tous les poèmes de ce genre (on peut songer par exemple au « Satyre » hugolien aussi bien qu'à « La jeune Parque » de Valéry), ce qui s'y trouve, c'est de l'authentique poésie aux accents lyrico-épiques, effet non d'une dialectique abstraite, mais de la création mythologique : cet athlète transcendant arc-bouté de tous ses muscles et de tout son esprit dans le cirque de l'humaine destinée. Ainsi tout ensemble la

---

22. *Le Québec littéraire 1 / Gérard Bessette*, p. 134. Propos recueillis à Kingston, le 9 février 1973.

réflexion pressentie dans l'ordre métaphysique sur le temps, sur la durée, sur le phénomène de la mémoire, non moins que, sur un autre plan, l'instance spéculaire de l'autoreprésentation —

> En souvenir de l'heure où la forme sereine
> D'un coureur bondissant vers la mort et l'oubli
> Dressa sous le ciel pur son poème accompli...
>
> (v. 421-423) — ,

si prégnantes qu'elles soient toutes de spéculation pure, se réalisent-elles bien plutôt dans la dimension de l'image-métaphore.

Il ne faut pas non plus négliger le sens simplement et anecdotiquement autobiographique du poème, que l'auteur soulignera lui-même plus tard, par l'intermédiaire de son *alter ego* Omer Marin :

> [...] le personnage principal était le coureur ramassé en crapaud sur la piste et prêt à partir — et ne partant pas, renonçant à la course afin de se consacrer (si Marin avait bonne mémoire) à des poursuites intellectuelles ou artistiques. Ce sprinter c'était moi, bien sûr (se dit Marin) moi qui à l'époque de ma double opération herniaire (et même avant lorsque j'étais hernieux) dus renoncer à mes projets athlétiques et même aux jeux (violents) de mon âge (*Sem.*, p. 119)

La démarche narrative de fond est d'ailleurs celle d'un futur romancier. Tout le poème pourrait être qualifié de monologue intérieur, stylisé en partition musicale (suite de blocs inégaux de vers articulés de blancs pour la reprise du souffle), consignant le courant vital de cet instant qui s'éternise, entre la mise en position de départ et le bondissement effectif.

L'instrument structurel de langage est l'alexandrin, véritablement en proie ici à une sorte de prolifération par le dedans (mécanisme de réaction en chaîne), que dénote en quelque manière le mouvement des rimes librement mêlées, dans l'exercice de la virtuosité verbale (lexicale, étymologique, morphologique, syntaxique, prosodique...) :

> Que plausible ne fût ton cercle transposé,
> Ni le temps que tu mets à le preste produire,
> Sous les astres brûlants, je ne songeais l'induire,
> Que tant de fois je vis, incontestables et
> Triomphants, puissamment à ce point revenir
> Qu'ils avaient reproduit avant que je les visse !...
> Si mon espoir les pose et pense en l'avenir
> Calculateurs profonds du libre devenir,
> Voilà mon moi se clore et se tendre mon vice !
>
> (v. 78-86)

Un vers de la huitième strophe du *Lac* de Lamartine mis en épigraphe, prenant pour ainsi dire à témoin le passé poétique, pose en commençant ce que je reconnaîtrais comme une certaine pérennité tonale dans la particularité identifiable (bessettienne) du timbre :

> Mais je demande en vain quelques moments encore,
> *Le temps m'échappe et fuit ;*
> Je dis à cette nuit : Sois plus lente ; et l'aurore
> Va dissiper la nuit.

Ainsi avec le thème essentiel déjà mis à la clef, le poème amorce son flexueux déroulement...

« Hymne à l'esprit alcoolique » (VII)

L'incontestable originalité de ce poème ne semble guère avoir soulevé d'échos au moment de sa publication dans la revue *Liaison*, en décembre 1947 (p. 594-596), sauf pour la mention laconique, en début de numéro (p. 578) que Gérard Bessette avait « remporté le deuxième prix de poésie au dernier concours littéraire de notre province ». En revanche il importe de signaler la traduction en espagnol par Reyes Carbonel, sous le titre : *Hymno al espirito nocturno* (parue dans la revue *Estudio, revista de cultura hispanica*, 1re année, n° 3, juin 1952, p. 29-30).

Le morceau se compose de 50 décasyllabes. Les rimes, le plus souvent riches, toujours au moins suffisantes, se succèdent par couples suivis, sauf dans deux courtes séquences où elles sont embrassées (v. 1-4) ou bien croisées (v. 37-40).

L'intérêt formel de cet hymne houleux, à la métrique pourtant très stricte, est de parachever une mimétique plausible de l'ivresse au niveau sémantique, en retenant les expressions suggestives, conformes ou périphrastiques ou imageantes ; au niveau grammatical, en usant d'une syntaxe délibérément tordue d'inversions, d'incidentes, de parenthèses, qui rompent sans cesse la phrase ; et même au niveau prosodique, en multipliant les empiétements et les rejets, qui disloquent le vers et le font tituber.

Il s'agit, au demeurant, d'une spéculation sur l'ébranlement poétique, dans un parallèle dionysiaque entre le transport éthylique et le « nocturne délire » (v. 26, d'où le titre espagnol) de la création littéraire.

« Deux perspectives crépusculaires » (VIII)

Le poème est un tableau double qui représente deux moments d'un coucher de soleil, correspondant au resplendissement funeste de la fin du jour et à l'incidence tragique de l'amorce de la nuit. Le tour de force a consisté à déployer dynamiquement dans l'espace serré d'une centaine de vers une véritable profusion de termes exprimant la couleur et le mouvement.

Le poète ici donne la parole à deux voix identifiées, composant ainsi non pas un entretien mais deux monologues successifs, bien que complémentaires, en forme de diptyque à la fois sonore et pictural. Ce binôme d'allure fabuleuse semble être d'invention propre [23] ; Ophtalme, comme l'étymologie l'indique (du mot Ὀφθαλμός, œil), est l'hypostase du regard et réfléchit le foisonnement de la couleur. C'est un être féminin (I, v. 16, 34), « vierge proie » (II, v. 16 ; voir aussi I, v. 6, 49), par rapport au partenaire viril, sorte d'Anima donc vis-à-vis d'Animus. Celui-ci s'appelle Astate (du mot Ἄστἄτος, instable). Les deux forment l'impossible couple de la placide et du révolté.

La double perspective s'exerce et signifie à plusieurs niveaux simultanés (psychologique et métaphysique, autant que très visiblement cosmique et plastique) : à la fois extrémité inéluctable de l'amour et de la connaissance et saisie-projection d'un espace-temps grandiose, le crépuscule. La façon de peindre me semble plus caractérisée encore que dans les autres pièces du recueil : elle est révélatrice de la vision personnelle dont G. Bessette est déjà conscient. « [...] je suis très peu visuel, répétera-t-il plus tard : j'éprouve une difficulté extrême, parfois insurmontable, à me rappeler visuellement les scènes ou les paysages que j'ai vus, ou même la figure de mes proches. » (*Mes romans et moi*, p. 127) Le même constat intervient déjà à l'époque de Saskatoon (donc au moment à peu près des *Poèmes temporels*), puisque l'écrivain note dans son journal, en date du 2 décembre 1947, à propos d'un souvenir de son enfance : « J'ignorais évidemment à cette époque n'être point visuel et que cela constituait sans doute une des principales caractéristiques de ma personnalité. » (*Québec/Amérique*, vol. 3, n° 7, automne 1981, p. 17) Dans « Deux perspectives crépusculaires », le phénomène

---

23. J'ai interrogé G. Bessette là-dessus, le 28 octobre 1981, et il m'a répondu qu'il ne se souvenait plus. Il avait également oublié le sens étymologique du nom d'Astate. Les brouillons de la Bibliothèque nationale montrent que, au cours de ses recherches, le poète s'était arrêté sur différentes possibilités : « L'Inquiet », « Mérinandre », « Phrontice », pour ce qui deviendrait « Astate » ; « La Sensuelle », « Eukinète », « Esthèse », pour « Ophtalme ». Il semble aussi qu'un premier titre ait pu être « Panorama ».

n'en est pas un de mémoire, mais d'observation, et il permet de percevoir une nuance importante. « Non visuel » ? Pas exactement. Certes guère de lignes, pas de dessin, pas de contour, mais par taches, par traînées, toute une orgie de couleurs, quelque chose, en vérité, d'hallucinant, un paysage en quelque sorte abstrait, vu hors foyer. Et ce flou trouve son équivalent sur le plan de l'idée (car le poème est philosophique) où la démarche est toute métaphysique.

I *« Celle d'Ophtalme »*

Ce premier volet du diptyque est fait de 51 alexandrins aux rimes mêlées, quelquefois triplées, répartis en quatre laisses inégales, composant le monologue d'une femme transcendante du nom d'Ophtalme. La projection thématique du crépuscule se parachève, au niveau lexical, dans un véritable épitomé de la palette chromatique.

La vaticination d'Ophtalme, proclamant l'abandon à l'extase, se trouve être, somme toute, dans l'ordre esthétique, à l'inverse de la leçon de *Peinture surréaliste.*

II *« Celle d'Astate » »*

Alors que le discours d'Ophtalme se déroulait en quelque sorte dans l'absolu, celui d'Astate (en cinq laisses) est plein de références à l'autre et fait plus expressément cas, sur le plan métaphorique, du registre religieux. Le monologue comprend 50 décasyllabes aux rimes mêlées. Le rythme, que je qualifierais d'agité, est conditionné par la scansion variée, toujours changeante.

Je retrouve par analogie dans le personnage d'Astate quelque chose du Satan hugolien, amant ennemi du soleil et de la lumière et qui ne peut cesser, dans sa damnation même, de clamer : « Je l'aime ».

Est-il possible enfin, dans la résonance des rimes finales du poème,

> Ô mer, sur la tristesse de tes bords,
> Ô calme mer où plonge un disque d'or...

de percevoir un écho-salut sonore au « Toast funèbre » de Mallarmé :

> J'offre ma coupe vide où souffre un monstre d'or ?

Comment clore avec plus d'éclat ces *Poèmes temporels* ?

II. Le roman de style traditionnel

Quand parut *La Bagarre* (1958), Gérard Bessette avait 38 ans. Beaucoup plus tard, avec une œuvre importante accumulée derrière lui, il aimera se qualifier de « tardif », pour avoir été « si lent à aborder au roman [1] ».Mais en 1958 il n'était à aucun titre un débutant ordinaire. Il y avait plus de quinze ans qu'il avait fait connaître son nom dans le Landerneau littéraire. Au demeurant, ce « premier roman » était en fait le quatrième ou cinquième qu'il avait pu entreprendre et mener très loin, et ne serait d'ailleurs que l'un des avatars de projets antérieurs, ardument exécutés avant d'être délaissés.

Sous prétexte qu'« on n'est pas grand romancier avant trente ans [2] », le jeune Gérard Bessette avait consacré la plus grande partie de son temps et de ses ressources à écrire des poèmes et à étudier critiquement l'œuvre des autres. Il avait néanmoins écrit, censément « vers [s]a vingt-quatrième année [3] » (au temps donc du poème « Le Coureur »), ce qu'on peut appeler un roman d'apprentissage intitulé *Georges Blondin*. Cette œuvre existe, inédite mais complète et vérifiable : on en trouve entre autres une copie dactylographiée de quelque 219 feuillets dans le fonds Gérard Bessette de la Bibliothèque nationale du Québec. Il s'agit d'un récit à la troisième personne où le protagoniste, ce Georges Blondin, emprunte beaucoup de ses traits, de ses faits et de ses gestes à son auteur, tout en vivant, au dénouement, un suspense mélodramatique de pure invention. Il est par exemple président de sa classe de finissants au collège Sainte-Barbe. C'est un littéraire (ce qui autorise l'auteur à rester très livresque : il se réfère généreusement à Balzac, Stendhal,

---

1. *Les Dires d'Omer Marin*, p. 116.

2. *Journal* [de G.B.], 2 juillet 1943, dans *Québec/Amérique*, vol. 3, n° 7, automne 1981, p. 17.

3. *Dires*, p. 126.

Constant, Bourget...) et taquine la muse à l'occasion (l'un de ses poèmes offert à une jeune fille est cité *in extenso*). Il veut fonder un journal, avec la bénédiction de son père liseur de romans, alors que sa mère, qui avait toujours espéré son fils prêtre, s'y oppose. Georges fait l'acquisition d'une librairie où, comme vendeur, il cultive certaines manières d'un futur Hervé Jodoin en portant en permanence une visière de lecture qui lui permet, surtout avec les clientes, de simuler une concentration profonde alors qu'il toise minutieusement pieds et jambes. Sur le plan sentimental, ce Rastignac montréalais devra compter avec plusieurs jeunes femmes. Coup final du sort, l'une d'elles trouvera la mort dans un accident dont il est en partie responsable, à la suite du chantage d'une autre. Alors, que fera-t-il à cette dernière avec le coupe-papier acéré de la morte qu'il a dérobé [4] ?...

À l'époque et ensuite, l'auteur paraît s'être résigné à garder ce roman dans ses tiroirs, ce qu'il ne fit pas, comme on sait, pour ses poèmes (non plus que, bien plus tard, pour *La Commensale*). Dans la seconde moitié des années 40, quand il n'est pas requis par une tâche qu'il assume, trois années d'*instructor of French* en Saskatchewan, il se donne presque entièrement à ses études en faculté (faisant bonne part à une certaine bohème) et, côté écriture, il s'absorbe dans la préparation de ses thèses de maîtrise puis de doctorat, axées l'une et l'autre sur la poésie. Il n'a pas le loisir (ni peut-être l'envie) de vivre l'expérience du roman. Il compose cependant des textes courts pour la radio : *La Déception* (1945) et *Tour de scrutin* (1947), qui ressortissent, si l'on veut, au genre narratif. Faut-il situer aussi dans ces années un *Journal d'une jeune fille*, qui semble avoir tourné court après une cinquantaine de feuillets de brouillon ?

Durant cette période de recherche universitaire, il n'aura pas manqué l'occasion, en tout cas, de réfléchir aussi sur les problèmes de la création romanesque, comme l'attestent certaines notes du *Journal* (qui commencent seulement — et très fragmentairement — d'être connues) : « Si j'avais du temps libre, je crois que j'écrirais un roman. J'essayerais de le rendre le plus étrange possible, de présenter ses personnages en état d'ébriété ou qu'ils fussent d'une franchise (ou d'un cynisme) déroutante. Il n'y a rien comme cela pour donner du neuf au dialogue. Cela dispense aussi l'auteur de faire plusieurs analyses directes très difficiles et qu'on lui reprocherait si elles n'étaient pas justes, tandis que, dans la bouche d'un personnage, il peut toujours arguer que les considérations exprimées ne sont pas les siennes. Possible exutoire [5] ».

4. Manuscrit du fonds G. Bessette, sans date ni point de repère.

5. *Journal*, 26 juin 1946, *op. cit.*

Ce sont encore les années où, à côté des grandes œuvres françaises et européennes, il découvre *Bonheur d'occasion* et lui voue une admiration « viscérale[6] ». Le grand article qui s'ensuivra en 1952, analyse de la forme autant que du contenu, a son importance non seulement pour la compréhension de Gabrielle Roy, mais aussi comme guide pratique d'un romancier en devenir.

G. Bessette donne l'année 1950-1951 comme repère du temps de « rédaction d'un roman, dit-il, qui se situait, comme *Les Pédagogues*, à l'école pédagogique. Il s'agissait d'une grève d'étudiants[7] ». Plus exactement il faudrait dire que commence alors une longue et curieuse entreprise qui durera près de dix ans et qui se ramifiera dans ses racines obscures avant de se dédoubler dans son aboutissement définitif. En effet, le chercheur peut trouver aujourd'hui dans un ramassis de feuilles volantes et de nombreux cahiers (portant tous, sinon des dates, du moins l'adresse bessettienne de Pittsburgh) les manuscrits et brouillons très développés non pas d'un, mais d'au moins deux romans (le deuxième tournant même, un certain moment, à la pièce de théâtre) intitulés l'un : *Les Dégoûtantistes* (terme étrange fabriqué par la fantaisie de l'écrivain), l'autre : *Les Taxis*, où transitent certains (mêmes) personnages, reconnaissables à leurs noms et à leurs actes, associés à des épisodes qui ne prendront leur forme définitive que dans *La Bagarre* ou dans *Les Pédagogues*. La communication (ou la promiscuité) entre ces textes est telle, à certains stades, qu'on lit la date du 18 août 1954 à la FIN (page 268) d'une version tapée dite des *Pédagogues* (d'après le titre marqué sur la chemise), alors qu'il s'agit plus probablement d'un état des *Dégoûtantistes* bien près de la future *Bagarre* par le nom des personnages (Lebeuf, Sillery, Weston, Bill, Bouboule, Lévêque...) ou celui des cafés-boîtes-cabarets (*Tigre d'argent, Bougrine, Blue Sky...*) ; mais il y est toujours question d'une grève d'étudiants. Par ailleurs, dans un pêle-mêle exemplaire (bessettien) de papiers griffonnés où l'on ne peut mettre ni titre ni date, on rencontre un Jules Lebeuf (ex-Ledoux), colosse-contremaître-aux-tramways, qui veut maintenant *faire du taxi*, avec les tenants du roman éponyme, cependant que, dans un autre cadre, le professeur Hubert Sigouin et l'aumônier Béchard du lycée pédagogique complotent... Ce qui nous mène droit aux *Pédagogues* que nous connaîtrons.

On peut ainsi constater que les projets aboutis à la fin des années 50 et au début des années 60, *La Bagarre* et *Les Pédagogues*, pour ne pas nommer *Le Libraire* (qui aurait de lointaines attaches anecdotiques avec *Georges*

6. *Mes romans et moi*, p. 59.

7. Lettre de G.B. à R.R., 4 mars 1974 (inédite).

Blondin), remontent assez haut et que G. Bessette a cherché avec peine et obstination à devenir romancier bien avant la sortie remarquée de son premier roman. Cela pouvait également être un sérieux handicap, de n'avoir encore rien mené à terme...

Il convient enfin de verser au dossier de la genèse des œuvres narratives les études sur les grands romans français du XIXe siècle [8] et sur les manifestations romanesques de l'unanimisme [9]. Ces pages de critique (qu'il faut joindre aux précédentes de 1952 sur *Bonheur d'occasion*, dans lesquelles à une certaine idée théorique du réalisme romanesque s'ajoute le facteur essentiel d'une couleur locale significative) laissent présager l'appartenance esthétique qui sera celle de la première manière bessettienne. En décrivant, expliquant, admirant ainsi un certain nombre d'œuvres très identifiées, le praticien dégage un dénominateur commun qui dénote en termes passe-partout une théorie caractéristique (sinon banale) du genre : « Tous [ces romans], dit-il, ont une intrigue, des personnages, "racontent une histoire" [10] ». Dans une mise à l'épreuve personnelle, telle pourra donc être la souple et commode formule de base ; de même que, en poésie, il avait préconisé et pratiqué une forme bien définie, G. Bessette se range du côté d'un roman qu'il y a lieu d'appeler classique, délibérément à l'écart (sinon à l'encontre) des tendances de l'heure (existentialiste, « nouveau roman » ou autres) : « la rupture quasi complète avec la tradition chez tant de romanciers contemporains, dit-il, ne laisse pas de m'inquiéter. Et je me demande si le roman de l'absurde, de l'engagement, de l'étrange, de l'inconscient, de l'immédiat etc., n'est pas destiné au même oubli que le roman pastoral ou le roman romantique [11] ». On est donc encore loin du Bessette des années 60.

---

8. « Les douze meilleurs romans français du XIXe siècle », dans *La Nouvelle Revue canadienne*, janvier-février 1954, p. 88-94 : *Adolphe, Le Rouge et le Noir, Madame Bovary, Le Père Goriot, Germinal, Dominique, L'Enfant* (de Vallès), *L'Écornifleur* (de Renard), *Les Pléiades* (de Gobineau), *La Double Méprise* (de Mérimée), *En route* (de Huysmans) et *Le Disciple* (de Bourget) ; « le plus grand roman du XIXe siècle », dans *L'Action universitaire*, avril 1954, p. 15-22 : *Adolphe* de Benjamin Constant.

9. « L'unanimisme dans les romans de Malraux », dans *L'École canadienne*, octobre 1957, p. 80-88. Le phénomène Jules Romains a quelque peu fasciné G. Bessette dans les années 50. La référence explicite au *Six Octobre* de *La Bagarre* (p. 89) se trouve déjà dans *Les Dégoûtantistes* (ou *Les Pédagogues*) dont il était question plus haut.

10. *La Nouvelle Revue canadienne*, janvier-février 1954, p. 91.

11. *Ibid.*, p. 94.

Mais toutes ces spéculations, écritures, mises en train et reculades, pour peu qu'elles s'éternisent, toutes ces masses de papier noirci ne sont-elles pas aussi un signe d'impuissance ? Ces années qui passent, certains événements extra-littéraires en particulier — telle l'apoplexie qui frappe son père, en juin 1956, et que Gérard éprouve au profond de son être comme un avertissement personnel [12] —, créent à la fin une situation d'urgence qui oblige à trouver promptement une issue. Et c'est ainsi qu'à partir des matériaux longuement élaborés au cours du lustre précédent, le romancier résolu met au point en peu de mois un récit viable, très structuré et, en l'espèce, très écrit, qui sera prêt « fin 1956 ou début 1957 [13] ».

1. *La Bagarre* [14]

L'intrigue de ce roman se boucle en dix ou douze jours, à Montréal, fin mars-début avril 1947 (d'après les nombreux points de repère donnés dans la chronologie interne, au long de la narration).

Ce Jules Lebeuf dont l'histoire sert d'axe au récit est au bas mot un personnage obstiné, quelque peu malaisé à utiliser peut-être, qui a très instamment fait valoir auprès de son créateur son droit de vivre. J'ai dit plus haut qu'on le trouvait déjà dans les brouillons des *Dégoûtantistes* et des *Taxis*. Il se taille dans la présente *Bagarre* une part maximale d'existence, et il saura reparaître encore dans *Les Pédagogues*, troisième roman publié par G. Bessette (1961). C'est un colosse (cette dénomination antonomastique revient plus de 25 fois dans le récit) de 29 ans (p. 23, 106) [15] dont les antécédents sont clairement établis :

> [...] son enfance misérable. Un père débardeur, qui buvait. Jamais d'argent à la maison. À douze ans, Jules pelletait de la neige l'hiver, portait des commandes pour l'épicier du coin [...] (p. 49-50)
>
> [...] Commencer à trimer dès l'âge de quinze ans comme commissionnaire ; émigrer à Boston chez son oncle pour travailler dans l'industrie textile ; revenir au Canada ; entreprendre son cours classique à vingt ans. Ensuite

---

12. *University of Toronto Quarterly*, vol. 50, n° 1, automne 1980, p. 47-48 ; *Mes romans et moi*, p. 58-59.

13. *U.T.Q.*, *op. cit.*, p. 48.

14. *La Bagarre*, Montréal, Cercle du livre de France, 1958, 231 p. L'achevé d'imprimer est du 3 février. J'indiquerai mes références dans le texte par la mention de la page (entre parenthèses) d'après l'édition du Cercle du livre de France, Poche canadien n° 23, 1969, 215 p.

15. Il n'a donc pas exactement l'âge qu'avait l'auteur au moment où il le créait (voir *Mes romans et moi*, p. 76).

> la faculté des lettres : des cours qui l'ennuyaient et qu'il payait en besognant comme *clean-up man* à la Compagnie de transport [...] (p. 23)

Il forme un couple difficile avec une serveuse de restaurant nommée Marguerite, dont il voudrait se libérer. Son rêve le plus cher (qui relève d'un authentique bovarysme) serait de devenir écrivain. C'est sur ce plan qu'il se croit chargé de mission, et quand il voudrait « aider ses compatriotes » (p. 214), c'est d'abord à cela qu'il pense : dire le peuple et le pays. C'est pour ce motif qu'il est inscrit à l'université, persuadé que « s'il avait poursuivi des études régulières, il aurait peut-être écrit quelques bouquins... » (p. 50) En principe il suit des cours, le jour, mais il est concurremment ouvrier à plein temps « abattant ses huit heures (de minuit à huit) toutes les nuits » (p. 24), comme nettoyeur de tramways. Et pour comble il trouve encore moyen de « hant[er] les cabarets presque tous les soirs » (p. 22), où il retrouve ses camarades étudiants : Ken Weston, un ancien G.I. américain qui fait une thèse sur les Canadiens français, et Augustin Sillery, un dandy efféminé (rescapés aussi tous les deux du club « dégoûtantiste » des précédents projets).

Lebeuf est conduit par les circonstances à s'engager dans deux affaires concernant autrui mais qui seront pour lui une mise à l'épreuve personnelle. À l'ouvrage, d'une part, il interviendra résolument contre le renvoi du vieux Bouboule, exagérément puni pour avoir frappé un odieux contremaître ; Lebeuf n'obtiendra la réintégration du bonhomme que s'il accepte de devenir lui-même contremaître et, par conséquent, de se couper à plus ou moins brève échéance des misérables dont il se veut solidaire. Il consent, d'autre part, à chercher la voie la meilleure pour l'éducation de Gisèle, fille aînée particulièrement bien douée d'un compagnon de travail ; mais, à sa déception, on préférera choisir pour elle le traditionnel pensionnat religieux, plutôt qu'une institution anglaise adaptée aux dispositions scientifiques de la jeune fille.

Entre temps, celle-ci malicieusement amenée par Sillery dans l'un de « ces antres de perversité » (p. 19) que sont les cabarets aura été la cause involontaire de la bagarre qui donne son titre au roman. Et cet incident se révélera une véritable « croisée de chemins » (p. 176) pour Lebeuf. Il s'interrogera sans illusion dans une perspective de conscience sociale et de réalisme pratique, posant d'ailleurs son cas en référence modeste à la collectivité ambiante :

> « Pourquoi est-ce que je tiens à rester ici ? » Les balayeurs ? Bien sûr, il s'était attaché à eux ; il partageait leurs préoccupations, leurs sentiments de révolte... « Est-ce pour ça ? » Il repensa à ses trois années à Boston comme ouvrier du textile [...] « Pourquoi suis-je revenu ? » Il jeta un coup

> d'œil autour de lui [...] Tout autour, invisible et souverain, comme un océan, il y avait Montréal avec son million et demi d'habitants, la métropole du Canada, sa ville... « C'est ici que j'ai mes racines. » Voilà sans doute pourquoi il était revenu. Parce qu'il faisait partie d'un petit groupe francophone perdu dans un coin de l'Amérique du Nord... (p. 176)

Pendant que ses compères tirent leur révérence (Weston retourné plus ou moins bredouille aux U.S.A. et Sillery « enfoncé rimbaldiquement dans les déserts d'Afrique », p. 212), Lebeuf renoncera lui aussi à ses vaines études (avec sa part de bohème), quitte à mettre également en veilleuse ses projets velléitaires d'écrivain. Il aura par ailleurs accepté, afin de « sauver » le vieux Bouboule, les conditions de la compagnie, cependant que, au moins provisoirement, il aura pris son parti de la vie terre à terre avec Marguerite, s'accordant le loisir de voir venir les choses...

En réussissant à mener à bien (jusqu'à la publication) un premier roman où le protagoniste est doté de ce qu'on peut appeler le complexe de l'écrivain, G. Bessette me semble avoir parfait un rite d'exorcisme destiné à conjurer l'envoûtement de sa supposée impuissance. Il a littéralement délégué sa créature à l'échec, afin de ne pas connaître lui-même un tel sort. Le souci de Lebeuf (qui est encore plus celui de son créateur), tout au long de l'œuvre, tient de l'obsession, à croire que « sa vie même était en jeu » (p. 35). Ce pourrait être sa force, c'est surtout sa faiblesse : « on pouvait facilement se venger de Lebeuf : il suffisait de se gausser de ses efforts littéraires » (p. 65). Son ami Sillery a beau jeu de le traiter de « Socrate de cabaret » (p. 20). Techniquement l'auteur ne s'est pas contenté de renvoyer par de fréquentes allusions discursives à la marotte de son personnage, il a montré celui-ci à l'œuvre et à l'épreuve en produisant au milieu du récit un échantillon possible de son écriture (p. 89-90) que, au demeurant meilleur critique que romancier, il démontera inexorablement (p.90-91). Cette présence de l'écrivain fictif[16] fait de *La Bagarre* vis-à-vis de son auteur un roman d'autoreprésentation (à rebours).

Mais dans un autre ordre et globalement, l'œuvre veut aussi être un roman de mœurs et de pays, dans la foulée exemplaire de *Bonheur d'occasion,* avec tout ce que cela commande, dans le cadre d'une esthétique réaliste, en matière d'us et coutumes, de parlers, de milieux et de paysages. Il est curieux qu'on ait justement posé à l'auteur de *La*

16. Sur cette question de la représentation de l'écrivain dans *La Bagarre,* voir l'étude d'André Belleau, *Le Romancier fictif,* Montréal, Les Presses de l'Université du Québec, 1980, p. 116-130.

Bagarre, trois mois avant la parution du livre en librairie [17], la question : « Le roman de mœurs est-il une facilité ? » et qu'il ait pu y répondre [18] en songeant à coup sûr à lui-même, sans pourtant paraître s'y référer. S'il reconnaît alors la légitimité littéraire non seulement d'une représentation vraie des réalités topiques du pays mais d'une expression d'idéologie sociale, il ne manque surtout pas d'établir au fondement de tout l'exigence strictement esthétique. « Plusieurs de nos romanciers (écrit-il) — et ce sont les meilleurs (il nomme alors Ringuet et Gabrielle Roy, tout en plaçant Yves Thériault dans une catégorie à part) — "portent témoignage" sur la société canadienne-française. » Il semble même que pour l'écrivain d'ici les chances de réussir soient « meilleures dans le roman de mœurs que dans le roman d'analyse. À défaut d'une originalité en profondeur, la description de nos coutumes et de notre parler leur donnera un certain pittoresque, un cadre aux yeux de l'étranger. » Toutefois le roman de mœurs veut être avant toute chose une œuvre d'art, et le critère de sa valeur impose d'abord non pas l'adéquation objective à un référent vérifiable dans une enquête sociologique ou culturelle, mais simplement (et pleinement) qu'il donne de façon probante et irrésistible « l'impression de la réalité », celle-ci fût-elle « fausse » ou de pure invention.

Une telle *vie en accroire*, plausible et convaincante, l'écrivain Bessette avait voulu dans *La Bagarre* l'insuffler tout ensemble à un espace bien identifiable : Montréal, et à deux catégories sociales très distinctes en soi, mais qu'il avait l'une et l'autre bien pratiquées : soit le milieu prolétaire de ses origines ou d'un emploi de jeunesse et la gent étudiante de ses années de faculté.

Le projet de représentation romanesque de la ville s'instaure à deux niveaux : à l'échelle du narrateur de l'histoire (ou de l'auteur lui-même) et à celle du personnage aspirant écrivain Jules Lebeuf.

Le Montréal du récit n'est pas l'objet d'une description systématique d'ensemble, détachable comme une illustration hors-texte dans un mode balzacien, mais il est présent tout au long à la faveur des mentions ponctuelles, en guise de cadre, décor et atmosphère, des rues et sites, des cabarets et restaurants, des chambres, appartements et maisons, des cabanes et hangars de travail, etc. En quelques

17. À cette date, en pleine année scolaire, G. Bessette est à Pittsburgh, loin de Montréal et du milieu littéraire. Le manuscrit achevé de *La Bagarre* est depuis nombre de mois entre les mains de l'éditeur, et celui du *Libraire*, élaboré durant l'été 1957, doit être très avancé.

18. *Le Devoir*, vol. 48, n° 269, 16 novembre 1957, p. 23, col. 1, 2, 3, (Cahier sur « L'écrivain et la société »).

occasions même, pour situer davantage l'action dans le concret, le réalisme topographique sera plus marqué, jusqu'à donner aux points de repère leur nom véritable, quelque peu insistant. Ainsi, au retour chez lui d'un noctambule, le narrateur suivra-t-il fonctionnellement, comme avec en main le plan du quartier, l'itinéraire complet du marcheur, avec ses étapes précises et sans omettre la mention des détails exacts : « Lebeuf décida de rentrer à pied. [...] la rue Dorchester [...] le Champ de Mars [...] la masse grise de l'hôtel de ville, surmontée de sa lanterne Renaissance [...] la rue Saint-Denis [...] le carré Viger [...] du haut de son piédestal, le docteur Chénier exhortait les patriotes au combat [...] l'hôpital Saint-Luc [...] la rue Sainte-Catherine [...] l'école polytechnique [...] le clocher de l'église Saint-Jacques [...] Hâtant le pas, il dépassa la bibliothèque Saint-Sulpice et arriva chez lui : une maison de chambre en pierre grise, noircie par la fumée. Au-dessus de la porte d'entrée une marquise aux minces poteaux de fer forgé courbait son hémicycle de toile verte, des *koolvents* d'aluminium jaunes et blancs surmontaient les fenêtres » (p. 20-24).

Mais c'est sans doute par le truchement du personnage de Lebeuf — irréductible romancier à la manque, lui — que *La Bagarre* est le roman de Montréal. « Faire vivre Montréal, lui donner une âme en quelque sorte » (p. 28), trouve-t-on dès les premières pages, tandis qu'à la toute fin interviendra la question en suspens : « Que devenaient dans tout ça ses rêves littéraires, son vague désir d'aider ses compatriotes, de réveiller l'âme montréalaise ?... » (p. 214). En manière d'ouverture de son propre roman, Lebeuf s'essaiera à une peinture « en grand » (aux dimensions de l'île entière) de Montréal — comme une sorte de Jules Romains unanimiste entamant de nouveaux *Hommes de bonne volonté*. Le texte en est cité sur une pleine page, avant d'être disséqué puis abandonné, non sans avoir concédé à l'ébauche une qualité peu banale : « C'était visuel [19], oui, pas de doute là-dessus » (p. 91). On sent là l'évident désir d'effectuer cette « prise de possession sensorielle de Montréal [20] » que le critique Bessette admirera quelques années plus tard dans *La Jument des Mongols* (1964) de Jean Basile. Il s'agit pour Lebeuf, en l'occurrence, d'un coup raté, mais la sincérité du personnage déçu me semble infuser au brouillon détruit une vérité de compensation qui le rend en quelque sorte adéquat.

19. Dans une page de *Journal* du 2 décembre 1947, G. Bessette avait écrit en se référant à un incident de son enfance : « J'ignorais évidemment à cette époque n'être point visuel et que cela constituait sans doute l'une des principales caractéristiques de ma personnalité ». (*Québec/Amérique*, vol. 3, n° 7, automne 1981, p. 17). C'est une « constatation » qui reviendra jusque dans *Le Semestre* où l'*alter ego* Omer Marin se plaint toujours de son supposé « manque de mémoire visuelle » (*Sem.*, p. 189).

20. *Une Littérature en ébullition*, p. 222.

Dans ce cadre montréalais, l'auteur entend aussi donner un rôle à l'âme populaire en évoquant des problèmes d'un type plus ou moins courant dans son propre milieu familial ou dont il pourrait avoir été témoin, au temps de son passage à la Compagnie de tramways, l'année après son baccalauréat. En effet, Jules Lebeuf fait partie d'une équipe de travailleurs de nuit où sa situation un peu spéciale de jeune homme instruit (qui poursuit d'ailleurs, à ce moment, contre vents et marées, ses études de lettres) exige de lui non seulement de s'engager dans la solution des conflits à l'ouvrage, mais qu'il s'occupe encore de certaines affaires de ses compagnons de labeur. Or l'instrument par excellence de vérité dans la mise en œuvre de ces balayeurs de tramways (Bill, Bouboule, Charlot, père Breton...) et de leurs vis-à-vis (caissier, contremaître, patron anglais...), comme d'ailleurs de toutes ces petites gens du peuple (serveuse de restaurant, épicière, contrôleur de tram...), c'est leur langage. Le narrateur s'efforce de le transcrire en poussant à l'extrême (jusqu'à la caricature presque) la fidélité lexicale, grammaticale, phonétique, et il s'emploie à lui faire la place très large (en style direct, la plupart du temps) dans le développement romanesque. Il s'agit là non d'un hasard, mais d'un choix très convaincu, et G. Bessette, sur ce point, a su résister aux réticences de son éditeur et à l'opposition plus marquée de tel éminent critique, qui lui reprochaient au nom du bon goût d'en avoir trop mis[21]. J'ai noté plus haut que l'auteur, au contraire, pouvait y voir le facteur au moins d'« un certain pittoresque », sinon d'une réelle « originalité en profondeur[22] ». J'ai plutôt le sentiment qu'on dépasse ici le registre de l'ornemental. Ce qui est en jeu, c'est une touche essentielle du style romanesque bessettien, qui reviendra du reste dans toutes les œuvres subséquentes et qui consiste en la franche crudité du langage[23].

Le parler sera également l'un des moyens privilégiés de représentation moins de la classe comme telle que de quelques individualités estudiantines qui sont au premier plan dans la trame de *La Bagarre*. Ce sont d'ailleurs les rôles les plus fouillés de la distribution, issus en droite ligne de ce club des « dégoûtantistes », qui organisaient la grève des

21. *Les Dires d'Omer Marin*, p. 116.

22. *Le Devoir*, 16 novembre 1957.

23. « Pierre Tisseyre grimaçait un peu parce que c'était trop cochon, dans le sens que les dialogues étaient très joual et plutôt scato. Roger Duhamel avait même écrit que ça suffisait bien d'entendre ça dans la rue et les tramways. Il oubliait que j'y avais travaillé, aux "Tramways", et que je savais que les balayeurs ne parlent pas comme des académiciens » (G. Bessette, interview à *Nuit blanche*, L'Actualité du livre, n° 17, février-mars 1985, p. 41). Mais comment peut-on trouver *La Bagarre* « cochon » ou « scatologique » (au sens strict du terme) ?

étudiants dans une précédente ébauche. Sur le plan linguistique, notre fameux Jules Lebeuf réalise dans son être la moyenne des extrêmes, parlant un français honnête sans affectation, mais carrément canadien par l'accent naturel (p. 7) aussi bien que par certaines nuances d'adaptation (par exemple p. 178-179). Il pourrait prendre à son compte cette bizarre sentence proférée par un autre ci-devant personnage des *Dégoûtantistes* : « Nous canadiens-français instruits nous avons deux langues : le cheval [*sic*] et le français. Qu'on parle bien ou mal, le cheval c'est notre commun terreau, o.k. [24] ? »

Lebeuf donc, qui joint en sa personne les diversités de l'intrigue, représente de toute évidence le moi de l'auteur [25], cependant que les deux autres étudiants, Augustin Sillery et Ken Weston, créés au moins en partie d'après des modèles de la réalité [26], sont chacun à sa façon ses doubles. Tous trois sont ce qu'on peut appeler des « caractères » (au sens à la fois anglais et français du terme) : Sillery surtout, avec son « complexe d'Œdipe » (p. 10, 21), sa fixation maternelle (« Si Augustin avait pu rencontrer une autre femme comme sa mère, il l'aurait aimée — pas physiquement peut-être — mais il l'aurait aimée », p. 125), sa « pédérastie » (p. 21), ses instincts « sodomites » (p. 28). À son aise dans la conscience du personnage, le narrateur notera avec aplomb : « Il pensait à sa "condition" : à lui-même en somme, à son essence, à sa vie... » (p. 71) ; de quoi vérifier donc à la lettre l'affirmation célèbre de Sartre au sujet de Mauriac : « Avant d'écrire il forge leur essence, il décrète qu'ils *seront* ceci ou cela [27] ».

Tout le roman traditionnel est fondé sur un tel type d'observation analytique (disons carrément : philosophique, aristotélicienne, comme le montre Sartre [28] — et cela n'a rien en soi d'infamant, quoi qu'en dise

---

24. D'après le manuscrit inédit de la Bibliothèque nationale du Québec. Ce sont *Les Insolences du frère Untel* (1960) qui ont, sans le vouloir, mis à la mode « joual » désignant une langue. Mais il semble que ce soit Claude-Henri Grignon qui en ait fait usage le premier dans ce sens, au cours des années 40 (voir là-dessus la thèse — présentement en cours de préparation — de Pierre Rouxel sur Grignon-Valdombre). Mais « cheval » !...

25. *Mes romans et moi*, p. 58.

26. *Ibid.*, p. 60-61.

27. « M. François Mauriac et la liberté », dans *Situations I*, Paris, Gallimard, 1947, p. 47. On sait que l'article, qui fit beaucoup de fracas et qui stigmatisa du coup les conventions immémoriales du roman psychologique français, parut d'abord, juste avant la guerre, dans la *Nouvelle Revue française*, février 1939, p. 212-232.

28. « M. Jean Giraudoux et la philosophie d'Aristote. À propos de *Choix des élues* », dans *Situations I*, p. 82-98 (*N.R.F.*, mars 1940).

l'auteur de *L'Être et le Néant*). C'est sur ce trait, entre autres, que s'appuie la qualification (et, je dirais, une certaine datation) esthétique que je fais de *La Bagarre*. Pure affaire de modernité, non encore incorporée par un G. Bessette qu'on a vu très occupé du roman d'hier, classique et bien rodé. Malgré les allusions de Sillery à la philosophie et à l'univers sartriens (p. 53, 60, 61), *La Bagarre* relève donc critiquement d'une autre obédience. La chose est établie et nous pourrons en repérer d'autres indices.

Le langage de Sillery, qui semble couler de source mais dont les manifestations (et les exhibitions du genre : parodie d'*Un canadien errant*, p. 14–16) imposent à celui qui les tient une véritable « torture » (p. 17), est à l'image de son être (sa supposée *condition*, son *essence*) qui n'est, au fond, qu'un pur paraître, antinaturel et tout artificiel. Rien d'étonnant alors que toutes ses tirades soient un ramassis de références et citations (avec ou sans variantes involontaires), scies patentées (« C'était pendant l'horreur d'une profonde nuit » revient malencontreusement deux fois, p. 11 et 59) qui font défiler sans rémission Racine, Rimbaud, Gérin-Lajoie, Baudelaire (le plus souvent cité), Homère, Huysmans, Corneille, César, La Fontaine... En revanche, quand il parle pour son propre compte, son style alambiqué, correct en général, achoppe néanmoins plus d'une fois sans qu'il en paraisse conscient [29]. On comprend que lorsque Lebeuf convient que « Sillery maniait sa langue avec plus d'aisance que lui », il ajoute non sans perfidie : « C'est peut-être parce que ses paroles n'ont pas de contenu, précisément. » Et le narrateur conclut en style indirect : « L'étonnant c'est que Sillery semblait se laisser prendre à ses propres récits » (p. 60).

Mais le romancier, en campant ainsi ce personnage, a réussi le tour de force d'un langage « sexuel » (la caractérisation par la manière de parler, plutôt que par le contenu du discours) : il cède sans doute (comme il l'admet modestement) « au vieux préjugé canadien-français voulant qu'un homme parlant "en termes" (à la française) soit un "maudit fifi" [30] ».

Quant à la fonction d'illustrer le monde étudiant dans le roman (de mœurs), on voit Sillery en deux occurrences (presque) en acte d'étude : l'instant (incongru) d'une réflexion sur un essai consacré à Pascal

---

29. Sillery dira « stage » pour « stade » (p. 53), ou semblera bien fier de déclamer : « Ô couple idyllique, issu pour mon délice des ténèbres extérieures — ô couple, prends un siège, c'est moi qui t'en [*sic*] convie » (p. 91). Cet usager de la mythologie classique parle aussi des « étables [*sic*] d'Augias » (p. 201).

30. *Mes romans et moi*, p. 60.

(p. 30) et dans une autre séance Pascal, au lit celle-là (p. 146). Il faut surtout noter qu'il passe le plus clair de son temps (comme ses confrères de *La Bagarre*), ses soirées et ses nuits, dans les boîtes, cabarets, restaurants et buvettes du bas de la ville : *Blue Sky, Tigre d'argent, Bougrine, Vénus, Anchor* et autres *Two Bits* [31]...

Et Lebeuf n'est pas plus satisfaisant sous ce rapport. Si l'on a mainte occasion de le suivre effectivement dans l'exécution de ses tâches ouvrières, il n'est jamais montré suivant des cours ; au mieux le trouve-t-on une fois au sortir d'une classe (p. 193). Il lui arrive certes de parler philologie en sirotant de l'alcool (p. 53-54), mais on ne sera pas surpris de son échec au certificat (p. 212).

Ken Weston, l'Américain (la désignation revient à 26 reprises dans le récit), est lui aussi un pilier de taverne, puisqu'il est étudiant (en plus d'avoir été soldat). Mais, même s'il finit le premier par tout lâcher, au lendemain de la fatidique bagarre, peut-être est-il celui que le lecteur aura pu voir davantage — fût-ce de façon encore bien épisodique — adonné à son prétendu métier : « Les cours, la bibliothèque, sa chambre : durant quarante-huit heures, il avait mené la vie d'un étudiant exemplaire, comme aux premiers temps de son séjour à Montréal » (p. 146).

En sa qualité d'*outsider* qui découvre cette ville « *typical picturesque* » (p. 36) et qui entreprend même une thèse sur les Canadiens français (p. 34-36), il incarne le point de vue de l'étranger, qui est un peu celui de G. Bessette « exilé » aux États-Unis depuis plusieurs années mais toujours entretenant la flamme (à preuve le présent roman). Weston doit naturellement explorer la documentation de céans, de sorte que c'est par lui que passent au fil du récit les rares références à des auteurs autochtones (Lemelin, Garneau, Chapais, Groulx, Frégault, p. 147-148), alors que les Lebeuf et Sillery n'en ont toujours que pour des Européens [32].

La langue tient, bien sûr, une place importante dans la réalisation romanesque de son personnage. Il se trouve vivre une expérience d'immersion où son français progresse à partir de l'anglais : « Souvent, au cours de ses conversations, il oubliait que ce n'était pas sa langue. La moitié du temps au moins, il pensait directement en français » (p. 150). Avec l'ouverture d'esprit qu'il manifeste, on conçoit qu'il soit

---

31. En prêtant pareille pratique à ses créatures romanesques, G. Bessette a très certainement voulu faire un sort aux fredaines de sa bohème étudiante à partir de 1946 (de son propre aveu).

32. Il est vrai que Sillery fait l'insigne honneur à Gérin-Lajoie de le parodier.

rebuté, à Montréal, par « l'entêtement incompréhensible des Anglais à ne pas vouloir parler français » (p. 37). Sa relation malgré tout inconfortable avec la langue et, plus encore, avec son sujet de thèse est à l'image de ses rapports avec Thérèse, la « vieille fille » (cette étiquette distinctive reparaît 13 fois dans les données d'un rôle relativement bref, c'est là sans doute l'*essence* de cette Thérèse) frustrée, qui l'assiste de ses incessantes corrections linguistiques, mais qui en arrive à l'écarter et à le laisser s'en aller (p. 195), après la bagarre de *La Bougrine*.

Tous ces éléments divers (personnages, milieux physiques et sociaux, situations, événements...) constituant un univers complet, G. Bessette les compose dans les dimensions d'un espace-temps de type théâtral. À l'exception d'une séquence (p. 101-104) où l'action, aussi vive qu'en direct, est cependant vécue en souvenir, donc en différé (quoique presque immédiate temporellement), le déroulement chronologique dans le récit est linéaire et progressif (car les rappels peu fréquents du passé ne sont jamais très développés et ne sont pas traités en véritable *flash-back*), et les dialogues nombreux, qui couvrent, tout compte fait, plus de la moitié du champ romanesque, délimitent la durée des scènes comme dans une pièce. Le roman commence sans préambule *in medias res*, selon ce programme formulé en abyme dans le corps du livre par l'aspirant romancier Lebeuf, et qu'accomplit donc d'entrée de jeu le narrateur : « débuter dans le vif du sujet, au milieu d'une scène ; intercaler ici et là des éléments descriptifs » (p. 91). Le procédé sera ensuite repris dans la plupart des romans bessettiens, depuis *Les Pédagogues* (*La Commensale*, *L'Incubation*...) jusqu'au *Semestre*, visant à signifier : ce qui est ici perçu n'est qu'un segment de l'existence déjà en cours.

Sont donc épargnés au départ les longs préliminaires balzaciens, jugés trop vieillots. Dans un même ordre d'idée, le récit citera le propos d'une respectable dame (la mère du précieux Sillery), liseuse de romans romanesques : « On dit beaucoup de mal de la description [...] C'est passé de mode, comme moi... » (p. 125) Le narrateur s'emploie donc en conséquence très visiblement à monnayer au fur et à mesure, dans les incises, incidentes et autres didascalies, tous les détails d'information analytique ou pittoresque conditionnant avec précision personnages, événements et décors.

L'auteur, c'est-à-dire celui qui assume la narration à la troisième personne, jouant le rôle d'un témoin extérieur ou adoptant à volonté le point de vue de personnages particuliers (aussi bien marginaux que de premier plan), respecte en général les canons d'une stylistique tout à fait traditionnelle. J'en vois le signe dans l'usage plus ou moins banal de certaines charnières logiques (par exemple p. 59, 97, 101 : « Il ne s'était pas trompé ») qui renforcent la clarté discursive (« Le souvenir

[...] lui tourbillonnait dans la tête [...] Tout d'abord [...] » p. 101, « [...] et, de nouveau, les événements de la journée envahissent son esprit... » p. 104), ou bien dans l'effort très manifeste déployé pour éviter le retour de dénominations trop rapprochées (« Lebeuf [...] Il [...] Jules[...] Il [...] Lebeuf [...] Le colosse [...] il [...] Lebeuf [...] il [...] Lebeuf [...] Il [...] Lebeuf [...] il [...] Jules [...] L'étudiant. Lebeuf [...] Il [...] Lebeuf [...] Le colosse [...] Lebeuf [...] Jules [...] » p. 20-23). Le recours un peu automatique aux mêmes termes d'*essence* (« le colosse », « le dandy », « l'Américain », « la vieille fille »...) devient vite cliché et, à l'extrême du cas, semble dénué de connotation spécifique avec le contexte immédiat, comme dans cette phrase, après que Weston (« l'Américain », « l'ex-G.I. »...) eut marché, la nuit, dans une flaque d'eau glacée : « L'étudiant s'arrêta pour presser plusieurs fois son pied contre le sol » (p. 35).

Dans l'optique d'une certaine modernité du roman (féru, comme on sait, d'ellipse et de langage fonctionnel) et si l'on songe aussi à la suite prochaine de l'œuvre bessettienne, il faut bien convenir que de tels procédés d'écriture appartiennent à une démarche narrative un peu datée. À un autre niveau, la structure ostensiblement balancée des unités narratives (parties et chapitres nettement numérotés) appelle des remarques analogues. En réalité, G. Bessette (comme il fera toujours) a travaillé hors de tout plan rigidement établi. Non qu'il fasse abstraction d'une idée directrice, mais il avance un peu à l'aveuglette, dans la touffeur des péripéties, acceptant forcément le risque de possibles inadvertances. Et l'accroc justement se produit dans la chronologie interne de *La Bagarre*, au détriment éventuel de l'« impression de la réalité », lorsque le lecteur conséquent, qui veut qu'on respecte la règle du jeu, scrute d'un peu plus près l'emploi du temps des personnages, se demandant par exemple comment Sillery peut n'avoir pas mis les pieds chez lui depuis trois jours (p. 98 ; ne s'être donc pas lavé, pas rasé ni changé de vêtements... Pour un dandy !) ou par quel prodige Lebeuf peut mener ce train d'enfer : soirées dans les boîtes, rencontres de Marguerite, travail aux tramways, sommeil, affaire Gisèle, conflit Bouboule et petite part d'études par surcroît. La confusion temporelle est sans doute la rançon à payer en conséquence d'une démarche créatrice où l'improvisation inventive (et hasardeuse) prend la place d'un ordre à l'avance fixé.

Le découpage strict du roman en deux parties symétriques de dix-neuf chapitres chacune aura sans aucun doute été mis au point après coup, au nom du sentiment de l'art ; il n'est le fait ni de l'élan spontané ni de la nécessité, et il aurait pu tourner différemment. Certains passages pourraient se diviser d'une autre façon : ainsi les premier et deuxième chapitres de la première partie pourraient être unis en un seul ou le huitième de la deuxième partie en faire deux distincts. Les manuscrits, d'ailleurs, permettent de lire une séquence très étudiée où l'on suit Sillery au lupanar avec une fille nommée Simonetta ; la scène a dû être retranchée pour des raisons d'équilibre, afin censément de ne pas accroître l'importance proportionnelle d'un personnage, dans le roman qui se veut bien construit.

Il convient que l'épisode le plus long, celui de la fameuse bagarre annoncée par le titre, soit placé au centre (dixième chapitre) de la deuxième partie, en une sorte de point culminant vers quoi tout peut paraître aller, avant d'assez vite s'achever dans le dernier quart du récit. La narration revient alors avec quelque insistance sur le mot clef (huit fois « bagarre » : p. 169, 170, 172, 197, et deux fois le synonyme « rixe [33] » : p. 168, 174). L'intention créatrice en coiffant le roman d'un titre qui renvoie à un incident concret et occasionnel doit avoir été d'exprimer symboliquement la signification de tout l'ensemble. Tous les personnages en effet, dans leur ordre propre ou en compagnie, sont dans une situation précaire chacun vis-à-vis de soi et les uns contre les autres, tous contre un certain destin, et la lutte culmine à un moment non souhaité, dans le mode non pas d'une révolution ni d'une révolte mais seulement d'une bagarre triviale, laissant quelques ecchymoses et contusions physiques et morales, vêtements déchirés ou souillés, toutes choses ordinaires et trop communes.

La leçon est donc celle d'un demi-échec. Mais l'entreprise romanesque elle-même est assez réussie. Et c'est ce qui importe pour G. Bessette en 1958.

2. *Le Libraire*

Au printemps de 1957, Gérard Bessette était enfin délivré de *La Bagarre*, en ce sens que le roman était terminé, même s'il n'était pas encore paru et s'il n'avait donc pas non plus produit sa quote-part de *feed-back* critique. Le romancier met alors en chantier *Le Libraire* ; il y travaille intensément, avec élan et une réelle facilité, durant les grandes vacances, qui seront ses dernières à Pittsburgh. Plus tard il répétera que, de tous ses romans, c'est celui qu'il aura rédigé le plus rapidement : « en quelques mois [34] ». *Le Libraire* était terminé avant le déménagement à Kingston en 1958.

---

33. *La Rixe*, c'est le nom que prendra le roman parmi les œuvres d'Omer Marin, dans *Le Semestre*.

34. *University of Toronto Quarterly*, automne 1980, p. 48.

Susceptible de faire scandale, il fut d'abord refusé par Pierre Tisseyre qui avait droit de préemption. Mais un éditeur français de renom l'ayant accepté, il put paraître au deuxième trimestre 1960, sans subsides cependant du Conseil des arts [35]. Le livre fut bien accueilli à sa publication. Il allait d'ailleurs être aussitôt retenu, en 1961, par un « Grand jury des lettres », dans une liste des dix meilleurs romans canadiens-français sortis entre 1945 et 1960. Ce succès se trouva confirmé puis assuré pour les années à venir, lorsque le roman commença d'être au programme d'étude d'un grand nombre d'institutions (universités, cégeps, *high schools*), de sorte que le tirage dépasse aujourd'hui les 100 000 exemplaires vendus [36]. Une telle popularité peut même agacer parfois l'auteur qui souhaiterait voir l'intérêt se porter sur d'autres de ses livres un peu trop négligés [37].

La conjoncture générale du temps de parution, cette année 1960, n'a certes pas nui au sort du *Libraire*. Le message a tout de suite été entendu. On a facilement mis en évidence des dimensions satiriques — satire « sociologique » et satire « métaphysique » [38] — dans la signification du roman. Puis ce sont des connotations plus subtilement symboliques qui sont devenues manifestes, condensées dans l'heureuse formule : « *Le Libraire* de Gérard Bessette ou comment la parole vient au pays du silence [39] » ; visées qui, soit dit en passant, donneront un sens emblématique au roman, pour les lecteurs des pays de l'Est [40]. Son héros sans-gêne est vu comme « l'homme de la Révolution tranquille [41] » et le roman lui-même, épitomé d'une époque, devient un classique incontesté.

---

35. Le regretté Glen Shortliffe s'amusait toujours à raconter que la traduction en anglais du *Libraire, Not for Every Eye* (1962), dont il était l'auteur, valait mieux que l'original puisque, cette fois, la publication avait bénéficié d'une subvention du Conseil.

36. *Les Dires d'Omer Marin*, p. 117.

37. *Ibid.*, p. 129.

38. Glen Shortliffe, « *Gérard Bessette, l'homme et l'écrivain* », conférence prononcée à l'Université de Montréal en décembre 1964, *Études françaises*, octobre 1965, p. 23.

39. *Voix et Images du pays I*, 1967, p. 51-62.

40. Jozef Kwaterko, « Le sarcasme dissident : une lecture politique du *Libraire* », dans *Lectures de Gérard Bessette*, Montréal, Québec/Amérique, 1982, p.135-146.

41. Gilles Marcotte, *Le Roman à l'imparfait*, Montréal, La Presse, 1976, p. 48.

De toute évidence, ce modèle d'appréciation procède de ce qu'un critique appelle une « lecture idéologique de la substance du contenu [42] ». On charge alors de tout son poids d'idées un épisode piquant de la lutte contre l'obscurantisme janséniste d'une époque bien définie. Ce faisant, l'on correspond à coup sûr à l'une des intentions qui ont expressément motivé l'auteur au moment où il concevait son livre : régler certains vieux comptes avec la censure [43]. Certes les conditions ont bien changé en moins d'un quart de siècle, et l'on ne doit pas s'étonner que l'*Index librorum prohibitorum* appartienne à la préhistoire, pour la jeunesse d'aujourd'hui [44]. Faut-il pour autant conclure que « du strict point de vue du contenu narratif, *Le Libraire* relate une histoire du dix-neuvième siècle [45] » ? Il importe en tout état de cause de situer le roman dans le temps, aussi bien quant au moment où l'épisode est censé intervenir qu'à celui où l'auteur entreprend de le créer. D'après des points de repère indiqués dans le récit lui-même (p. 150) [46], l'action se déroule vers 1950. Plus précisément, si l'on essaie de retrouver dans un calendrier perpétuel les quantièmes (jours et mois) marqués dans la forme de journal du roman, c'est l'année 1946 qui est la plus plausible. À cette date, le livre proscrit qui cause tout l'émoi pourrait être bien des choses : un Zola, *La Nausée* ou *Les Nourritures terrestres* ou *L'Immoraliste* [47], mais romanesquement il valait bien mieux, me semble-t-il, que fût choisi un livre plus « innocent », bien qu'à l'*Index*, sans aucun rapport vivant avec la mode du temps, ennuyeux et somnifère au possible (p. 77), mais étalant dans son titre ce mot « mœurs », susceptible de lancer tout le monde dans de petits rêves érotiques (p. 124) et de dénoncer davantage par contrecoup l'ignorance, la bêtise foncière et la mauvaise foi des censeurs patentés. Au surplus, quand G. Bessette écrit son livre, en 1957, on est plongé pour deux ou trois années encore dans la bonne conscience officielle de l'ère duplessiste.

Le romancier invente donc une histoire qui peut donner « l'impression de la réalité [48] ». Il peut, du reste, faire un sort à l'expérience brève de

---

42. André Belleau, *Le Romancier fictif*, Montréal, Les Presses de l'Université du Québec, 1980, p. 123.

43. *Mes Romans et moi*, p. 79-80.

44. *Dires*, p. 118.

45. A. Belleau, *loc. cit.*

46. *Le Libraire*, Paris, Julliard, 1960. C'est d'après cette édition que je donnerai mes références, entre parenthèses dans le texte.

47. C'est ce que semble suggérer A. Belleau, *loc. cit.*

48. J'ai dit plus haut que c'était une règle que G. Bessette préconisait pour le roman de mœurs. Voir *Le Devoir*, 16 novembre 1957, p. 23.

libraire indolent qu'il avait lui-même vécue dans sa jeunesse et qu'il avait ensuite essayé de transposer dans des épisodes de ce *Georges Blondin* qui dort au fond d'un tiroir. Toute l'affaire, cette fois, tournera autour des livres à lire, à proscrire, à vendre ou à cacher.

Hervé Jodoin, ex-répétiteur au collège Saint-Étienne, « institution de charité » montréalaise, trouve un poste de commis dans la librairie-papeterie-magasin-d'objets-de-piété-et-de-jouets de Saint-Joachin, petite ville de province. Il se taille une routine bien réglée entre son gîte, son travail et la taverne, qui meublent son quotidien banal. Mais la vente qu'il fait un jour à un jeune collégien d'un livre à l'*Index* fournit l'occasion au curé de donner l'alarme pour le salut des bonnes mœurs, obligeant l'hypocrite propriétaire de la librairie à remiser subrepticement à l'écart son stock de livres « à ne pas mettre entre toutes les mains » (p. 26, 70, 79). Jodoin, chargé d'effectuer le transfert clandestin, trouve moyen de liquider la collection à son profit personnel, en dupant son tartufe de patron et en tirant impunément son épingle du jeu.

Voilà l'intrigue, réduite à sa donnée de pure matière romanesque. On comprend qu'elle ait pu être jugée irrévérencieuse à la fin des années 50, quand aujourd'hui elle ne serait qu'anodine. Bien qu'on ne puisse reconstituer avec certitude la genèse du roman [49], je crois que, dans la perspective spécifique de création, c'est par-dessus tout la rencontre d'un personnage très spécial qui a séduit l'auteur et qui lui a facilité la tâche. Du point de vue de la portraiture, cet Hervé Jodoin est décidément un caractère en or, d'un pittoresque très particulier.

Sous les dehors les plus ternes et les plus effrontément effacés, il sait être un parfait original dont la médiocrité consentie est promue au rang de règle de vie. C'est en ce sens que lui conviendrait sans doute la qualification d'« anormal » (p. 119-120) que lui accole le très conformiste curé. Il est, bien malgré lui, tout en contraste : son débraillé intégral abrite une méticulosité à toute épreuve. Dans ses rapports avec autrui (son ex-confrère Martin Nault, du bureau de placement gouvernemental ; Léon Chicoine, son patron de la librairie ; M. le Curé qui mène sa ridicule enquête ; Rose Bouthiller, sa logeuse et maîtresse...), il est servi par une logique (et un sans-gêne) imprenable : le fond de sa dialectique consiste à laisser toujours ses vis-à-vis enfoncer des portes ouvertes, ce qui lui suppose un « esprit » (p. 23) singulier, « excentrique »

---

49. Au dire de l'auteur, c'est le seul de ses romans dont le(s) manuscrit(s) soi(en)t perdu(s). Le fonds Bessette de la Bibliothèque nationale du Québec ne possède en effet pour *Le Libraire* qu'un double de la copie dactylographiée du texte définitif.

et même « cynique » (p. 21). Dans un combat à gagner, il est d'autant plus efficace qu'il est davantage *dégagé*. Il vainc par inertie.

Tel est le bonhomme dans son entéléchie, si j'ose dire. Mais il ne sera pas question, cette fois, d'*essence*[50]. Car Jodoin, dans le présent roman, ne sera pas un objet d'analyse abstraite : il vit, et surtout, c'est lui qui écrit. On ne sait si *Le Libraire* a pu commencer par être un récit en IL. G. Bessette parle seulement d'une première version comportant bon nombre de dialogues, qu'il a tous éliminés[51] ; il n'en dit pas davantage. J'incline à penser, quant à moi, que Jodoin a été donné tout armé à son auteur. En vérité, pour que cet être impayable exerçât à plein ses possibilités d'existence, il fallait justement qu'il raconte lui-même son histoire. Et c'est en vertu de ce genre de nécessité, ressortissant en définitive à l'instinct créateur, que *Le Libraire* s'est imposé d'emblée comme un récit en JE. Ce choix de la narration à la première personne, qui conditionne la teneur entière du roman (et sa signification), n'est en rien issu de spéculations savantes sur les techniques possibles, comme c'eût pu être le cas si l'auteur avait eu le loisir d'anticiper les commentaires sur les méfaits du IL dans *La Bagarre* (non encore parue à cette date) ou dans *Les Pédagogues* (même pas commencés). G. Bessette a donc bien raison de répéter que *Le Libraire* « n'est pas du tout aussi délibéré qu'on est porté à le croire[52] ». Je dirai plus loin ce qui me fait écarter toute véritable idée de calcul rationnel de la création de ce roman.

La fonction de Jodoin est ici d'écrire. Il l'assume et la conduit, non sans résistance, dans la contradiction et la sécheresse. Il entretient un jeu de cache-cache avec lui-même. Il fait mine d'agir à son corps défendant, et néanmoins il ne veut pas s'arrêter : « Pourvu que ça continue ; que je trouve quelque chose à dire... » (p. 61) Pourtant, il le sait mieux que nous déjà à la date qu'il indique, il ne risque pas de manquer de matière, puisqu'il en est au moment où son aventure vient de se corser. Mais il se demandera encore, au plus intéressant de l'histoire : « Est-ce qu'il me répugne de poursuivre mon récit ? La suite, il est vrai, manque d'attrait » (p. 141). La réticence fait partie obligée de ses actes,

---

50. Voir *supra* les notes 27 et 28.

51. *Romans*, p. 87.

52. Propos de G.B. dans le texte de présentation par Jacques Allard du *Libraire*, dans l'édition scolaire (p. 21) publiée au Renouveau pédagogique en 1970. Je ne cesse, de mon côté, de m'étonner du peu de contrôle qu'exerce le critique et professeur Bessette sur son *alter ego* le romancier Bessette, tout au long de son œuvre et de leur carrière, mais davantage surtout à cette époque initiale.

et son langage vise systématiquement à ne rien dire. Sur le plan de l'écriture aussi bien que sur celui de l'action, sa dérobade joue à qui mieux mieux sur ce qu'un critique a appelé l'« inadéquation foncière de la parole au réel [53] ».

Cependant c'est lui qui a toujours gain de cause dans les engagements verbaux, et son récit il le bâtit. Il a bien beau répéter que ce n'est que pour tuer le temps. Voire ! S'il ne préférait pas vraiment noircir du papier, combien d'autres façons moins onéreuses ne trouverait-il pas d'occuper ses dimanches ? Il aime la paix, certes — l'absence de la réalité, l'incognito, l'alibi —, mais il ne peut tout de même s'empêcher d'éprouver « une étrange jubilation » (p. 83) après sa passe d'armes avec le curé. Il ne masque pas non plus son « émotion » lorsque le père Manseau lui manifeste son « sentiment de fraternité, de solidarité peut-être » (p. 126-127). D'ailleurs, l'homme capable d'éprouver (et d'exprimer) lyriquement, fût-ce encore par accident, la *pathetic fallacy* d'une journée de printemps (p. 140-141) peut bien se prétendre aride, il a en réalité reçu le don, qu'il n'arrive plus à contenir. C'est pourquoi il aura souci d'achever son récit quand se conclura son histoire, par « vieille déformation professorale sans doute », dira-t-il (p. 161), et pourquoi pas franchement par instinct, contrecarré mais irrépressible, d'écrivain-né. La « parole [qui] vient au pays du silence », on l'a dit [54] et répété, c'est le message essentiel du *Libraire*. Ce me semble aussi celui de l'œuvre bessettienne, dans sa nature particulière, et Jodoin n'en est au demeurant que l'interprète de service.

Par tempérament, il est sous sa nonchalance ostensible un homme de méthode et de précision : « Procédons par ordre (p. 26, 100) : d'abord le cadre... » (p. 26) Comme un narrateur d'expérience, il ouvre son récit *in medias res* (en relatant l'arrivée à Saint-Joachin et l'installation dans la routine du trinôme quotidien : chambre, librairie, taverne), puis il retourne en arrière pour s'assurer des bases solides (« Je commence donc par le commencement », p. 17). Ce schématisme que l'auteur camouflerait, si c'était lui qui avait charge de la narration, s'exhibe alors sans détour (et pertinemment), qu'il s'agisse de charnières discursives (« Passons aux circonstances », p. 16 ; « Passons à un sujet plus important : le *capharnaüm* », p. 40), ou d'abruptes coupures (« Peu importe », 21 fois ; « pas d'importance », 10 fois)...

---

53. Jean-Jacques Hamm, « Le dehors et le dedans », dans *Lectures de Gérard Bessette*, p. 77.

54. J. Allard, *Voix et Images du pays I*, p. 51.

Dans l'optique de ce narrateur très caractérisé, l'usage du style indirect (façon habituelle pour lui de rapporter ses propres paroles et nombre de fois celles des autres), avec tous les agréments du méandre sentencieux (« Que si d'autre part, il l'employait comme antonyme de coupable, je ne l'estimais pas non plus appropriée, attendu que je ne me sentais en rien fautif », p. 121) et les nuances de l'imparfait du subjonctif (« je lui soulignai qu'il ne s'agissait pas précisément d'un aveu mais que, même si c'en eût été un, je ne voyais pas en quoi, le faisant, j'eusse manifesté de l'audace », p. 116), accentue la présence marquée du truchement, et la distanciation que le procédé comporte contribue à l'effet comique (et satirique) de toute l'œuvre et suffirait à fonder pour le lecteur la réputation de Jodoin d'être « un farceur de première force » (p. 107).

Tout le rapport de l'action passe donc par lui, prenant sans équivoque sa couleur, sa tonalité, sa touche, de sorte que le roman devrait pouvoir se boucler dans l'accomplissement d'un réalisme subjectif à l'image du maniaque qui va jusqu'à donner les mesures de sa chambre (p. 11), compter ses verres de bière (p. 16) et dire à quel moment exact il doit ingurgiter son sel *Safe-All* (p. 14), et qui saura croquer avec rigueur la figure des gens (p. 61-62, 78...), tout en proclamant qu'il n'a pas l'esprit d'observation (p. 63). Or s'il n'est aucune faille à cet égard dans l'enregistrement fidèle du descriptif (ou de ce qu'un autre critique nomme « la substance du contenu[55] »), les constatations sont d'un autre ordre si l'on examine le traitement du temps dans *Le Libraire*.

Le roman se présente comme un journal, et c'est sous un tel nom que le narrateur désigne toujours son entreprise d'écriture (p. 15, 60, 61, 62, 99, 161, 173). Mais sauf en deux ou trois occasions (dont celle surtout de la gare, p. 104-108), les notations du jour sont à peu près inexistantes. En fait *Le Libraire* n'est un journal qu'en apparence. Il faudrait plutôt parler d'une rétrospective effectuée par tranches datées (dix en tout) dont la plupart (toutes sauf l'ultime) sont censées être rédigées pendant que l'aventure est en cours et donc avant que ne soit acquis et connu le dénouement pour celui qui raconte. On y trouve alors la représentation de deux temps distincts qui doivent s'emboîter sans conflit : celui de l'action, qui court depuis le début de février, et celui de l'écriture, mis en train le 10 mars. Ce deuxième n'est pas pressé, il prend visiblement ses aises (« Ce sera d'ailleurs pour la semaine prochaine », p. 26 ; « Ce sera pour dimanche prochain », p. 40...). Mais quand, à la fin de mars, l'action s'accélère et que, à l'inverse, l'écriture voit se multiplier les entraves, c'est toute la chronologie interne qui part dans le brouillage et la fiction.

55. A. Belleau, *op. cit.*, p. 129.

D'après la tranche n° V [56] du journal, la vente de *L'Essai sur les mœurs* doit se situer le 28 mars : « C'était un jeudi après-midi »... (p. 74). Il se passe ensuite quelques jours : « trois ou quatre », dit Jodoin (p. 77), ce qui nous mènerait au début de la semaine suivante, le 1er ou 2 avril ; mais comme on insiste plus loin (p. 115, 119) sur le « vendredi » pour le prochain événement, on peut le situer logiquement le 5 avril : « Puis un matin, M. le Curé est entré » (p. 78). Cette même « journée de la visite pastorale » (p. 89), le 5 avril, se termine pour Jodoin par une soirée au cinéma puis une nuit avec Mme Bouthiller (p. 89-98), à la suite de quoi celle-ci accapare notre narrateur tout « le dimanche suivant » (p. 101), c'est-à-dire le 7 avril, l'empêchant d'écrire [57]. Or la tranche n° V, l'une des deux plus longues du journal, est expressément datée de ce jour, cependant que le dimanche manqué pour l'écriture se trouve décalé au 21 avril, précédant celui de la gare (28 avril) qui se retrouve alors passablement en retard (laissant donc un vacuum d'environ trois semaines entre lui et les événements de l'action). Lorsque le récit reprend (tranche VIII), le 5 mai, pour relancer la suite de la visite du curé à la librairie, qui avait eu lieu (temps de l'action) le 5 avril, tous les relais temporels (« lundi après-midi », p. 110 ; « à la maison aujourd'hui », p. 114 ; « vendredi », p. 115 ; « vendredi précédent », p. 119 ; « trois quarts d'heure plus tard », p. 121) se sont ajustés insensiblement, c'est-à-dire sans que le narrateur (et l'auteur ?) paraisse s'en apercevoir, sur les dates déduites du temps de l'écriture : en l'occurrence, « lundi après-midi » (p. 110) (quand Chicoine commence à paniquer et, le soir, quand le père Manseau sert à Jodoin sa mise en garde), ce doit être le 29 avril. « Le surlendemain » (p. 130) (avertissement de Mme Bouthiller puis nuit avec elle), l'épisode commence le 1er mai et s'achève le 2, ce « même jour, vers neuf heures » (p. 138) où s'organise le « repliement tactique » (p. 158) que Jodoin tourne à son profit en disparaissant à Montréal, au matin donc du vendredi 3 mai. Il s'est alors créé un second vacuum d'une semaine, puisque les tranches VIII, IX et X du journal sont très évidemment datées des 5, 8 et 10 mai et que les deux premières sont données comme écrites à Saint-Joachin. En réalité toute l'aventure de la librairie s'était achevée le vendredi 12 avril, éliminant jusqu'à la possibilité réaliste de la journée très marquée de la gare, située le 14 avril, dans le temps de l'écriture...

Il résulte de toute cette (lourde) démonstration qu'il est fort improbable que pareille inadvertance ait été cherchée, du côté de l'auteur. C'est la preuve majeure de ce que *Le Libraire* est bien moins délibéré qu'on n'est

---

56. Il s'agit de l'entrée du 5 avril ; je la désigne par son numéro d'ordre, pour ne pas multiplier les mentions de dates différentes dans mon texte.

57. Cela est relaté dans la tranche n° VI, datée du 14 avril.

porté à le croire. On peut y voir, si l'on veut, l'illustration de certain méfait que peut parfois entraîner, dans la chronologie relative d'une aventure, l'improvisation sans points de repère à l'avance fixés. Il en appert également que la technique de la narration en JE n'abolit pas automatiquement tous les traquenards.

Mais du côté du narrateur — puisque c'est lui qui tient la plume, quoi qu'il arrive —, à l'encontre de toutes ses professions d'indifférence et de non-intérêt — sauf pour tuer le temps —, il témoigne d'une fantaisie peu banale. Le roman, après tout, instaure ses propres lois de la gravitation ou de la relativité du temps, comme la peinture créatrice s'affranchit du mathématisme des principes de la perspective et fait marcher les choses librement, à contre-courant du bon sens prosaïque. Dans son écrit, QUI EST UN ROMAN, non seulement Jodoin — le faux désabusé — transcende-t-il le fameux silence, mais il s'exécute avec un énorme sans-gêne, en jouant à l'attrape-nigaud avec son lecteur. Car celui-ci — je ne parle pas du monstre critique, pourfendeur de cheveux en quatre, extracteur de quintessence, empêcheur de danser en rond (que je suis) — n'y a jamais vu que du feu, accordant inconditionnellement sa faveur à l'œuvre...

3. *Les Pédagogues* [58]

Les Pédagogues (1961) suivent de près *Le Libraire* (1960) et font parade, sur le plan de la mécanique narrative, de ce qui les tient proche de *La Bagarre* (1958). Pour jauger l'homogénéité esthétique qui caractérise la création romanesque bessettienne dans sa phase encore initiale, en regard surtout d'une suite protéiforme, il importe d'évoquer entre autres le chevauchement réciproque des différentes œuvres comme facteur historique d'affinités dans une aire conventionnelle ou classique. Non seulement les matières et thèmes abordés puisent-ils à un même fonds d'expériences ou de tentatives personnelles plus ou moins reculées dans la jeunesse de l'auteur, mais la rapide mise en chantier d'un projet nouveau, son élaboration et jusqu'à son achèvement, tout intervient avant que le roman précédent ait été publié : ainsi *Les Pédagogues*, écrits à partir de 1958, sont terminés avant la sortie du *Libraire*. Pour être exhaustif dans le rapport des années 1958 à 1961, il faudrait même mettre en ligne de compte les deux nouvelles « L'accident » et « L'emplâtre » (parues en 1962), qui participent du même esprit, et la composition de *La Commensale*, presque achevée au temps de la sortie des *Pédagogues* (même si elle devait rester longtemps inédite). Toute

58. *Les Pédagogues*, Montréal, Cercle du livre de France, 1961, 309 p. Les indications de pages dans le texte renverront à cette édition.

cette production s'inscrit à divers titres sous l'étiquette du roman de mœurs à incidences sociales (« Le roman de mœurs est-il une facilité ? » 1958) et pratique un réalisme plus ou moins traditionnel, volontiers satirique, dans un langage dru (souvent même provocant), mais, somme toute, très « écrit ».

Après l'incursion du côté du JE dans *Le Libraire*, le romancier revient sans tergiversation au récit à la troisième personne, avec *Les Pédagogues*. On constate aussi, par rapport à ce qu'offrait *La Bagarre*, que se trouve accentué le souci unanimiste (obédience Jules Romains) du créateur ; il est permis de croire que la préparation d'un article universitaire sur « L'unanimisme dans les romans de Malraux [59] » (1957) a pu confirmer dans la conscience de l'auteur l'intérêt déjà marqué pour une appréhension de la réalité collective.

Dans le dessein exprès d'expérimenter la formule unanimiste [60], l'intrigue de ce troisième roman est relativement foisonnante. Les pédagogues du titre qui viennent tour à tour, chacun dans son ordre, au premier plan du récit sont les membres du Conseil d'administration de l'École dite Pédagogique, éhontément assujettie au pouvoir clérico-gouvernemental. Alors que chacun, par servilité, opportunisme, indifférence ou couardise, s'accommode de la situation et que la vie se poursuit dans ses vicissitudes professionnelles, mondaines ou privées, l'un des pédagogues s'insurge contre un tel état de fait. Sa liquidation des cadres scolaires le jettera, au bout du compte, en pleine action syndicale.

Ainsi peut-on résumer le roman réduit à sa leçon idéologique. Mais il y a davantage. La situation est évidemment d'avant la Révolution tranquille. Les indices semés au long du récit désignent en vrac les années 50, au vague temps des ultimes *Fridolinades* (p. 121), quand l'étoile des Maurice Richard et Jean Béliveau brillait de tous ses feux (p. 248) et qu'il était concevable de « limoger un prélat haut placé parce que ses vues ne coïncidaient pas avec celles d'un politicien » (p. 209). Le ministère (le ministre) de l'Instruction publique qui régit jusqu'au petit détail l'École pédagogique n'est que le prête-nom de service, correspondant à l'institution politique réelle de l'époque, cependant que le Montréal d'hiver qui assure le décor se veut une reproduction conforme à l'original, avec sa montagne (p. 23), ses rues (p. 26, 28, etc.), son China Town (p. 61), son Hôtel-Dieu (p. 236), etc.

---

59. *L'École canadienne*, revue pédagogique de la Commission des écoles catholiques de Montréal, octobre 1957, p. 80-88.

60. *Les Dires d'Omer Marin*, p. 124.

Comme pour une pièce, l'auteur a voulu donner avant le texte (p. 7) la liste des « personnages principaux » (*dramatis personæ*). Est-ce un pur hasard [61] ? On comprend vite en tout cas que l'espace-temps de ce roman est d'un type théâtral. Chaque chapitre (on en compte 23, non numérotés et d'une longueur qui varie de 3 à 46 pages) est une sorte de tableau dramatique, dialogue (ou « monologue intérieur », p. 126) dans son décor et sa durée : les personnages nombreux (projet unanimiste), ou bien en petits groupes, rarement isolés, sont toujours en acte de parole ou de figuration. Plus justement encore pourrait-on parler de théâtre filmé par un appareil mobile et actif, susceptible de percevoir les choses comme le spectateur dans la salle ou d'assumer la place d'un personnage homologue, colorant de sa vision, de son écoute et de son sentiment propre les attitudes, comportements et dires des autres acteurs. C'est ainsi que s'organise de façon fonctionnelle et significative sur le plan de l'écriture le partage des discours direct et indirect. En règle générale, le propos d'un Cyril Arbour par exemple, directeur de l'École et péroreur patenté, grand usager des lieux communs et des phrases ronflantes, sont rapportés dans le style indirect qui donne du relief au ridicule de la palabre :

> De même que les épouses enfantaient des rejetons des deux sexes, Cyril Arbour ne voyait en principe aucune objection à ce que nos éducatrices dispensassent leur science aussi bien aux garçonnets qu'aux fillettes, comme cela se pratiquait d'ailleurs dans bon nombre d'écoles primaires. Toutefois, à mesure que les enfants grandissaient, lorsque par de mystérieuses transformations physiologiques, accompagnées par les fluctuations psychologiques de ce qu'on a accoutumé d'appeler l'âge ingrat — à tort d'ailleurs, puisque c'était la période par excellence de la formation de la personnalité — ne fallait-il pas alors user d'une circonspection accrue ? Il n'était pas éclairé de confier, durant cette période, à une jeune institutrice la garde d'adolescents de quelques années à peine ses cadets, de peur que ne se glissassent dans leurs relations, souvent sans qu'elle s'en rendît compte, certains éléments troubles, préjudiciables tant à la discipline qu'à l'efficacité d'une saine éducation (p. 52-53).

Mais quand les nécessités dramatiques exigent qu'une gaffeuse comme Georgiana Pellerin, femme du pédagogue en rupture d'école, comprenne dans son sens à elle la sentence creuse du directeur, on peut être certain que celle-ci sera citée mot à mot :

> — Il est un principe, chère madame, que, en ma qualité de citoyen et de directeur de l'École Pédagogique, je place au-dessus des goûts artistiques

61. Au temps où il travaillait aux *Dégoûtantistes* et aux *Taxis*, G. Bessette avait l'habitude de transcrire la liste des personnages au début de chacun de ses cahiers brouillons.

> que je peux avoir. C'est la liberté individuelle des professeurs qui me sont confiés.
>
> En prononçant ces paroles, Cyril Arbour parut remarquer pour la première fois la présence de Mme Pellerin. Il inclina la tête en sa direction. Rayonnante de satisfaction, Georgiana lui rendit son salut. Elle n'aurait plus besoin de lui parler en tête-à-tête. Le directeur était un homme délicat, compréhensif. Il avait saisi pourquoi elle était là. Et il avait trouvé cette façon « diplomatique » de la rassurer (p. 141).

On s'explique également que, à la fin du grand banquet, qui constitue le point culminant de la vie unanime, le discours du directeur où prévaut, comme à son accoutumée, la rhétorique de la circonvolution soit mis en quelque manière au second degré par le style indirect approprié (p. 281-284), tandis que celui de l'honorable ministre Jean-Hormidas Deschambault, « cet ami de toujours » (p. 282-283), tissu d'antiphrases et de sophismes partisans, arrive au lecteur sans truchement (p. 285-287).

La présentation psychologique se fait aussi dynamiquement, comme au théâtre, non pas dans l'analyse abstraite, mais dans la manifestation du geste, de la parole et de l'action. C'est en somme la situation concrète et le cours des événements individuels qui permet de découvrir toujours sur le vif les facettes caractérielles des pédagogues : John Sloper, mesquin petit professeur et répétiteur d'anglais, ne peut se retenir de tout ramener à ses émoluments personnels (p. 14-20, 233, 237, 269-270...) ; Hubert Sigouin, suffisant et ridicule dans sa fonction de psychologue (p. 90-100), est aussi simpliste dans sa relation avec sa femme Hélène (p. 101-106, 226-232, 239-246) ; Bertrand Joyal, très retour-de-Paris, et Yves Lambert, beau parleur opportuniste et mondain, savent tirer leur épingle du jeu (p. 35-36, 245-246), tout en se donnant bonne conscience, comme ils jouent l'un et l'autre les grands blasés avec l'ondoyante Annabelle de Castelnau (p. 117-128, 199-205, 247-252) ; le pontifiant Cyril Arbour ne montre jamais mieux sa foncière veulerie que lorsqu'il charge le pauvre abbé Béchard, tiraillé de scrupules et timoré, de transmettre l'avis de renvoi (p. 179-180) au pédagogue qu'il ne veut pas affronter (mais quelle incroyable façon de procéder ! sur le seul non moins arbitraire jugement sans procès du chanoine Boileau) ; enfin, ce fameux Sarto Pellerin, révolté un peu terne, trouvera malgré tout le moyen de sortir du cercle vicieux en tirant le meilleur parti des impairs de sa désespérante épouse (p. 306-309).

L'auteur s'est plaint parfois de ce qu'on n'avait pas assez reconnu « l'expérience particulièrement poussée qu'il a faite du jeu des points de vue[62] » dans la composition des *Pédagogues.* Or la question mérite d'être examinée de près, car c'est le point de vue qui finit par conditionner ici la manière d'être même de l'écriture. L'auteur a pu se faire une règle d'exclure l'omniscience et donc de maintenir toujours un point de vue relatif et individué. Lorsqu'un personnage est seul dans son quant-à-soi, comme au début du chapitre [XIII] (p. 189), c'est, bien entendu, son point de vue qui est mis à contribution dans le récit. Ailleurs (chap. [IV], p.60-78), deux des pédagogues, Joyal et Lambert, sont ensemble ; le narrateur choisit au départ de se situer sans ambiguïté au point de vue de Joyal, et tout fonctionne parfaitement.

Mais la plupart du temps tout n'est pas si simple. Si l'on prend par exemple les deux chapitres [I] (p. 9-22) et [III] (p. 29-60) où sont réunis les pédagogues, on peut sans doute conjecturer qu'un point de vue particulier se trouve privilégié : celui de Sarto Pellerin qui tient l'emploi de l'empêcheur de danser en rond. D'ailleurs, dans le récit, Sarto est constamment désigné par son prénom, alors que les autres le sont toujours par leur patronyme ; c'est un signe indicateur. Le récit capte donc les êtres et les choses à la façon (dans le mode, *sub specie*) de Sarto. Et le regard est rien moins qu'avantageux. La vision plaque agressivement sur les personnages un masque animal ou parodique, faisant de l'indice caricatural la note distinctive de tout le discours descriptif : « crâne d'échassier » (p. 11), « yeux d'oiseau nocturne » (p. 11), « voix caverneuse » (p. 11, 14, 32...), « yeux caverneux » (p. 13), « mâchoire de prognathe » (p. 13), « apparence simiesque » (p. 13), « cou de dindon » (p. 18), « bajoues gélatineuses » (p. 29), « petits yeux porcins » (p. 29), « cou de poulet » (p. 33), « lèvres en cul de poule » (p. 41), « figure interminable » (p. 54), « tête piriforme vissée court sur un cou taurin » (p. 55), et j'en passe... Il faut ainsi attribuer à Sarto cette rage de styliser les compères plus ou moins antipathiques. Mais faut-il croire aussi que le personnage va jusqu'à se stigmatiser lui-même en se reconnaissant « une voix grinçante d'insecte » (p. 9), « une figure hargneuse » (p. 9) ? Peut-être bien, après tout, puisqu'il sera à nouveau, plus loin, question de « sa face hargneuse » (p. 88), à un moment où il se trouve fin seul avec lui-même, sans nul témoin pour l'observer et pour le dénigrer[63]. Néanmoins son style doit être contagieux, car lorsque l'innocent abbé Béchard se trouve en tête-à-tête avec John Sloper, il faut que ce soit lui qui lorgne

62. Propos rapporté par Jacques Allard dans le texte de présentation du *Libraire*, Montréal, éd. du Renouveau pédagogique, 1970, p. 24.

63. Quand il sera encore question de « sa face hargneuse » et que Sarto sera même perçu comme un « avorton au nez crochu » (p. 163), ce ne sera pas à son point de vue à lui, mais à celui d'un peintre de l'inconscient, « jeune illuminé qui brossait ses tableaux à la lueur d'une chandelle, dans un studio aux fenêtres recouvertes de stores opaques » (p. 142).

sans se gêner le « sinciput fripé, le menton projeté en avant » (p. 40) de son interlocuteur.

Le problème du point de vue se pose par-dessus tout dans les chapitres d'allure unanimiste où des personnages multiples se confrontent et se bousculent dans le désordre et le brouhaha. Je pense naturellement aux deux grandes scènes des *Pédagogues* qui doivent, du reste, être considérées comme de véritables morceaux de bravoure : la réception chez la ministresse Deschambault (chap. [X], p. 129-174) et le banquet de l'École Pédagogique (chap. [XXI], p. 253-291), qui couvrent ensemble près du tiers du roman. La vision animale devrait alors être relayée entre des personnages très divers, comme lorsque Georgiana Pellerin est étiquetée « grosse limace » successivement par Cyril Arbour et Yves Lambert (p. 291), après l'avoir été par nul autre que le narrateur (p. 287). En l'occurrence, l'appareil enregistreur d'images et de sons varie tellement de position qu'on doit postuler un point de vue global, celui du narrateur d'ensemble (et de l'auteur) qui assume chacun des points de vue individuels, qui les compense au besoin et qui peut même (une fois n'est pas coutume !) se laisser emporter au-delà de ses limites normales de connaissance jusqu'à prétendre savoir qu'un personnage agit « à son insu » (p. 258). C'est lui qui enchérit dans ces passages (et, par extension, dans tout le roman) cette frappe de la caricature (à prédominance animale), marquant tout à la ronde, depuis l'« industriel au crâne luisant, à la trogne de bouledogue » (p. 131), en passant par « la petite boulotte noirâtre » (p. 134) et « la femme au profil de cheval [...] exhibant une rangée de dents longues comme des doigts » (p. 156), pour affecter même le piano à la « mâchoire de crocodile » (p. 133). Parmi toutes les joyeusetés de ce carnaval des animaux, je relèverai deux cas d'espèce où l'insistance de la vision génère une sorte de métaphore filée : dans la représentation soutenue du ministre au nez de corbeau (p. 168, 258) qui n'arrête pas d'agiter comme un manche de pompe (p. 289) la mécanique de sa main (p. 129, 131, 132, 174, 258, 260, 262) et de croasser (p. 129, 169, 170, 258, 260, 289) — il glapit une seule fois (p. 130) — de sa voix rocailleuse (p. 261, 285) ; et dans l'image balourde de l'inévitable Georgiana aux yeux bovins (p. 160, 278) qui s'empiffre et rumine (p. 163) près d'un plateau de canapés.

Au demeurant, le parti stylistique d'identifier très souvent les êtres par des périphrases descriptives du genre : « douairière à la poitrine ballotante » (p. 129), « petit vieillard à barbiche » (p. 270), « femme à profil chevalin » (p. 37), donne à l'écriture un petit air homérique (Héra aux grands yeux de génisse...) qui sied en somme au livre tout entier. La réelle unité de ton qui informe la narration dans son intégralité oblige en conséquence d'assigner justement le point de vue au narrateur conventionnel, agent polyvalent de l'auteur tout-puissant, qui ne manque pas de s'en donner à cœur joie. Son style truculent, avec un fort coefficient hyperbolique (« trogne de pisse-encre illettré », p. 126), bien loin de se déguiser en écriture neutre (comme celle par exemple du Jodoin du *Libraire*, distincte de celle, complètement occultée, de l'auteur), ne se retient pas ici d'être *littéraire*, c'est-à-dire pittoresque, dense, sans bavure, dans la notation occasionnelle du détail cénesthésique (« Un brûlement intense lui incendia l'estomac », p. 164), comme dans la description d'atmosphère (« La clarté bleuâtre qui coulait des suspensions accrochait des golfes d'ombre à sa face bosselée », p. 293). On peut même se demander si, en faisant reparaître ici l'ancien Lebeuf de *La Bagarre*, passé d'écrivain manqué à syndicaliste sans faiblesse, l'auteur ne tentait pas une amorce très balzacienne de retour systématique de personnage(s), resté vain par la suite...

Chose certaine, ma lecture aisée et plaisante me rend suspecte l'assertion rétrospective (1984) de G. Bessette selon quoi *Les Pédagogues* « rédigés en style traditionnel » l'auraient « essoufflé-affaissé » au point qu'il dût mettre ensuite un lustre avant de publier un autre roman[64]. Tout le texte, au contraire, donne l'impression du facile à faire, et si tout n'est pas parfait[65], on n'en saurait précisément blâmer que l'élan[66] et la facilité. Ce qui me paraît évident par ailleurs dans l'intentionnalité créatrice de l'auteur, à cause censément de l'allègre exercice de style, c'est la primauté de l'aspect fiction sur ce qu'on peut appeler une thèse politico-sociale, qui est tout de même encore là. Si on en juge sur *La Commensale*, qui va suivre sans solution de continuité, *Les Pédagogues* servent à la conquête de la gratuité de l'œuvre d'art, dans la maîtrise de l'écriture.

---

64. *Dires*, p. 119.

65. Certaines inadvertances par exemple n'ont pas été corrigées avant la publication. J'en signale quelques-unes ici : « Un travail urgent l'avait-*elle* retenue jusqu'à cette heure tardive ? (p. 91) ; « *Subconcient numéro 247* » (p. 149) devient « *numéro 232* » (p. 162) ; « histoire patricienne » devrait être « histoire patristique » (p. 178), bien qu'on puisse laisser la paternité de cette dernière bourde à ce prétentieux d'Arbour.

66. En général *Les Pédagogues* ont plus mauvaise presse qu'ils ne devraient. Qu'ils aient été écrits avec allant n'entraîne pas qu'ils doivent être classés parmi « des textes qui [...] semblent hâtifs et "fabriqués" selon une formule » (Pierre Gobin, « Méthode critique et création romanesque », dans *Lectures de Gérard Bessette*, Montréal, Québec/Amérique, p. 22-23).

III. Vers un roman nouveau : *La Commensale*

La publication de *La Commensale* [1] (1975) a lieu entre celle du *Cycle* (1971) et celle des *Anthropoïdes* (1977), mais la création du roman se situe, toute une quinzaine d'années plus tôt, entre celle des *Pédagogues* (achevés en 1959 et parus en 1961) et celle de *L'Incubation* (commencée en 1962). L'allusion que l'on trouve vers la fin du récit à un Duplessis censément toujours Premier ministre (p. 146-147) permet de conjecturer l'existence d'une version à peu près complète de l'anecdote romanesque avant le mois de septembre 1959. L'auteur devait avoir travaillé là-dessus tout l'été, cependant que *Le Libraire* et *Les Pédagogues* terminés étaient en instance d'édition. Dans la lancée des œuvres déjà exécutées, *La Commensale*, promptement entreprise, allait en fait inaugurer et marquer une période de profondes métamorphoses. « Jamais, dira plus tard Gérard Bessette, je n'ai poli-repoli un manuscrit avec autant d'acharnement que *La Commensale* [2]. » Il a en effet besogné deux années (et davantage) sur ce texte relativement court et en apparence d'une seule coulée. La dactylographie qui servira de base au texte publié en 1975 porte la date du 28 juin 1961. Mais il s'en faut que ce soit là l'achèvement. G. Bessette n'a sans doute jamais eu la satisfaction d'être en règle avec cette *Commensale*. Il la reprend [3] et la saccage, à l'été

---

1. *La Commensale*, Montréal, les éditions Quinze et Les Éditions internationales Alain Stanké, 1975, 156 p. Les références paginales entre parenthèses dans le texte renverront à cette édition.

2. *Les Dires d'Omer Marin*, p. 122. J'ai eu en main deux versions manuscrites (et ce n'est probablement pas là la totalité des ébauches) ainsi que des copies dactylographiées portant d'innombrables corrections. L'écriture robuste et très structurée atteste le soin que dut y mettre l'auteur. Mais il n'est pas impossible que la relégation du manuscrit au tiroir après plusieurs années de labeur joue aussi dans le sentiment d'avoir fait un travail de forçat.

3. Les « corrections » qu'il y apporte alors consistent essentiellement en des suppressions qui la mutilent. Il biffe par exemple impitoyablement un

1962, au cours d'un voyage en Europe, au moment où il va enfin l'abandonner et se tourner pour de bon du côté de *L'Incubation*. À partir de cette date, il ne touchera plus au texte de *La Commensale* (quoi qu'il puisse laisser croire par la suite). Il prêtera une copie (non retouchée) de la dactylographie de 1961 à Glen Shortliffe, qui s'en servira excellemment dans sa conférence de décembre 1964 [4]. Il en extraira, tel quel [5], le passage « Par inadvertance » (p. 105-113), que publiera la revue française (de France) *Les Lettres nouvelles*, en décembre 1966-janvier 1967. Il me la communiquera à moi-même à deux reprises : d'abord quand je préparais un long article sur l'ensemble de sa production à l'époque du *Cycle* (1971), puis en 1973-1974 (en même temps qu'il me confiait les manuscrits), lorsque, s'étant laissé persuader de publier enfin l'œuvre [6], il m'avait chargé d'en établir le texte [7]. Ainsi s'est

---

apophtegme du genre : « rien n'est efficace au cours d'une controverse comme de rappeler à un rival arrogant qu'il a un corps, qu'il est physiquement vulnérable » (p. 67).

4. Publiée en brochure, *Gérard Bessette, l'homme et l'écrivain*, conférences J.A. de Sève 3, en mai 1965 (39 p.), puis dans *Études françaises*, en octobre 1965 (p. 17-42), avant d'être recueillie dans *Littérature canadienne-française. Conférences J.A. de Sève 1-10*, Montréal, Les Presses de l'Université de Montréal, 1969 (p. 53-87).

5. Je ne sais si la transformation d'« écholaliques » (p. 113) en « écholastiques » (*Les Lettres nouvelles*, p. 159) est une erreur faite en transcrivant le manuscrit ou le tapuscrit (corrects) ou bien si elle doit être attribuée uniquement aux protes français.

6. Puisque les circonstances m'ont fait participer à l'affaire, je suis peut-être en mesure d'apporter quelques précisions à ce qui a pu se dire. D'après une note de *Mes romans et moi* (p. 74), « ce manuscrit [de *La Commensale*], écrit l'auteur, serait sans doute encore dans mes tiroirs si la fondation des Éditions Quinze [...] n'était venue me forcer la main. » Cela n'est pas exact. Il y avait deux ans déjà que la publication de *La Commensale* était décidée et se préparait. Deux maisons s'étaient dites prêtes à l'accueillir : Hurtubise HMH, Cahiers du Québec, collection « Textes et documents littéraires » (Jacques Allard), et les éditions de l'Université d'Ottawa, collection « Cahiers d'inédits ». Mais l'auteur préférait l'arrangement que lui offrait Jacques Hébert. Celui-ci parti du Jour (septembre 1974), les tractations se poursuivirent néanmoins jusqu'à la rupture collective (mai 1975) qui aboutit à la fondation des éditions Quinze, lesquelles récupérèrent à point nommé l'aventureuse *Commensale*. L'article que G. Bessette m'avait demandé d'écrire en guise de préface n'ayant pas été agréé par le comité de lecture des Quinze, l'auteur rédigea l'« Avertissement » qu'on trouve en tête de l'édition (p. [7]). Mon article put paraître dans le numéro fondateur de *Lettres québécoises* (p. 37-39), au printemps 1976, puis dans *Modern Language Studies* (vol. VI, n° 2, p. 48-53), l'automne suivant.

7. J'ai essayé de ramener au strict nécessaire ma trace dans cette création bessettienne. Après avoir exploré une masse impressionnante de papiers manuscrits et dactylographiés où je pouvais puiser, j'ai fini par m'en tenir

effectuée la traversée du désert de cette artificieuse *Commensale*. En réalité, toute cette période d'attente (qui n'en fut pas une d'incubation mais de pur sommeil passif) ne modifia en rien la teneur du roman. Cela n'empêcha pas non plus l'œuvre d'être connue (tout en maintenant alentour une certaine ambiance de mystère, en raison aussi du caractère quelque peu raffiné et rare du titre) ni plusieurs jugements critiques d'être prononcés, qui contribuèrent plus tard à sa compréhension, au moment où le livre fut enfin imprimé.

À la différence des trois romans antérieurs dont la trame elle-même pouvait s'interpréter comme un message idéologique à la collectivité, l'anecdote de *La Commensale* ne comporte sur le plan littéral aucune thèse apparente dans l'ordre social ou politique. Elle est seulement nourrie du détail d'une semaine mouvementée dans l'existence curieuse d'un célibataire sur le retour («48 ans, 7 mois et 12 jours», p. 15), multimaniaque, je-m'en-foutiste et frondeur. Tout le roman reposera en effet sur ce singulier personnage, Jérôme Chayer, parce que c'est lui, bien entendu, qui est toujours en cause, mais surtout parce que c'est lui qui cautionne entièrement l'authenticité de l'écriture. L'auteur dit avoir conçu *La Commensale* «comme le double ou la jumelle du *Libraire*» qu'il jugeait «trop réservé-litoteux»[8]. Pour un départ, c'était tout un programme. Voici donc un nouvel Hervé Jodoin — fils naturel sans vergogne de son géniteur — porté à la ixième puissance et armé de pied en cap d'une vertu mathématique implacable, qu'il est à même de projeter aussi bien dans sa démarche vitale que dans son trait de plume. L'un de ses émules et semblables, Athanase Bessière, le décrira

---

à la version du 28 juin 1961 (laissant systématiquement de côté les corrections-suppressions de 1962, qui s'interrompaient d'ailleurs au dernier tiers du récit). La mention par l'auteur (Lettre à R.R., 1er juin 1975) d'une (tardive) possibilité «— côté langue — de québécoiser un peu *La Commensale*» n'eut (heureusement) aucune suite. Les changements mineurs que j'ai néanmoins cru devoir faire dans le texte visent uniquement à éliminer l'inexactitude de certains totaux (par exemple, p. 71, 99 : un personnage comme Chayer ne pouvait se tromper dans ses additions) ou l'incohérence dans quelques répétitions (quant à l'âge du personnage, sur le prénom d'une comparse, etc.). En ce sens je pourrais prendre à mon compte la phrase suivante de l'auteur : «Je repassai donc ledit manuscrit au peigne fin» (*Les Dires d'Omer Marin*, p. 123). Comme je n'ai pas eu les épreuves à corriger, je ne suis pas responsable des quelques fautes qui sont restées dans le texte imprimé (et qui n'étaient pas dans la dactylographie définitive que j'ai livrée à l'auteur). Vérification faite aujourd'hui, j'avoue m'être fourvoyé en ne suggérant pas 23 h 30 pour l'heure habituelle du coucher de Chayer (p. 98, 141), et j'ai décidément dépassé les limites de ma compétence, quand j'ai modifié «22, 27 à 1» en «122, 27 à 1» la fameuse proportion donnée «pour une période de trente jours» (p. 23)...

8. *Dires*, p. 122-123.

adéquatement comme « d'une intelligence au-dessus de la moyenne [...] mais volontairement raccornie, désséchée — réduite au rôle, 1/ de machine à calculer ; 2/ d'appareil à insulter les gens, à leur témoigner le mépris le plus absolu » (p. 123).

Pour conjurer le sort adverse, il s'est retranché dans un hermétique quant-à-soi où ses prétendues « soupapes » (p. 154) sont (dans l'ordre) : 1/ les additions (qu'il a souci de faire dans des temps records, p. 65, en une concurrence héroï-comique avec les calculatrices mécaniques, p. 25, 31, 64, lesquelles finiront d'ailleurs par prendre sa relève au bureau, p. 105) ; 2/ les parties d'échecs (qu'il joue mentalement, p. 18, 26, 99, 146, 149, ou sur le terrain, p. 13, 58, 81) ; 3/ un vieux cahier de vocabulaire (qui lui sert de repoussoir pour dire pis que pendre, sûrement par antiphrase, à propos du langage, p. 33-34, 76, 131, 155) ; toutes choses qui lui permettent de pratiquer une misanthropie furieuse et pugnace, plus spécialement (affirme-t-il, p. 113, 145) à l'égard des « flicards » (ou « bourriques »), des « calotins » (et le Passetout de service en prend pour sa trogne, p. 75-76, 96-97) ou des « directeurs de firmes de tuyauterie » (c'est-à-dire en l'occurrence le sieur Théodore de Repentigny qui en subit les sévices, p. 67-70, 105-113). Or cet ours de Chayer a néanmoins besoin de compagnie : il digère mal quand il mange seul à midi (p. 9, 17), d'où la nécessité d'un commensal (p. 9, 13, 14), fût-il un crétin indigeste comme Paulo, ou, quand celui-ci fait faux bond, d'une commensale (p. 18), cette Sylvaine Bessière, d'un commerce agréable en dépit (ou à cause) de son « incompétence abyssale » (p. 14). Sur un autre plan, sa lubricité foncière qui le conduit mathématiquement au lupanar (selon son dire un peu ostentatoire, p. 22-23) promeut très vite la définition de commensale à la signification de partenaire érotique (p. 46). Au reste, c'est par instinct de communication (fût-ce seulement avec lui-même et pour tuer le temps) qu'il en vient finalement à écrire et qu'il y prend goût au point de vouloir y chercher une quatrième soupape (p. 154).

Le moins qu'on puisse assurer, c'est que Jérôme Chayer a de l'aplomb dans le dire. Son écriture est ferme et musclée, sans fioriture ni ornement, comme celle d'un vieux praticien, et c'est là qu'il aurait dû porter sa verve (ou son ennui) depuis toujours, plutôt que dans ce bizarre cahier de vocabulaire aux « 119 pages et 6 lignes » (p. 34) couvertes, qu'il pioche depuis « trente-deux ans et quatre mois » (p. 33) et qu'il doit connaître par cœur. Avec sa manie du chiffre et du calcul (« mon fonds de retraite accumulé depuis vingt et un ans, onze mois et douze jours à intérêt composé (c'est-à-dire 5 725,32 $) » (p. 99) dans l'inventaire du temps (« 87 ans, deux mois et vingt-quatre jours »... p. 72) et de l'espace (description géométrique de la « binette » de Passetout, p. 75-76, et de la « figure athanasienne », p. 78-79, ou analyse de la courbe spirale de la chute de l'ivrogne, p. 96, 100), et jusque dans la technique étudiée du coït (p. 57-58), poussant à l'excès la précision, Chayer se dote d'emblée d'un réalisme outrancier qui ne laisse pas d'être drôle comme les pitreries toujours irrésistibles d'un bouffon sérieux («Le rire n'est pas mon fort», p. 41, Voire!).

Ce qui relève de Chayer est remarquable dans tout cet exercice d'écriture. Si le personnage rédige à la volée, nous savons que G. Bessette, lui, a travaillé d'arrache-pied. Le texte est écrit, très écrit (dans son exemplaire dépouillement), peut-être même trop écrit, si l'on considère l'extrême étroitesse de la situation narrative[9] dont dispose celui qui est censé «scribouiller» (p. 149) ici: après une nuit perdue, sur la dure, le narrateur bloqué pour un temps incertain en prison s'aperçoit (simple idée à quoi il n'avait jamais songé!) qu'il peut écrire; il s'attelle donc à cette tâche et la poursuit tant bien que mal, compte tenu des circonstances, pendant «trente et une heures (plus ou moins)» (p. 149) d'affilée. Cela donne à peu près cinq pages à l'heure, moyenne énorme (en bonne vraisemblance réaliste), dans une période continue, pour un soi-disant commençant mal installé et qui n'a pour tout instrument qu'un vieux bout de crayon (p. 145) dont il lui faut dégager la mine avec ses ongles (p. 152). Le problème, ce n'est pas que cette fameuse situation narrative ne soit explicitement évoquée qu'au point où il est fait mention du commencement de l'écriture (c'est-à-dire à la toute fin du récit, p. 149), mais qu'elle ne semble pas clairement établie au départ: l'incidence du présent-futur, en effet («Maintenant qu'il s'en va, je ne vais pas me mettre à penser à lui», p. 16), n'est guère dans le ton d'une rétrospective[10].

Mais l'on déborde là le personnage. Ces données fondamentales de la création et les choix qu'elles supposent sont du ressort, en vérité, non du narrateur-acteur, Chayer lui-même, mais de l'auteur. En fait, ce dernier a balancé entre la forme «journal» (que l'on trouve dans les manuscrits plus anciens de l'œuvre[11]) et la forme «mémoires[12]» qui a

9. Il s'agit de l'aire temporelle (ici une trentaine d'heures continues hors de l'action ou à la conclusion de celle-ci), d'où le narrateur se remémore et consigne tous les épisodes du récit.

10. Il s'agit plutôt de l'optique du personnage dans l'action qui progresse et dont la suite n'est encore ni faite ni connue.

11. Sur un feuillet qui date d'avant 1960 (et qui se situerait à la page 59 de la version publiée, si l'auteur l'avait maintenu), on lit: «C'est comme pour ce journal, par exemple. Je l'ai commencé par hasard. Parce que Paulo m'avait annoncé son départ. Parce que je ne pouvais pas dormir en revenant du club d'échecs Saint-Denis. Des fois la pensée que c'est une perte de temps de le continuer me traverse l'esprit. Mais je me dis ensuite que, si je continue, c'est parce qu'en un sens j'y prends plaisir, un plaisir

fini par prévaloir, sans que l'adaptation des textes déjà rédigés et retenus ait été parfaitement effectuée.

Quoi qu'il en soit des intentions (possibles) et malgré le fort quotient numérico-échiquéen qui dénote la matière du récit, non seulement *La Commensale* n'est-elle pas, dans sa structure, ce qu'on appellerait un roman-théorème ou, par analogie, une partie d'échecs romanesque, mais l'intrigue elle-même reste bancale et le roman tourne court sans retomber sur ses pieds. Car Chayer, au sommet de son aventure, n'a subtilisé le brouillard de la *Plumbing Supply Company* qu'afin de le falsifier, mais Dieu-le-Père-Tout-Puissant (ou l'auteur) ne lui donne pas la chance d'exécuter son plan sans être pincé. C'est là à coup sûr un manque sérieux, dans un récit drolatique que la règle du genre oblige à bien finir (comme y réussissait, d'ailleurs, *Le Libraire* où Jodoin s'en tirait à son avantage et à la satisfaction du lecteur).

J'y trouve quant à moi l'une des bonnes raisons qui ont pu décider l'auteur à garder son manuscrit inédit pendant quinze ans. Mais un tel état de fait (puisque le roman a tout de même été publié dans cette forme) m'incite aussi à croire que le raffinement de l'intrigue elle-même (fiction d'allure saugrenue, suite de canulars facétieux [13], de farces de collégiens ou de couventines [14], de trouvailles cocasses [15]) influe ni peu ni prou, en somme, sur la signification essentielle qui se dégage de l'œuvre comme elle est. Glen Shortliffe, y décèle à bon droit une satire « métaphysique [16] » qu'il ramène à une notion de

---

temporaire sans doute car on ne prend pas à mon âge, j'imagine, l'habitude de noircir régulièrement du papier. Bientôt je consacrerai de nouveau mes loisirs à faire des additions, à jouer mentalement des parties d'échecs. En attendant je ne m'en fais pas. À chaque jour suffit sa peine. »

12. « Mémoires » (p. 149) partiels, il va sans dire : en gros, c'est une rétrospective de la dernière semaine de Chayer.

13. Voir toutes les ratiocinations, palabres, monologues, tirades et insultes qui parsèment le récit.

14. Voir les bouffonneries sur la montre de la commensale, les fonctions du cigare, les capsules de bière comme pièces d'échecs, le pot de café dérobé, le porridge mastic, etc.

15. Voir les inventions et trouvailles, manèges et manœuvres : choix des chaussures du garde-chiourme, stratégie du débouchage des bouteilles, mode d'opération d'une reliure, etc.

16. *Littérature canadienne-française*, p. 72. G. Bessette trouve, lui, que c'est un bien grand mot (*Dires*, p. 123). Et pourtant !

« schizoïdisme[17] » et qui consiste, en définitive, à affronter l'absurde avec les moyens du bord, soit ici l'écriture. Ainsi le narrateur met-il tout son effort à susciter, saisir et rendre adéquatement les plus creuses futilités, « car cet exercice, quoique parfaitement inutile (mais qu'est-ce qui est utile sauf de manger, de boire, de dormir, de se soulager, de copuler quand le besoin s'en fait sentir et de passer le temps le moins désagréablement possible ?), cet exercice mental donc, pourvu qu'on s'y adonne avec intensité et d'une façon sporadique, me paraît en somme moins crétinisant que de parler température, politique, religion, sexe, esthétique, littérature et autres fariboles *ejusdem farinæ* » (p. 78-79).

À l'enseigne parodique s'inscrit toute la manière robbe-grillesque[18] du roman, à la fois rigoureuse et caricaturale. D'un même coup le narrateur met à profit pour sa cause personnelle la recette phénoménologique (je tiens par exemple la figure de géométrie dans l'espace du visage de Passetout, p. 75-76, pour un petit chef-d'œuvre) et contrefait ironiquement le grand pontife du nouveau roman. Ce type de satire par le pastiche ou par l'emprunt vise sans doute aussi d'autres cibles à l'occasion, Sartre par exemple, intentionnellement ou non, par le recours à des termes caractérisés (« salauds », p. 59, 64, 66, 119; « mauvaise foi », p. 38, 153), à certaines images (« Ma concentration m'échappait, s'éparpillait, coulait hors de moi comme l'eau dans une chasse », p. 66), ou à quelque formule d'achèvement ouvert, façon Roquentin (« et quand Ratelier est revenu, un document à la main et précédé d'une bourrique, je me suis levé et je l'ai suivi », p. 156).

Mais l'événement majeur de *La Commensale*, c'est sans aucun doute ce que j'appellerai l'irruption de Freud dans la création bessettienne.

---

17. « Qu'est-ce donc que le "schizoïdisme" ? C'est une allure psychologique savamment adoptée par l'écrivain, attitude qui a pour effet de le soustraire de son milieu, de le dégager, de le détacher des objets et des hommes dont il se trouve entouré, voire emprisonné. » (G. Shortliffe, *op. cit.*, p. 66)

18. Des notations du journal inédit de G. Bessette (communiquées à R.R. au printemps 1974, quand se préparait la publication de *La Commensale*) permettent de préciser certaines dates. C'est le 22 février 1961 qu'intervient la lecture (première ? voir *Dires*, p. 119) de *La Jalousie* (1957) d'Alain Robbe-Grillet. L'on sait aussi par son journal que G. Bessette travaille à la partie d'échecs Passetout-Athanase, le 2 avril 1961. On peut donc en toute vraisemblance situer entre février et juin 1961 (moment de la dactylographie du texte) la période robbe-grillesque de la rédaction. L'impression produite à l'époque sur G. Bessette par l'auteur du *Voyeur* et de *La Jalousie* a dû être si forte que l'*Histoire de la littérature canadienne-française* (Centre éducatif et culturel, 1968), alors en chantier, consacre expressément 15 pages (p. 595-610) à Robbe-Grillet et à Nathalie Sarraute, ce qui semble à tout le moins un luxe dans un ouvrage québécois.

Cette époque de l'élaboration de *La Commensale* est le temps où le romancier rentre au bercail du mage viennois après l'avoir délaissé au moins une quinzaine d'années [19]. Les brocards (antiphrastiques) qui se rencontrent dans le roman à propos de l'« inconscient » (p. 99) et de la « conscience » (p. 131) en sont le signe certain, mais plus encore le passage fracassant de la scène originaire (p. 127-128), qu'il importe par-dessus tout de commenter. Il s'agit d'une péripétie intégrée sur le tard au récit pour répondre à la « nécessité peut-être de donner un passé à Chayer » (d'après une note manuscrite de 1960) ; celui-ci revit en effet très intensément une scène infantile jusque-là refoulée dans son inconscient. L'incident est de première importance pour la psychologie du personnage.

G. Bessette est resté fasciné par cette scène ; quand il est question de *La Commensale,* il y revient toujours. Au temps où se préparait la publication, il a songé de longs mois à écrire une postface au roman afin, dit-il, d'« *expliquer* le rôle joué par le passage télégraphique de *La Commensale* dans ma décision de foutre au rancard la Bessière et le Chayer » (lettre à R.R., 23 décembre 1974). Il en a fait un commentaire détaillé, dans *Mes romans et moi* (p. 92-93), où il dit que, au temps de la composition, le passage lui avait paru « détonner » [20]. Survenant abruptement au milieu d'un récit très *écrit,* rétrospectif et décanté, cette séquence qui reproduit le style « haché et haletant [21] » d'un monologue intérieur (dans la veine des *Lauriers sont coupés* d'Édouard Dujardin), chaotique et jaillissant, produit certes un effet considérable, mais elle ne cadre effectivement pas avec le reste par la façon dont elle est rapportée.

Ainsi l'introduction malavisée du style nouveau dans un récit d'allure canonique, par ailleurs très travaillé, allait-elle dans l'immédiat déboucher sur une déception, mal acceptée. Mais cela était peut-être nécessaire pour que la création bessettienne se tournât décisivement vers l'avenir.

---

19. *Romans,* p. 100.

20. *Ibid.,* p. 74. G. Bessette tenait des propos similaires dans l'interview de *Voix et Images,* vol. 1, n° 3, avril 1976, p. 319.

21. *Romans,* p. 89.

IV. « *Stream of Consciousness* »

1. *L'Incubation*

Bien des vicissitudes de la vie anecdotique de Gérard Bessette, agissant au niveau de la forme aussi bien que de la matière, ont contribué à produire *L'Incubation* [1]. Là-dessus, en toute bonne histoire littéraire, il est d'ores et déjà permis de parler franchement d'une aventure complexe, pour l'essentiel vécue [2], et de maladies effectivement traversées [3]. Ce

1. Les indications paginales entre parenthèses dans le texte renverront à la deuxième édition de *L'Incubation*, Librairie Déom, 1968. Il n'existe pas en français d'édition parfaite, impeccable, de *L'Incubation*. L'originale (1965) contient des erreurs et des coquilles. L'édition Déom 1968 corrige certaines fautes de la précédente mais pas toutes, cependant qu'elle en commet d'autres. Les plus notables différences entre les deux textes concernent les propos en allemand du vieux Weingerter. L'édition Québec/Amérique 1981 ne corrige rien, se bornant à reproduire (photographiquement) le texte de 1968. Entre les deux dates premières, intervient la traduction Shortliffe, *Incubation*, chez Macmillan, en 1967. C'est l'édition de loin la plus soignée et qui peut permettre d'éclairer indirectement la lettre originale en français (c'est là aussi qu'apparaît d'abord la modification de l'allemand de Weingerter); mais *Incubation* 1967 ne résout pas tous les problèmes littéraux et pourrait même en créer de nouveaux : on lit par exemple « orgastiques » (éd. 1965, p. 66-67 ; éd. 1968, p. 67), que Shortliffe traduit :« orgiastic » (p. 50), c'est-à-dire « orgiaques » ; or G. Bessette se sert du mot formé sur « orgasme », plutôt que sur « orgie ».

2. « Avec force déformations et déplacements, *l'Incubation* raconte un drame que j'ai vécu, réellement et en fantasmes. J'ai souhaité vivement à cette époque la disparition d'un mari (Jack). Je me suis dédoublé en un époux plutôt bambocheur (Gordon) et un intellectuel plongé dans ses livres et qui regrette un amour défunt (Weingerter). J'ai fantasmé aussi le suicide d'une Européenne. » (*Mes romans et moi*, p. 107)

3. *Ibid.*, p. 94, 95-96, et *University of Toronto Quarterly*, vol. 50, n° 1, automne 1980, p. 50-51.

rapport avec une réalité biographique a été entre autres éclairé par un essai auto-psycho : *Mes romans et moi* (1979), un roman-bilan : *Le Semestre* (1979) et un article-règlement de comptes (*U.T.Q.*, 1980), et cela devrait être un jour davantage explicité par l'auteur[4] ou par des recherches historiques dont plus que des bribes ont été révélées (propos intimes et correspondances), mais qu'il n'est pas encore opportun de vouloir exploiter. Pour l'instant c'est le principe surtout qu'il importe de poser d'une authentique projection de soi dans une grande œuvre universelle.

Dans ce roman l'engagement personnel a donc joué plus dramatiquement que dans les œuvres antérieures, et elle était du reste d'un tout autre ordre : sur le plan de l'histoire, c'est le débouché d'une grave crise passionnelle, « affaire de cœur (ou de cul)[5] » traversée d'impulsions homicides ou suicidaires, et sur le plan de la création l'éclosion d'un style nouveau se fait dans le rapport immédiat à l'expérience hautement incommode du désordre somatique.

L'Incubation a été commencée dans des circonstances inhabituelles, alors que *La Commensale* n'avait pas encore été quittée et n'était tout au plus qu'en suspens. Les quelque quarante-cinq pages d'un premier brouillon ont été écrites à Paris en 1962. Elles font partie d'un cahier fourre-tout de marque Héraklès, qui contient en outre des notations de journal intime (avec leurs dates), des brouillons de l'*Histoire de la littérature canadienne-française* (en collaboration avec Lucien Geslin et Charles Parent) ainsi que les ultimes retouches que l'auteur ait apportées à *La Commensale*. La surprise de ces pages lointaines, c'est de découvrir combien elles sont près de ce que sera le texte définitif du roman : l'épisode du bar, à Montréal, puis l'arrivée et l'accueil d'une certaine Jessica (future Antinéa) qu'il va falloir « caser ». Le narrateur est bibliothécaire dans une université ontarienne, et celui qui deviendra Gordon Blackwell porte à ce stade le nom de Glen (comme un pur personnage de l'existence bessettienne) ; on nous le décrit en toutes lettres « pendant la guerre dans une espèce d'état second à mi-chemin entre la veille et le sommeil[6] ». Le récit lui-même, sans apprêt, n'est peut-être pas déjà un monologue intérieur-*stream of consciousness* nettement

---

4. « Lorsque j'écrirai mes mémoires totaux : sans doute posthumes — mais y arriverai-je jamais ? — j'exposerai en détail les crises affectives et le chassé-croisé interpersonnel qui présidèrent à *L'Incubation*. » (*Mes romans*, p. 98)

5. *Le Semestre*, p. 226.

6. Cahier Héraklès, p. 74.

caractérisé, mais il n'est pas pour autant d'un ton très différent de celui de l'actuelle *Incubation* [7].

L'auteur, au moment de cette rédaction, soignait une pénible mononucléose à coup de « doses chevalines de streptomycine [8] ». On sait comment à Londres, ensuite, il hantait Soho la nuit, dans des états seconds, expérimentant ainsi en quelque sorte (et sans le savoir) le substrat mimétique d'un style romanesque et le fol effarement d'une ville agressée. « Il ne fait aucun doute, conviendra-t-il rétrospectivement, que ces bizarres noctambulations ne m'aient servi de toile de fond affective lorsque je rédigeai plus tard *L'Incubation* [9] ». Ainsi le climat onirique de l'anecdote se trouve-t-il porté au second degré par la dynamique du récit.

Un peu plus tard, à Kingston (Narcotown), fin juillet 1962, après être rentré d'Europe, quand il se remet à la tâche, c'est le même « début fiévreux » qu'il reprend (dans un autre cahier protéen). Il le développera sur « une soixantaine de pages » (illisibles) « que, dit-il, nous dûmes nous mettre à deux — armés d'une loupe — pour déchiffrer un an plus tard » [10]. On y retrouve encore « Glen et Jessica là-bas dans une espèce

7. Écrivant là-dessus de mémoire en 1980, G. Bessette disait : « L'ébauche première de *L'Incubation* (dont Robidoux semble avoir conservé la copie dans ses fiches) avait-elle déjà [...] cette allure torrentielle-remoueuse ? Je l'ignore. Mais je suis porté à en douter. Resterait à savoir ce que ce *stream of consciousness*, quel qu'il fût, doit à la mononucléose que j'avais contractée à Paris au cours de l'été 1962. » (*U.T.Q.*, p. 50) En fait, le début actuel du roman semble avoir gardé la touche du début originel, malgré tous les changements subséquents. C'est pourquoi Patricia Smart a pu finement observer : « [...] dans les toutes premières pages de *L'Incubation* les temps verbaux sont utilisés de façon normale » [plutôt que dans le mode « insolite » qui informe la suite du récit] (« Relire *L'Incubation* », dans *Études françaises*, vol. 6, n° 2, mai 1970, p. 206).

8. Lettre de G.B. à R.R., 11 mars 1977. Dans un long paragraphe de cette lettre (inédite), G.B. fait une description épique (style de *L'Incubation* et du *Semestre*) de sa maladie (et de sa cure) à Paris puis à Londres. On trouvera aussi d'autres détails dans *U.T.Q.*, p. 50-51.

9. *U.T.Q.*, p. 51.

10. *Loc. cit.* Je crois que G.B. (dans sa mémoire et quand il en parle dans *Mes romans et moi* ou dans cet article de *U.T.Q.*) escamote certains repères chronologiques et télescope en un phénomène unique et singulier l'apport en réalité double de deux maladies distinctes (la mononucléose de l'été 1962 et le Coxsackie de l'année suivante) qui ont marqué l'une et l'autre la création du roman. Les pages manuscrites *datées* du 30 juillet 1962 (que je considère ici) répondent tout à fait à la description d'avoir été tracées « d'une plume hiéroglyphique filant à l'épouvante » (*U.T.Q.*, p. 51). Mon insistance sur les petits faits de 1963 vise simplement à établir que

d'état second» (p. 81 du cahier), et le style est sans conteste celui du monologue «qui se veut déroulement ininterrompu et intriqué [11]».

Chose bien avérée, le travail ultérieur de déchiffrage et l'achèvement de la composition, de l'été 1963 jusqu'au 8 août 1964 [12], avant et après le périlleux Coxsackie, ont été accomplis dans une espèce d'«euphorie»: «j'avais l'impression, dit l'auteur, d'être soulevé-entraîné par le monologue intérieur irrésistible-bouillonnant-vertigineux du protagoniste [13]». Tout au long de son élaboration, l'œuvre s'était intitulée *Le Retour*. Mais à la sortie en France (fin 1964) d'un roman de Michel Droit sous ce même titre [14], il fallut trouver autre chose, somme toute, pour le mieux: ce fut *L'Incubation* [15]. L'ultime amendement (sur épreuves), à la mi-février 1965, consista à retrancher du texte, aux toutes dernières pages, une sorte de résumé clair et ordonné du caractère d'Antinéa (et de l'histoire), perçu comme une concession au lecteur paresseux. Et le livre parut au début du printemps sous l'étiquette d'une collection «nouvelle prose», aspirant à promouvoir «une littérature consciente d'elle-même» [16]. Mais le texte le plus achevé (quoique non encore expurgé de toutes ses fautes et coquilles) est celui de la deuxième édition en français (1968) où par exemple l'heure indiquée («1 heure 48», plutôt que «13 heures 48») est adaptée à l'arrivée fatidique d'Antinéa la nuit (p. 27), cependant que sont rectifiés (avec le concours d'un collègue professeur d'allemand) les propos en langue germanique de l'antédiluvien Teuton linguiste Weingerter.

L'enjeu formel du roman tient tout entier dans la réalisation efficace d'un monologue intérieur continu, représentation adéquate du *stream of consciousness*. Pour la création bessettienne il s'agit d'une démarche nouvelle, de formule voisine peut-être, mais néanmoins différente foncièrement de celle de l'enregistrement télégraphique de la scène originaire dans *La Commensale*. Tel qu'il se présentait en effet dans un

---

l'influence «stylistique» de la maladie s'est manifestée dès l'origine (et à tous les stades) comme un facteur déterminant (au delà des imitations proprement littéraires) dans le passage à une esthétique «nouveau roman».

11. *U.T.Q.*, p. 50.
12. Date d'achèvement imprimée à la fin du texte, dans l'édition originale, p. 178.
13. *Les Dires d'Omer Marin*, p. 120.
14. Michel Droit, *Le Retour*, Paris, Julliard, 1964, 388 p. L'achevé d'imprimer est du 17 novembre.
15. *Romans*, p. 97.
16. Revers de la couverture. Texte de Jean Basile, directeur de la collection.

imprévu total et pour un très court laps de temps sans durée (le moment à peine qu'une allumette brûle), ce passage équivalait à un météore issu du tréfonds de l'inconscient personnel, mitraillant Chayer à coup de *flashes*-éclairs-substantifs (sans verbes). Or le narrateur de *L'Incubation*, lui, s'ébattra plutôt dans le flux désordonné d'une durée sans repos, figurée par la « translation flageolante un peu titubante [17] » (« translation hypnagogique », p. 24, en vérité, dans un lyrique Soho verbal), à la poursuite des bribes de mémoire, des fantasmagories et de la réalité inéluctable. Il s'agit bien d'un courant de conscience, entretenu par un discours qui consiste en la rétrospective d'une histoire tout juste achevée dans la catastrophe. Antinéa vient de se suicider, « *Schreckliche Tragödie !* » (p. 176), et le narrateur en est, à l'extrême, commotionné. Dans la coloration de ce point chrono-psychologique, qui constitue ce que la critique appelle « *la situation narrative* [18] », le récit recompose par le menu le processus emmêlé du destin, depuis les troubles amours londoniennes du temps de guerre (le triangle Gordon-Antinéa-Jack), exhumées de quels limbes, dix ans plus tard, dans les équivoques retrouvailles narcotowniennes (malaxant pêle-mêle Antinéa, Gordon, Maggie, Weingerter et Lagarde), jusqu'à la fulmination de l'événement fatal — « *Mein Gott mein Gott mein Gott...* » (p. 179).

Cette situation narrative qui semble d'autant plus importante qu'elle conditionne en somme la tonalité de la narration entière passe à tout le moins pour insuffisamment établie au départ. Le lecteur qui n'aurait pas déjà lu le livre n'en serait que très peu conscient [19]. Or il me paraît que prendre acte d'un manque de cet ordre, c'est en définitive regretter que *L'Incubation* ne soit pas un tout autre roman. L'actuelle situation narrative, qui dénote chez le narrateur un trouble maximal, comporte à mon sens deux indices supposés, accessibles dès l'abord et tout au long au lecteur tant soit peu actif : d'une part, un état que j'appellerais de flottement, qui peut être relié à l'absorption de fortes doses d'alcool

---

17. *L'Incubation*, p. 37. On trouve au long du roman un grand nombre de représentations spéculaires du mode du récit. J'en cite quelques exemples : « [...] dans un état vaguement onirique à mi-chemin entre la veille et le sommeil après tous ces petits verres que j'avais moi aussi [...] ingurgités », p. 20 ; « mon inquiétante chaotique façon de raconter [...] mes arrêts reprises retours en arrière piétinements sur place soudains décalages étaient peut-être de la pure rhétorique, avaient pour but [...] non pas de cacher de voiler une bamboche réelle [...] mais [...] avaient (ces arrêts reprises louvoiements) pour but au contraire de créer l'illusion qu'une bamboche (imaginaire) s'était vraiment déroulée », p. 110 ; « il déroulait un monologue peut-être sans doute l'eût-il de toute façon déroulé même seul — il eût alors été intérieur au lieu d'être sonore », p. 158.

18. P. Smart, *art. cit.*, p. 204.

19. *Loc. cit.*

et qui se traduit dans la démarche verbale tâtonnante et répétitive [20] ; de l'autre, une sorte de *black out* brutal qui subjugue la sincérité du récitant et l'excite aussi à comprendre (tout en entretenant le suspense) et qui fait de tout le récit une interrogation insistante et frustrée, au lieu d'un clair constat [21]. Quand le lecteur (coïncidant avec le narrateur, qui est en réalité le premier narrataire et sans doute le plus intrigué) en arrive à regarder en face le suicide accompli (à la toute fin), je crois qu'il trouve plausible que l'événement tragique ait été jusque-là occulté-refoulé au point de n'être présent (mais à quel degré d'intensité !) que par l'effet de bouleversement qui a marqué tout le discours (mental). Axé, braqué, collé sur le déroulement fou (« *a tale told by an idiot, lived by an idiot !* une histoire (vécue !) débitée par un minus habens », p. 129), le narrateur essaie tant qu'il peut de se leurrer, dans l'espoir que cela le dégagera de toute responsabilité.

Ce monologue d'une seule coulée qui assume techniquement la durée d'une remémoration anxieuse se mesure en toute rigueur au temps qu'il faut pour le proférer (ou pour le lire). Il afflue à l'état brut — mimésis discursive de l'errance somnambulique dans Soho —, entraînant à foison dans son rythme les remous répétitifs, originalités verbales, inventions de figures imaginaires ou rhétoriques de toutes espèces [22], qui confèrent à ce récit les qualités incantatoires d'un grand poème, fascinant exercice d'écriture d'un texte non écrit (par le narrateur), purement pensé et bien à contrecœur (en-)duré.

---

20. Cet aspect de la présence *hic et nunc*, dans tel état de corps et de comportement, du narrateur aurait certes pu être accentué, par la perception cénesthésique par exemple. Mais l'auteur, sur le plan de la création, n'en est pas encore là ; je reviendrai là-dessus au stade du *Cycle*. Je dirai néanmoins que les cénesthésies me paraissent ici déjà implicites dans le tohu-bohu narratif et les reprises obsédantes.

21. Je cite, parmi des possibilités multiples : « [...] Néa réelle indemne (mais porteuse prégnante de quels drames de quelles crises) » (p. 24) ; « (Comment se souvenir recoller les bribes les fragments de ses souvenirs) » (p. 153) ; « Comment tout cela va-t-il finir, dans quel paroxistique confrontation » (p. 160) ; et cet inlassable « comment savoir » qui devient vite le leitmotiv de fond.

22. On trouvera l'examen de détail de ces questions dans le livre d'Alain Piette, *Gérard Bessette, « L'Incubation » et ses figures*, Montréal, Les Presses de l'Université de Montréal, Coll. « Lignes québécoises », 1983. À peu près tous les cas relevant d'une rhétorique générale s'y trouvent individuellement recensés et soumis à une analyse très probante. Puis en faisant donner l'« intégration des niveaux », l'auteur montre le fonctionnement du système des figures du langage entre elles et dans la perspective des figures narratives. Cet ouvrage est à coup sûr l'étude la plus explicative faite à ce jour sur le texte de *L'Incubation*.

Pour faciliter au lecteur son parcours dans des chemins souvent accidentés, le romancier a balisé son texte d'une ponctuation *sui generis* qui ignore systématiquement le point signe d'arrêt, au profit de la virgule pause, et qui instaure un code varié de parenthèse simples ou doubles, crochets, tirets, traits obliques, aptes à indiquer les niveaux de réalité ou d'imagination par où transite la faculté inquisitrice du narrateur [23].

Mais l'agent stylistique le plus efficace pour créer l'effet de flux torrentiel est la forme progressive des verbes qui portent, tout au long, le récit : soit l'imparfait de l'indicatif et le participe présent, qui miment l'un et l'autre la durée dans leur structure même. La succession ponctuelle des actes et paroles (avec ellipses et reprises) s'accomplit ainsi dans un mouvement qui ne souffre ni les pannes ni les ralentissements.

Le courant de conscience toutefois entraîne aussi dans son élan des entités d'espace réelles ou imaginaires qui sont instantanées et globales dans la pensée mais qu'il faut bien transposer aves les moyens divisionnaires et extensifs de l'écriture. L'auteur a réussi à réduire le statisme des inévitables descriptions en les truffant de traits, de gestes, de réflexions, d'allusions qui leur prêtent un semblant de dynamisme (voir à ce propos le développement sur le précieux salon Louis XV de Maggie, p. 108–110) ; lorsque d'aventure se trahit une certaine insistance du regard, le lecteur peut avoir le sentiment de l'effet hors du temps que produit un point d'orgue en musique, comme lorsque le narrateur se complaît à couver des yeux la gorge de Néa : « elle portait son kimono fraise écrasée [24] qui béait à l'échancrure entre les seins (que Gordon avait écrasés contre sa poitrine près de la masure pulvérisée) desquels je regardais la naissante vallée ombreuse laiteuse entre les revers glissants luisants comme des lames de cisaille » (p. 95).

---

23. Dans ses œuvres subséquentes, notamment dans *Le Cycle* (1971), G. Bessette se forgera de véritables systèmes personnels (et circonstanciels) de ponctuation. J'y reviendrai en temps et lieux. Dans le cas particulier de *L'Incubation*, on peut se demander si l'on ne gagnerait pas en nuance à remplacer par des blancs ces signes sortant trop de l'ordinaire (par exemple les traits obliques, accouplés ou non à des tirets et qui n'apparaissent d'ailleurs qu'à partir de la page 60, ou les crochets qui encadrent des fantasmes de scènes irréelles ou seulement supposées, vers la fin du récit, page 162 et suivantes), qui semblent, somme toute, superfétatoires et qui deviennent trop voyants pour le lecteur qui a déjà compris.

24. Je note au passage un certain penchant de l'auteur du côté de cette couleur qui est déjà celle du kimono de Sylvaine dans *La Commensale* (p. 83, 90) et que l'on retrouve ailleurs dans des brouillons inédits.

Le statut non écrit du monologue bouleverse à bon escient les normes stylistiques du bien dire. Au chapitre de la répétition (et de la variété) par exemple, si l'on se souvient de l'effort du romancier de *La Bagarre* pour diversifier les désignations d'un même personnage (Jules... Lebeuf... il... le colosse... l'étudiant...), on ne peut qu'être frappé par la fréquence de la mention des noms de personnes dans *L'Incubation* : Gordon 196 fois, Néa 133 et Antinéa 27 = 160, Maggie 70, Weingerter 66, Ripcord 54 [25].

Le flot charrie aussi bien les mots populaires que les expressions savantes, techniques ou les néologismes les plus hardis. Comme la pensée reste au stade primaire, jaillissant, le choix des termes adéquats n'est pas fait, ne doit pas se faire, nous participons à toutes les phases de l'opération de recherche. Noyés dans la mémoire ou l'oubli, les dialogues des personnages ou bien sont rapportés dans le discours indirect libre du narrateur ou bien, s'ils sont littéralement cités, ils sont tronqués, insignifiants, réduits à l'inepte. Lagarde (le monologant) étant le seul personnage francophone, les propos en langue différente comportent le plus souvent leur traduction française, qui peut être le fait soit de celui qui est cité (ce me semble le cas en particulier du vieux linguiste Weingerter), soit du narrateur lui-même ruminant le sens (pittoresque) qu'il a saisi.

Sur le plan du réalisme objectif, l'auteur aura eu quelque mal à établir la cohérence du temps proprement romanesque dans le contexte des événements extérieurs qui sont appelés à témoin, et il n'aura pas résolu toutes les difficultés. La guerre de 1939–1945 est, bien sûr, un point de repère essentiel pour tout ce qui se passe à Londres et à Vienne. Puisque l'irruption d'Antinéa auprès de Gordon a lieu « près d'une décennie après la fin de la guerre » (p. 65), l'action décisive du roman peut être située vers 1955 : les quelque dix années écoulées constituent une manière de limite extrême au delà de quoi on pourrait suspecter la vraisemblance psychologique de venir relancer un ancien amant (dont on avait complètement perdu la trace), en poussant au surplus la passion jusqu'au suicide. Or si Néa a, sous un autre aspect, traversé l'Atlantique « un quart de siècle après lui » (p. 113), Weingerter aurait donc fui l'Autriche vers 1930 (bien avant l'*Anschluss* et le régime nazi) : comment se peut-il alors qu'« il y a[it] vingt-cinq ans [...] que Sara se trouvait internée dans cet affreux camp derrière ces barbelés » (p. 112) ? En fait, si l'on fait abstraction de Néa (mais comment serait-ce possible ?), les points de repère relatifs à Weingerter [26], plus quelques

25. D'après une concordance des mots réalisée par Hubert Larocque.

26. Glen Shortliffe a perçu le désaccord entre la chronologie de Weingerter et celle d'Antinéa. Afin de les concilier, au moins en apparence, il a reculé

allusions à des phénomènes précisément datés [27], feraient situer les dernières phases de l'histoire dans le « tardif automne » (p. 114) de 1964 (c'est-à-dire à l'époque où le livre était sous presse).

Ces données de détail qui insèrent d'une certaine façon le roman dans la réalité extérieure incitent à poser enfin la question d'une quelconque actualité de l'œuvre et plus largement de sa signification. Je dirais que G. Bessette a, ici plus que jamais, laissé de côté les problèmes plus ou moins contingents d'engagement social ou politique. 1965, année de *L'Incubation*, est également celle du *Couteau sur la table* (Jacques Godbout) et de *Prochain épisode* (Hubert Aquin), l'un et l'autre très marqués par la thématique du pays et par la lutte pour l'indépendance nationale [28]. C'est peu de dire qu'il n'est rien de cet ordre dans le roman bessettien. *L'Incubation* se joue entièrement entre anglophones et autres « ethniques » (mis à part le témoin, qui n'insiste pas sur sa différence) et essentiellement hors frontières (Londres, Vienne, Narcotown, avec un Montréal de pur transit), du reste, sans souci des querelles idéologiques. Appuyée sur d'innombrables indications semées en une véritable concaténation de sens au long du récit (p. 13, 14, 17, 21-22, 45, 59, 60, 61, 64, 87, 120, 122, 129, 140, 142, 154...) et culminant dans le grand passage « *homo*

---

l'année de la naissance de l'antique bibliophage de 1882 (qu'elle était dans l'édition originale, p. 119) à 1875 (qu'elle sera dans la version anglaise, p. 94, puis dans la deuxième édition française, p. 119). Le rajustement est nécessaire si l'action (Néa) se déroule vers 1955 (« près d'une décennie après la fin de la guerre », p. 65) et que l'âge du bonhomme (« octogénaire », p. 65) doive être « quatre-vingt bientôt quatre-vingt-un ans » (p, 65). Mais cela laisse intactes les autres discordances temporelles du roman. Pareille constatation, s'ajoutant à ce que j'ai déjà observé par exemple au sujet de l'achoppement chronologique du *Libraire*, en dit peut-être long sur un certain type de distraction (dans les questions de temps) du créateur Bessette.

27. La référence expresse à la « *Dolce Vita* » (p. 127), dans le « salon dolcevital » (p. 134) chez Ripcord, présuppose naturellement le film de Fédérico Fellini qui est de 1960, de même que *Mémoires d'une jeune femme rangée* (p. 165) parodie le livre de Simone de Beauvoir de 1958. De leur côté les parents de Maggie n'ont pu être « raisonnablement bilinguistes biculturalistes » (p. 165) qu'après la mise en train de la Commission royale Laurendeau-Dunton en 1963, et, au moment du débat sur le drapeau en 1964, se sentir « écartelés entre l'*ensign* et la feuille optant à contre-cœur après de déchirants examens de conscience (s'étant résignés à opter) pour le misérable inesthétique inhéraldique appendice végétal vaguement indécent » (p. 165-166).

28. Il est peut-être opportun de signaler ici l'article *Dissidence...* que G. Bessette avait fait paraître dans la revue *Liberté* (n° 21), en mars 1962. Sans vouloir préjuger de rien, il préconisait de laisser l'examen direct du problème du séparatisme à d'autres que des littérateurs.

erectus mulier erecta » (p. 149-151), la dramatique individualité de l'histoire s'inscrit dans une dimension hardiment métaphysique, concernant la condition humaine tout entière.

De sorte que, à tous les points de vue, heureuse conjonction des hasards de la vie (aventures, maladies et remèdes) et des découvertes de l'art, *L'Incubation* s'impose, à sa date dans l'œuvre de G. Bessette, comme le morceau des connaisseurs. Je me suis abstenu jusqu'à présent de mentionner *La Route des Flandres* de Claude Simon, qui a pu être prise (dans une certaine mesure et plus ou moins inconsciemment) pour un « analogon » du style [29]. C'est que j'ai toujours jugé *L'Incubation* plus envoûtante que son modèle français. Quand donc oserons-nous, à mérite égal ou supérieur, reconnaître les valeurs nôtres du domaine universel ?

2. *Le Cycle*

Alors que jusque-là la mise en train d'un roman s'enchaînait sans intervalle à l'achèvement d'un autre ou, dans le cas de *La Commensale*, à son suspens, il s'est écoulé une mesure appréciable de temps entre la parution rapide de *L'Incubation* au printemps 1965 et le commencement du *Cycle* [30], qui ne sortira effectivement en librairie qu'en 1971. On peut cependant parler, pour toutes ces années, d'une période faste à bien des points de vue, dans la carrière de l'écrivain. La conjoncture de la Révolution tranquille où la littérature comme le reste se prévaut d'être à la page, à la faveur du nouveau roman et de la nouvelle critique, est propice au succès immédiat et, peut-on dire, retentissant de *L'Incubation* [31], cependant que le professeur Bessette, qui continue

---

29. Dès la parution du roman, Gilles Marcotte (*La Presse*, 10 avril 1965) avait su faire le rapprochement entre *L'Incubation* et *La Route des Flandres*. G. Bessette quant à lui reconnaît sans difficulté que Claude Simon l'a influencé au point de vue stylistique pour ce roman (*Lettres québécoises*, n° 11, septembre 1978, p. 31 ; voir aussi *Dires*, p. 119).

30. *Le Cycle*, Montréal, éditions du Jour, 1971, 213 p. Les références entre parenthèses dans le texte renverront à cette édition (originale) criblée d'innombrables fautes (à croire que personne jamais n'en a corrigé les épreuves) ; une autre édition (Québec/Amérique, 1980), simple reproduction photographique de la première, laisse tout tel quel. Il n'existe pas de présentation correcte du *Cycle* en français.

31. Bien accueilli par la critique et par le public, *L'Incubation* reçut le prix de la Province de Québec 1965 et celui du Gouverneur général. Le roman parut ensuite en anglais (traduction de Glen Shortliffe, éditions Macmillan) en 1967.

sur sa lancée tout en donnant plus résolument que jamais dans la psychanalyse, passe à ce moment une année à l'université Laval, met la dernière main à une *Histoire de la littérature canadienne-française*[32] et produit, dans *Une littérature en ébullition*[33], un ensemble d'études dont les trouvailles de fond et de forme, explicatives pour chacun des auteurs qu'il considère, lui seront à lui-même d'un grand profit dans ses œuvres à venir.

Dans la perspective strictement créatrice, si l'écrivain ne se hâte pas dans cette période de s'atteler à un roman, il met néanmoins à l'épreuve de façon très délibérée des modèles originaux de narration, dans deux récits brefs qui assurent certes la transition entre l'importante *Incubation* et la suite majeure de l'œuvre, mais qui s'imposent aussi par leur valeur propre et leur poids autonome. C'est en premier une nouvelle intitulée « Grossesse[34] », qui tient du tour de force par son sujet même et qui doit sa vérité non au jaillissement instinctif, mais entièrement à la recherche et à la justesse de sa fabrication calculée : misant de fait sur l'observation en quelque sorte clinique d'une amie, l'auteur mâle ose assumer le point de vue spécifique d'une femme enceinte de six mois à l'heure où elle est aux prises avec ses malaises physiologiques quotidiens ; dans un langage des plus naturels, il élabore un monologue souple, faisant alterner discours direct et

---

32. Montréal, Centre éducatif et culturel, 1968, 596 p. La part de Gérard Bessette dans la réalisation de ce gros ouvrage (en collaboration avec Lucien Geslin et Charles Parent) concerne principalement l'étude du roman (sauf naturellement son œuvre à lui). Le voyage en Europe de 1962 avait en partie été motivé par la coordination du travail avec M. Geslin.

33. Montréal, éditions du Jour, 1968, 317 p. À côté et en complément de quelques articles antérieurement publiés (sur Nelligan : analyse du « Jardin d'antan », 1948, et remous du subconscient, 1963 ; sur Gabrielle Roy : « *Bonheur d'occasion* », 1952 ; sur Anne Hébert : la dislocation dans la poésie, 1966), le livre réunit plusieurs inédits : sur Nelligan (le complexe parental), Claude-Henri Grignon (la sexualité de Séraphin Poudrier), Yves Thériault (le primitivisme) et Gabrielle Roy. Les études sur cette dernière, en particulier, sont significatives dans l'optique du devenir ultérieur de la création bessettienne. Aux textes mêmes du volume (« Appendice » à l'article de 1952 sur *Bonheur d'occasion*, « Correspondances entre les personnages et le milieu physique », « La romancière et ses personnages » et « Interview avec Gabrielle Roy »), il convient de rattacher deux autres articles de l'époque (*La Route d'Altamont* clé de *La Montagne secrète* », 1967, et « *Alexandre Chenevert* », 1969), qui feront partie de *Trois Romanciers québécois* en 1973.

34. Présentée à Radio-Canada en 1967 (voix d'Hélène Loiselle) et publiée dans *Liberté* (vol. 11, n° 2, mars-avril 1969). Le texte fera plus tard partie du recueil *La Garden-Party de Christophine* (Montréal, Québec/Amérique, 1980, p. 41-53).

indirect et pratiquant pour la première fois (qui deviendra bientôt pour lui coutume) systématiquement la cénesthésie[35] (féminine en l'occurrence) comme assise physique de la durée romanesque.

Plus courte encore, réduite à l'essentiel, « Romance[36] » explore une voie nouvelle : sous la forme d'un drôle de récit-poème, constitué d'une unique et insolite phrase à paliers, la gageure (ironique) est de contenir en totalité l'existence caricaturale du dénommé Norbert Allaire-Ducul, dont Omer Marin, futur protagoniste du *Semestre*, reconnaîtra plus tard qu'il « était sûrement (en sus de son père) Gordon Blackwell[37] », ci-devant héros, comme on sait, de *L'Incubation*, mais aussi prête-nom fictif de Glen Shortliffe, l'ami (et le traducteur) de Gérard Bessette, disparu justement en cet été de 1969. Et cet exercice de transition, qui fait peut-être surtout fonction d'exorcisme — liquidation rituelle du père et de Gordon —, laisse l'auteur fin prêt pour *Le Cycle*, qui fera tourner autour d'un autre Norbert défunt la sarabande symbolique du cercle familial.

D'après les brouillons conservés, le projet de roman s'est d'abord appelé simplement *Monologues*. Mais le titre définitif, *Le Cycle*, a tout de même été fixé assez tôt[38], informant de sa signification chaque morceau individuel et la suite organisée de tout l'ensemble, l'idée force étant à la fois d'un circuit particulier sur un axe et d'une révolution d'astres autour d'un référent central. Tel est au demeurant le schéma dynamique de l'œuvre.

---

35. J'ai donné plus haut (Première partie, VI. Féminitude, note 3) la définition de la cénesthésie : « Donnée globale traduisant en sensation consciente le fonctionnement végétatif de l'organisme [...] La cénesthésie comporte des sensations diverses : bien-être, malaise, fatigue, faiblesse, fièvre, etc. [...] La cénesthésie est le fondement de la personnalité physique, de la conscience de la vie, de la notion de la durée. » (*Manuel alphabétique de psychiatrie*, Paris, P.U.F., 1965). G. Bessette semble avoir découvert les ressources de ce type de notation psychologique en étudiant les « correspondances entre les personnages et le milieu physique dans *Bonheur d'occasion* », après avoir fini *L'Incubation*. C'est dans « Grossesse » qu'il en exploite d'abord les possibilités avant d'en faire l'un des supports de base des monologues du *Cycle*.

36. « Romance », texte paru dans *La Barre du Jour* (n° 21, septembre-octobre 1969, p. 2-6), a été recueilli dans *La Garden-Party de Christophine* (p. 55-60).

37. *Le Semestre*, p. 260.

38. C'est le titre de l'œuvre « en préparation » qu'annonce par exemple *Une littérature en ébullition* (achevé d'imprimer au début de janvier 1968).

De tous les romans bessettiens, c'est celui qui m'a toujours paru avoir davantage le caractère de l'expérimentation [39] — bien qu'il ait comme les autres jailli de source et se soit constitué sans trop de calcul —, sans doute parce que, au lieu de narrer une histoire selon les formes (comme ç'avait en somme été encore le cas dans *L'Incubation*), l'auteur a intentionnellement joué, hors de toute catégorie d'intrigue bien ordonnée, à *être* des personnages subsistants et irréductibles à lui-même. L'aventure me semble ainsi ontologique, dans la mesure où il s'agit de représenter avec des mots l'être existant dans la durée. Car *être*, c'est ici parler ou c'est écouter un discours continu et divers s'élaborer en soi. C'est du reste pourquoi il faut porter tant d'intérêt au « comment dire ».

L'exercice consiste donc à se glisser dans le JE tour à tour de sept personnes différentes, pour percevoir au sismographe sensible le battement de la vie. Cela donnera sept monologues immanents ou, au sens plus littéral du terme, sept soliloques, actes d'intimité maximale, sans autre destinataire que celui ou celle qui parle en vase clos pour soi seul(e). Joués à fond, les jeux du JE masculin (rendus aisés par l'affinité de nature) et ceux du JE féminin (inventés de la même audacieuse façon que dans « Grossesse ») sont *faits*, bien faits, comme si, par la magie des coïncidences clairement voulues, le créateur avait mis une mécanique en marche et que le mouvement se fût conduit sans anicroche, selon toutes les lois de la gravitation universelle du monde humain : physique, physiologique, psychologique, psychanalytique, etc. Chaque soliloque (analogue à ces fameuses boîtes noires des avions de ligne, témoins de vérité toujours d'une dernière heure) est ainsi un épitomé de durée personnelle qui s'inscrit à une étape dans le temps objectif entre la mort du père, survenue un lundi de mars, et les obsèques, qui doivent avoir lieu le jeudi. Le petit Jacot, sa jeune tante Gaétane et sa grand-mère Vitaline sont « enregistrés » séparément mais presque en simultanéité, pendant la veillée au salon funéraire le mardi soir, de même que Julien qui joue les fils rebelles à un *meeting* politique dans une aréna montréalaise ; Berthe, la mère de Jacot, et Roch, l'aîné de la famille, ont chacun leur tour aux heures tardives et dans la nuit, cependant qu'Anita, la plus vieille des filles, « passe » en fin de matinée du mercredi. Toute séquence ouverte fonctionne *ex abrupto*, sans préambule ni achèvement conclusif : la scène est en marche, se poursuit et cesse (et la vie pour les uns et les autres continuera dans son secret).

---

39. « Marin se rappela que certains critiques et quelques amis "prompts à le censurer" avaient trouvé les monologues intérieurs de *l'Épicycle* trop voulus trop cérébraux pour donner l'illusion d'un véritable *stream of consciousness* » (*Sem.*, p. 100)

Dans chaque soliloque le courant d'information évolue à quatre niveaux distincts de perception et d'expression, signalés très visiblement dans le texte imprimé par des sémaphores très explicites de ponctuation. Le récitatif de base qui correspond au conscient habituel se caractérise par l'absence de toute indication marquant l'arrêt ou la pause (point, virgule, etc.) ; tout au plus fait-il usage des blancs. Le message de l'inconscient, toujours véhément et excessif, apparaît entre des parenthèses doubles : « ((le détruire le déporter menottes aux poignets dans son Italie pouilleuse)) » (p. 49). La voix du subconscient, d'intensité intermédiaire, s'entoure des parenthèses simples : « (aujourd'hui c'est lui demain ce sera moi) » (p. 151). La cénesthésie enfin, vive comme un coup de foudre, est identifiée par les tirets : « — fatigue au dos douleur au genou droit — » (p. 27). Ce système de balises très apparentes a été introduit sur le tard dans le texte, au stade de la dernière version (c'est-à-dire « la troisième », selon les manuscrits). Il facilite sans aucun doute la saisie des nuances dans une première lecture. On peut se demander toutefois si le roman n'aurait pas un fini plus parfait, si tous ces signes qui deviennent vite indiscrets étaient éliminés du livre. Le premier fragment publié de l'œuvre, paru dans un périodique sous le titre significatif de « Soliloque archétypique [40] », ne s'encombrait pas encore de toutes ces balises et produisait un effet convaincant de durée compacte sans être moins intelligible à la lecture attentive. Comme au surplus l'application du code, réalisée somme toute après rédaction faite, n'est pas toujours cohérente (elle appellerait plusieurs mises au point) et que, dans bien des cas, le balisage paraît trop catégorique — car comment savoir que tel trait sourd du subconscient plutôt que de l'inconscient ? et, tout compte fait, qu'importe ? —, il serait souhaitable que parût un jour une version du *Cycle* non seulement amendée de ses innombrables fautes et coquilles (que perpétue fidèlement chacune des prétendues nouvelles éditions), mais débarrassée de tout l'appareil superfétatoire, qui ressortit tout au plus à l'ébauche et au déchiffrage.

Ce qui importe seulement pour assurer la permanence de la durée et de l'être existant, c'est que se succèdent sans faille les mots et les phrases qui lui donnent corps et rythme. Mais puisqu'il y a sept soliloques de sept personnages, appartenant aux deux sexes et d'âges très divers, il est normal que la parole-durée s'exprime dans un certain

---

40. *L'Information médicale et paramédicale*, Montréal, le 19 août 1969, p. 48. Il s'agit du début du roman, presque tel quel (*Le Cycle*, p. 7-12). L'impression que j'ai toujours eue de la « préméditation » du *Cycle* (c'est-à-dire d'un exercice plus *a priori* que spontané, plus organisé artificiellement que jaillissant de source) est peut-être au fond simplement liée à la présence mécanique de ce système de signaux, qui est pourtant un ajout de la onzième heure.

style, à l'image de chaque récitant. C'est G. Bessette lui-même, réfléchissant après coup justement sur *Le Cycle* [41], qui allait théoriquement distinguer deux façons d'exprimer le monologue intérieur :

> ou bien, dit-il, vous avez le monologue intérieur réaliste sur le plan du langage, en ce sens que vous pouvez imaginer ce monologue intérieur comme extériorisable où le personnage prononce pour lui-même ce discours dans son for intérieur, ça c'est une première façon : celle de Molly Bloom dans *Ulysse*. D'autre part, vous avez celle où l'auteur va essayer d'exprimer ce que le personnage sent sans qu'il s'agisse d'un monologue intérieurement articulé. Si le personnage se sent emporté tout à coup dans une sorte de flot souterrain, alors là, le langage n'est plus le sien propre puisque ça se situe à un niveau infralinguistique où le langage n'a plus cours...

Et cette deuxième manière, qui consiste dans une transposition stylistique, trouve aussi d'illustres modèles.

> pour en revenir au *stream of consciousness* : au pôle opposé de Molly Bloom, il y aurait les personnages de Virginia Woolf. Cette romancière s'exprime dans une langue qu'on appelle poétique, elle essaie d'exprimer ce que Mrs Dalloway sent, mais il est bien clair que Mrs Dalloway, si elle parlait, n'aurait pas ce langage-là. Dans ce cas-là il ne saurait être question de réalisme parlé.

L'une et l'autre formule me semble avoir été mise en œuvre dans *Le Cycle* [42]. La plupart des soliloques — ceux de Gaétane, de Vitaline, de Berthe, de Roch et d'Anita — font un dosage subtil des deux, assignant dans tous les cas la part plus large à la seconde manière (notamment à la fin des séquences, qui donnent toutes plus ou moins dans le rêve), ce qui confère au texte une qualité en quelque sorte incantatoire :

> (*Gaétane* :) Étendue sur la table d'opération poignets et chevilles retenus par des courroies de cuir on m'ouvre le genou d'un coup de lancette — douleur atroce plaie giclante — la pénétration du bistouri dans les cartilages le grattement du scalpel contre les os Papa est mort papa est mort papa est mort Gaétane va mourir (p. 42)
>
> (*Vitaline* :) Rien n'a cloché rien ne cloche absolument rien tout est parfait il est content elle l'aide à endosser son paletot de chat sauvage aux longs poils jaunes et noirs Il est tellement lourd qu'elle doit fournir un effort musculaire presque douloureux pour le soulever pendant qu'il enfile les

41. *Le Québec littéraire 1. Gérard Bessette*, « Bessette par lui-même », interview par Yvon Boucher et Carole Michaud, Kingston, 19 février 1973, p. 137.

42. Parce qu'il est tout au long un récit, le monologue intérieur de *L'Incubation* appartient de toute évidence davantage à la première formule, il est *extériorisable*, avec ses bredouillements et ses coups de gueule.

> manches Mais elle le fait avec un plaisir intense Tout de suite après il se retourne pour l'embrasser Elle sent l'innombrable picotement de sa moustache contre sa joue. Le picotement persiste longtemps après son départ Elle est heureuse (p. 79)
>
> (*Berthe* :) quelle terrible interminable nuit. Mais j'ai quand même dormi un peu j'ai sûrement somnolé un bon moment Albert gorille et ses bananes la Pelchat et ses gouttes d'urine mon ressentiment contre ce cher petit Jacot (que j'aime tant) l'imperator romain la galère remontant le Nil c'étaient sûrement des rêves (quels drôles de rêves quelle drôle de nuit) (p. 144-145)
>
> (*Roch* :) Après avoir éclusé ton dernier bourbon tu frictionnes tes maigres jambes irriguées d'un sang chiche tu étires tes interminables bras vers le plafond tu passes près du réchaud (au bout duquel se tord un rouge boyau fendillé) puis les paupières et les membres enfin lourds en ce surlendemain de la mort de ton père tu te diriges d'un pas chancelant vers une chambre pas encore mortuaire (p. 169)
>
> (*Anita* :) où allons-nous Seigneur pourquoi tous ces changements pourquoi tous ces dangers qui nous menacent moi veuve déjà mère menant pourtant une vie calme et rangée pourquoi faut-il que je me sente tourmentée prise au piège pourquoi faut-il que la puberté comme une bête de proie s'apprête à bondir sur mes enfants pourquoi faut-il Seigneur subir tous ces tourments toutes ces tentations (p. 213)

Le soliloque qui sort le plus de l'ordinaire est celui de Julien, jeune exalté de 24 ans. Il est tout entier sous le signe d'un gigantisme épique qui le situe aux antipodes du style de Molly Bloom. Il s'interrompt d'ailleurs sur un mouvement (poétique) qui n'est pas sans analogie (dérisoire) avec l'élan du « Coureur » temporel de jadis :

> Qu'est-ce que je fais ici (yeux égarés tympans bruissants [43]) qu'est-ce que je fais ici devant cette glace ce mur pisseux ce lavabo écaillé ce robinet gouttant sur une traînée de rouille qu'est-ce que je fais femmelette risible en proie à une rumination aussi futile aussi débilitante que des agenouillements et des prières autour d'un cercueil Assez assez Redresse-toi Julien Bombe le torse Sors enfin de tes catacombes passéistes et cours là-haut unanimement renaître dans la cornue féconde où tonne un chef irrésistible (p. 105)

Au sujet précisément de Julien, Omer Marin avouera dans *Le Semestre* que c'est « le héros ou le personnage le plus "moi" de *l'Épicycle* [44] ». C'est en tout cas celui en qui s'incarne davantage « l'antique Œdipe préhistorique » (p. 98) avec toutes ses séquelles. C'est aussi par lui que

---

43. Comme il s'agit ici de cénesthésies, on devrait avoir des tirets plutôt que des parenthèses.

44. *Sem.*, p. 120.

s'insère de façon spectaculaire un référent politique dans le roman. Mais le moins qu'on puisse dire, c'est que ce Stanislas-Auguste Casavant, espèce de führer au petit pied en uniforme de nylon, hybride tribun gauchiste fascisant et substitut paternel taillé sur mesure pour Julien, n'a guère de rapport avec la réalité québécoise ou canadienne immédiate ; preuve nouvelle, s'il le fallait, que l'intérêt créateur bessettien se tient loin de l'actualité politico-sociale. Au temps où *Le Cycle* est tout juste terminé éclate la crise d'octobre 1970.

En regard de toutes les autres, la stylisation de la séquence de Jacot est sans doute la plus singulière, la plus originale du livre, parce qu'elle doit rendre compte de la permanence dans la durée d'un petit garçon de cinq ans, c'est-à-dire « enregistrer » son attention à l'instant qui passe, dans un univers dominé par les adultes. Le schéma psychologique où il se meut comporte deux pôles : d'une part, la curiosité qui l'enrichit de découvertes (« Ça s'appelle un salon funéraire »... « ça s'appelle un fumoir »... « ça s'appelle le salon des dames ça s'appelle aussi le boudoir »... « Les femmes font des grimaces devant ces miroirs ça s'appelle se maquiller », p. 7-8) et, de l'autre, l'interdit qui l'entrave, qu'il transgresse (« Les femmes ne vont pas du côté des hommes les hommes ne vont pas du côté des femmes C'est défendu Maman a dit "C'est défendu ça ne se fait pas" Moi je vais des deux côtés parce que je suis un prince un roi », p. 8) ou qu'il respecte (« Je veux être un saint je veux offrir mes souffrances pour le repos de l'âme de grand-papa », p. 14). L'instinct ludique qui l'anime comme tous les enfants est en fait celui d'un combat ininterrompu (manifesté par une ironie d'autant plus à propos qu'elle est plus « innocente ») contre les grandes personnes (« Je suis un dur Jacot est un petit dur personne n'est aussi dur que lui il écoute son petit diable il n'écoute pas son petit ange Sa mère a peur qu'il soit damné qu'il brûle dans les flammes éternelles », p. 9-10). Le discours de Jacot est peut-être plus que les autres fondé directement sur les mots en tant que mots (en comparaison, celui de Julien par exemple me semblerait miser davantage sur l'image). Ceux-ci s'inscrivent à l'avenant dans les catégories du monologue intérieur que nous avons distinguées plus haut. Une bonne part est du type « extériorisable », même quand le terme n'est pas compris de Jacot (comme c'est le cas d'« étau », p. 11, ou d'« indélébile(s) », p. 11 et 14), cependant que nombre de formules dépassent l'entendement de l'enfant et ne peuvent passer telles quelles dans son idée : quand il dit et répète « Je m'en contrefiche » (p. 10, 16, 19), par exemple, ce qui est figuré, c'est l'équivalent d'un pied de nez dans l'esprit [45]. Dans d'autres cas (« il faut

45. De la même manière que les nombreux « non non » des adultes équivalent à des gestes mentaux pour effacer une parole, une pensée.

lui pardonner parce qu'elle traverse l'âge ingrat », p. 18 ; « ça doit être son sourire niais », p. 18, etc.), le discours cite à la lettre des propos entendus (« Maman dit qu'il a un sourire niais mais qu'il est intelligent », p. 11).

Comme *Le Cycle* est fait du monologue de trois sujets mâles et de quatre femmes, on peut se demander si le sexe se laisse identifier dans ce que j'appellerais la structure du discours. La question est pertinente car plus tard, à l'époque du *Semestre,* Omer Marin qui est un écrivain et qui sert souvent de porte-parole à Gérard Bessette avancera en théorie que le *stream of consciousness* des femmes tient davantage du dialogue que du monologue intérieur : elles « font la conversation, de là vient leur intuition car elles expérimentent aussi d'avance elles font des répétitions (comme au théâtre) mais dont le texte s'invente à mesure *commedia dell'arte* intrapsychique procédant par *trial and error* [46] ». Or bien que, au stade du *Cycle,* l'auteur n'ait pas encore conçu Marin non plus que ses trouvailles, on observe en quelque sorte avant coup la réalisation de ses idées. On peut constater dans la réalisation de fait la vérification au moins trois fois sur quatre du principe marinien. Pour Vitaline et Anita, le soliloque est en réalité un entretien avec Dieu-le-Seigneur qui n'en finit plus d'être évoqué et invoqué. Le romancier, dans un dessein sans doute rien moins que formel et technique, a joué à fond cette carte (satire de la bigoterie), ne se privant même pas de pousser les choses au bord de l'absurde (néanmoins très plausible psychologiquement) : « mais pourquoi Seigneur n'avez-vous pas dès lors envoyé sur mon chemin pour m'aider m'inspirer me fortifier votre jeune apôtre Aurélien Latour (mais il n'était peut-être pas encore ordonné mais vous auriez pu le faire naître plus tôt) » (p. 201). Et il en est de même chez Berthe, « chienne en rut » (p. 138), qui reste obsédée par le crucifix présent et par Dieu, tout en contestant son existence : « mon Dieu protégez-moi ayez pitié de moi de nous (mais non Berthe à quoi bon tu ne crois pas en Dieu) » (p. 127). Quant à Gaétane, qui est de loin la plus jeune des quatre, si elle apostrophe Dieu moins constamment que sa mère ou ses sœurs, c'est elle en revanche qui se dédouble davantage, parlant de soi-même plus que toute autre à la deuxième et la troisième personne, ce qui pourrait être une manière de figurer le dialogue intérieur.

Ce qui est spécifiquement féminin chez Gaétane se trouve aussi sur le plan de la matière romanesque, c'est une certaine obsession de ses règles, de la même manière (à l'opposé) que l'attention de Jacot, petit bonhomme, se braque sur son « zizi », qui n'est plus seulement l'occasion

46. *Sem.*, p. 157.

de cénesthésies, mais l'objet de la préoccupation consciente avec le rituel fonctionnel et linguistique qui s'ensuit : « il ne faut pas dire pisser c'est laid c'est mal élevé Uriner ça veut dire la même chose mais c'est pas un mot sale Faire ses commissions non plus ce n'est pas sale on peut le dire sans être mal élevé » (p. 17). Bien entendu, la bondieuserie n'est pas plus, en soi, l'apanage des femmes que la hantise de la mort (qui tourne au leitmotiv dans le monologue) chez Roch n'est typiquement masculine : « Aujourd'hui c'est lui demain ce sera moi » (p. 177). Cela relève simplement de l'individuel et de l'humain [47].

Je devrais plutôt dire que l'invention des thèmes et leur insertion dans les monologues est l'affaire en définitive de l'habile romancier qui est à ce moment en possession de tous ses pouvoirs et qui réussit à être (représenter) chacun (et chacune) dans son opiniâtre durée verbale, à travers tous les accidents de vertige, pré-(demi-) sommeil, ivresse et nausée (banale aussi bien que métaphysique).

Écrivant aujourd'hui (en 1986) et connaissant la suite, il m'est trop facile de déceler métaphoriquement dans *Le Cycle* (œuvre présente) des indices annonciateurs (dans les ténèbres créatrices) de l'œuvre future : « tôt ou tard nous glissons nous sombrons dans les bras dans le ventre du sommeil » (p. 134) « nous franchissons ensemble le ventre pivotant de la nuit » (p. 214) « Dans la nuit qu'est-ce que ça veut dire dans la nuit des temps la horde freudienne des frères une vingtaine de gorilles

---

47. Sur le plan anecdotique, même s'il ne construit pas d'histoire et ne raconte rien en dehors de la juxtaposition de sept soliloques brefs et séparés, le romancier a cependant voulu expliciter le maximum d'éléments qui entreraient vraisemblablement dans une chronique familiale. Le lecteur qui est mis dans une situation de connaissance multiple et détaillée et presque d'omniscience intime fait des recoupements et demande des comptes au nom de la psychologie et de la vraisemblance. Par exemple : 1. Au sujet des enfants d'Anita qui sont (au moins la fille) du même âge que leur tante Gaétane : ils semblent absents de la veillée au salon funéraire ; Roch les voit comme « deux rejetons somnambuliques » (p. 155) et Gaétane, comme des « empotés d'enfants » (p. 29) ; on pourrait attendre qu'ils aient eu un rôle à jouer dans la rivalité entre Anita et sa mère : « ((égaler maman la surpasser)) » (p. 282) ; 2. À propos de l'âge des frères et sœurs ; Berthe née cinq ans après Anita peut difficilement avoir été gardée, bébé, par sa sœur (p. 190) ; de même Julien qui a 10 ans de plus que Gaétane n'a pas dû être beaucoup pour elle le « garçonnet garçon naguère sensible douillet écolier étudiant modèle tiré à quatre épingles » (p. 30) qui était son compagnon de jeu (p. 85).

Il faudrait également signaler plusieurs erreurs dans les indications temporelles (« hier », « demain », « après-demain »...) qui créent un certain brouillage dans la chronologie interne du roman.

meute récurrente de jeunes anthropoïdes dévorés de haine et de concupiscence mi-hommes mi-bêtes (*Space Odyssey*) ne sachant peut-être même pas se servir d'un gourdin pour tuer l'adversaire lui fracasser le crâne comme une noix de coco» (p. 98). La transcription lyrique de la durée aura débusqué en cours de monologues bien des archétypes appelés à une prochaine étonnante germination. Au moment de sa sortie, à la fin du printemps 1971, *Le Cycle* (accompli) annoncera à bon droit *Les Anthropoïdes* : « en préparation [48] ».

3. *Les Anthropoïdes*

Le Cycle terminé, Gérard Bessette se trouvait déjà engagé dans le projet de longue haleine des *Anthropoïdes* [49] qui allait occuper plusieurs années de sa vie et qu'il décrira après coup comme « un rêve de jeunesse réalisé dans l'âge mûr [50] ». Il y a lieu d'en rattacher l'origine à la lecture de *La Guerre du feu* de Rosny aîné vers l'âge de huit ans [51]. On doit aussi en reconnaître des signes annonciateurs dans un passage fameux de *L'Incubation* (« *homo erectus mulier erecta* »...) et à certains moments du *Cycle*.

De tous les romans bessettiens, celui-ci sera le plus volumineux, le plus longtemps porté, celui pour lequel il aura fallu noircir le plus de papier. Les trois ou quatre premières années d'élaboration en furent d'ébats assez gratuits dans une selve obscure et enchantée, sans trop de souci d'aboutir et d'édifier une composition rigoureuse. Au terme d'un séjour de travail à Londres, durant l'été 1972, par exemple, il disait, à la blague : « mon héros anthropoïde a réussi à forniquer avec une girafe. La séquence houleuse et bondissante — longue de cinquante pages — où il se livre à cet exercice constitue un des hauts lieux de mes modestes scribouillages [52] ». Et deux ans plus tard, encore : « Je patauge — *bos suetus aratro* — quotidiennement dans *les Anthropoïdes*, roman qui prend des proportions (ne fallait-il pas s'y attendre étant donné les événements qui s'y produisent ?) girafiennes [53] ». Sur le plan de la création, toutes ces écritures — des milliers de pages, en vérité [54] —

48. *Cyc.*, p. 6.

49. Les indications paginales entre parenthèses dans le texte renverront à la seule édition du roman : *Les Anthropoïdes, roman d'aventure(s)*, Montréal, La Presse, 1977, [III]-297 p.

50. *Les Dires d'Omer Marin*, p. 124.

51. *Ibid.*, p. 120.

52. G.B. à R.R., 31 août 1972.

53. G.B. à R.R., 3 octobre 1974.

54. *Gérard Bessette et la recherche du Père* », entrevue réalisée par Jean Fisette (fin 1975), dans *Voix et Images*, vol. I, n° 3, avril 1976, p. 323.

font partie d'une recherche active et soutenue, intense travail de l'imagination sur l'énorme bagage documentaire issu du grand nombre de livres de zoologie et d'anthropologie qui ont été assimilés. « Un livre qui m'a beaucoup influencé, reconnaît le romancier, c'est *The Naked Ape* de Desmond Morris. J'y ai appris que nos ancêtres préhistoriques sont passés de la vie en forêt, de la vie de cueillette, à la vie en savane, où l'homme est peu à peu devenu chasseur. Alors l'organisation sociale s'est transformée, de même que les relations d'individu à individu [55]. » Sous le signe donc tout à la fois des sciences humaines et de la pure fantaisie, le dossier grossissait, prenant bientôt des proportions tératologiques. Car cela n'allait peut-être nulle part. Entre temps le critique avait préparé *Trois Romanciers québécois* [56].

55. Donald Smith, « Gérard Bessette. Entrevue sur *Les Anthropoïdes* », dans *Lettres québécoises*, n° 11, septembre 1978, p. 27. Le début de cette interview permet de connaître plusieurs détails intéressants sur l'élaboration du roman. La mention spéciale du livre célèbre de D. Morris (publié originalement en octobre 1967 et, en français, *Le Singe nu*, l'année suivante chez Grasset) explique dans une bonne mesure le climat de violence où baigne le roman, comme si la vie de nos ancêtres était une succession dramatique d'attaques sanglantes entre tribus rivales et entre individus de la même espèce. C'est une remarque semblable, soit dit en passant, qu'a faite Yves Coppens, directeur du laboratoire d'anthropologie au Musée de l'Homme de Paris, à propos du film tiré de *La Guerre du feu (Journal du dimanche*, 6 décembre 1981, p. 9).

Ce n'est qu'après l'achèvement et la publication des *Anthropoïdes* que le romancier a connu le livre d'Elaine Morgan, *The Descent of Woman* (Bantam Books, New York, 1972, traduit sous le titre : *La Fin du surmâle*, Paris, Calmann-Lévy, 1973), qui se fonde grandement sur la théorie aquatique d'Alister Hardy, quant à l'évolution humaine, et qui, proposant un point de vue féministe sur nos lointaines origines, prête aux anthropoïdes une nature bien plus pacifique. G. Bessette m'a dit un jour que son roman aurait été très différent, eût-il connu plus tôt l'ouvrage (passionnant) d'Elaine Morgan. Je crois retrouver l'écho de ces élucubrations romanesques dans certains passages du *Semestre* (1978), entre autres, celui-ci où Omer Marin (le bien nommé) se dit : « Qui serais-je que serais-je donc pauvre de moi [...] moi au nom doublement maritime et pourtant incapable de sonder mes abysses marins ? Mais n'est-ce point là le sort de tous les singes nus sortis individuellement des eaux matricielles chassés collectivement de leurs forêts primordiales pour nomader ensuite dans la rêche savane fourmillante de danger ? Mais je me refuse irrémédiablement à remâcher-ruminer mes *Hominiens* (se dit Omer). » (*Le Semestre*, p. 275)

J'ajouterai, en marge des sources bessettiennes, que toutes ces théories sur l'évolution de nos ancêtres anthropoïdes me semblent supposer chez ces scientifiques chevronnés, qui travaillent à partir d'indices infinitésimaux, une puissance prodigieuse d'invention romanesque. Leurs fictions sont absolument fascinantes.

56. Paru à la fin de 1973.

Décisivement, c'est au cours d'une année sabbatique du professeur Bessette, en 1974-1975, que le roman trouva enfin son orient. Jusque-là le romancier avait voulu «décrire les événements directement[57]. J'avais même songé, dit-il, à des personnages qui ne seraient pas doués de la parole[58].» Le choix d'une optique particulière, celle d'un JE préhistorique qui polariserait désormais tout le sens du roman en lui donnant un principe moteur, fut déterminant aussi pour parvenir à une fin satisfaisante. Mais il fallut encore, outre l'année 1974-1975 tout entière et les loisirs de l'année (scolaire) suivante, une autre année de congé, en 1976-1977, pour boucler (selon le sous-titre[59] même) un «roman d'aventure(s)» au double degré de signification: d'une anecdote des temps primitifs et d'un accomplissement transcendant du dire et de l'être.

Les aventures (au pluriel), dans le contexte le plus large, sont celles d'une horde de primates relativement évolués qui se nomment Kalahoumes. Leur corps velu, leur membrure quadrumane, leur démarche fléchie et leur comportement brutal, entre autres caractères, les laissent très près de nos ancêtres simiens, cependant que leur faculté de pensée et de langage et leur vie dans un cadre social organisé, si barbares qu'en soient les règles, les rapprochent de nous. «Très loin dans le ventre du temps la horde s'est dédoublée» (p. 21) en Kalahoumes et Kalahoumides, puis ces derniers se sont appariés avec des créatures d'une autre espèce — les Gongalokis —, entraînant l'émergence de caractères physiques et psychologiques davantage humanoïdes chez les individus des générations subséquentes. Sur cette toile de fond de l'histoire hasardeuse de la horde, migration chercheuse à travers l'étendue d'un passé mythique, sont projetées les aventures épiques — guerrières et strictement initiatiques — du nouveau chef, le Grand Bao, véritable point de jonction et de progrès des races-espèces, et plus encore par la mise en œuvre qui donne sa forme originale au récit, l'Aventure (avec un grand A) grandiose de réflexion et de parole du jeune Guito, qui se trouve être notre narrateur.

«Nous avançons lentement dans la savane immense (dit Guito se dit Guito moi Guito je me dis).» (p. 1) Telle est l'ouverture du récit et (surtout) l'identification liminaire (comme une sorte de diapason

57. L'«extrait-brouillon» des *Anthropoïdes* publié dans *Le Québec littéraire I*, p. 151-153 (paru au premier trimestre de 1973) appartient à cette conception du roman et donne une bonne idée de ce qu'aurait été l'œuvre si l'auteur n'avait pas modifié sa manière.

58. D. Smith, *op. cit.*, p. 27.

59. De la façon dont sont disposées les choses dans le produit typographique, on devrait parler plutôt d'un «surtitre».

complexe) de l'insolite voix narrative. Il y a de quoi longtemps rêver sur la parenthèse initiale, dont le moins qu'on puisse dire est qu'elle a été méticuleusement pesée ; s'y trouvent toutes les nuances de l'être singulier qui s'exprimera et que l'auteur a par ailleurs ainsi décrit : « Dans la première expression ("dit Guito"), Guito est un "il" ordinaire ; dans la deuxième, un "il" réfléchi ; dans la troisième seulement un "je". Mais il est les trois en même temps. [...] Il y a un demi-million d'années, le "moi" tel que nous le possédons aujourd'hui n'existait pas encore[60]. » Ce « moi » est le substrat d'un monologue intérieur, « ou plutôt, explique encore le romancier (hors roman), des monologues insérés les uns dans les autres, des monologues gigognes. Parce que le "je" chez Guito est encore gélatineux, en voie de formation, son monologue est complexe et "multiple" en quelque sorte[61]. »

Certes cet inlassable discours à la première personne force le lecteur *in medias res* et ne donne aucun recul objectif, mais toutes ces données d'allure (pré-)historique qu'il présente, au surplus, dans un mode réaliste suscitent chez le profane (que je suis) en anthropologie des questions sans doute hors de propos mais qui ne manquent pas d'être intrigantes. Un narrateur omniscient pourrait nous situer avec précision dans le temps, tandis que Guito, bien entendu, ne peut le faire, mais le lecteur, profitant des innombrables indices semés tout au long du récit, tentera d'instinct de rétablir. Ce n'est pas ici seulement un fragment d'os fossile, non plus même qu'un squelette entier qui s'offre à la reconstitution conjecturale d'une espèce animale identifiée, mais toute une faune vivante de primates intelligents, biologiquement distincts entre eux mais afférents, appartenant à des hordes-races rivales mais tout aussi naturellement communicantes et mutantes, puisqu'il suffit de l'accouplement d'une Kalahoumelle plus ou moins gorillienne — « inclinée couverte [...] de fourrure » (p. 291) — avec un Kalahoumide — « à peine poilu [...] à peine oblique » (p. 291) — mêlé de Gongalok — « sans poil et droit [...] comme un arbre » (p. 291) — pour produire un rejeton — le Grand Bao — censément assez près de l'homme d'aujourd'hui. Une telle confrontation d'espèces parallèlement aussi avancées — où il faut en outre compter les Slamukis, féroces « hommes-singes » (p. 144) « d'allure babouineuse plutôt que chimpanzique » (p. 171), mais pourtant tresseurs de cordes souples (p. 154) et lanceurs d'étranges projectiles (boomerangs ?) (p. 173, 181), et les implacables Kwaloukis « mangeurs d'hommes » (p. 60), regardés comme des « bêtes brutes » (p. 85) par les Kalahoumes les plus cruels (p. 84) — se place-t-elle à l'époque lointaine d'*homo habilis* ou d'*homo erectus* des paléontologistes, voici un million et quelques d'années ? Les phénomènes

---

60. D. Smith, *op. cit.*, p. 27.

61. *Loc. cit.*

physico-physiologiques très près de l'animalité la plus sauvage, en ce qui concerne notamment le sexe, le feraient croire. Mais la part de l'esprit est telle, dans l'invention ou le maniement d'outils et d'armes et surtout dans le raisonnement et la parole, qu'on doit plutôt se fixer à l'époque d'*homo sapiens*[62] ou même osciller jusqu'à celle d'*homo sapiens sapiens,* quelques dizaines de milliers tout au plus d'années avant notre ère. C'est là plausiblement le temps où les espèces diverses et complémentaires, dans un affrontement décisif, se heurtent, s'unissent, fusionnent, rendant possible biologiquement par les sangs croisés et intellectuellement avec le grand épanouissement de la parole l'émergence de l'homme moderne « au confluent mystérieux des Kalahoumes-Gongalokis-Kalahoumides qui sur deux pieds ou quatre mains s'avancèrent jusqu'à nous » (p. 295).

En fait, tout en étant incontestablement documenté sur le plan de l'anthropologie, comme sur celui de l'histoire naturelle en général, le roman télescope et mélange (trop ?) les époques objectives que distinguent les savants : âges primitifs des espèces brutes, âges beaucoup moins éloignés des fresques (p. 94) de l'homme de Cro-Magnon ou, même, antiquité récente des objets de cuivre (p. 43), du grès cérame (p. 42) ou des tissus de lin (p. 56). Nous sommes en pleine science-fiction, sorte de *Planet of the Apes,* carrément située dans un passé originel, alors que l'on est davantage habitué de voir projeté dans le futur ce genre fantastique d'imagination.

Les épisodes « anciens » qui y sont représentés, non sans fantaisie et non sans facétie — je pense, à titre de simple exemple, à ces nombreux traits scatologiques complaisamment *nature*[63], comme lorsque Gao-le-balafré, grand flaireur d'excréments, va jusqu'à y goûter (p. 149) —, touchent en vérité, jusqu'à l'exagération, des sujets éternels — c'est donc dire : très modernes —, parce qu'ils sont profondément enracinés dans l'humain, âme et corps. Outre les problèmes relatifs à la violence

---

62. G. Bessette a déclaré à D. Smith : « Quelqu'un a dit à la radio que l'action de mon roman a lieu il y a trente mille ans ; moi j'estime que ça se passe il y a à peu près cinq cent mille ans » (D. Smith, *op. cit.*, p. 28).

63. « le moi est d'abord un moi corporel. Chez l'enfant c'est le cas. Chez le primitif, aussi. (L'homme primitif représente donc ce que nous portons toujours en nous, et que nous ne voulons pas accepter, ou bien qu'on ignore.) ...que nous avons refoulé, des choses dont nous ne voulons pas parler. Il y a dans *Les Anthropoïdes* certains passages qui avaient choqué un des lecteurs du comité de lecture. C'étaient les passages olfactifs et "merdiques". Il avait mis des points d'interrogation quand les chasseurs reniflent les excréments. En se verticalisant, on est moins porté à se sentir le derrière ; si on est à quatre pattes, on est juste au bon niveau » (G.B. dans D. Smith, *op. cit.*, p. 30).

inter et intraraciale — par moments, d'une atrocité insoutenable —, à l'organisation sociale — pleine de contraintes et d'arbitraire —, au sens religieux — cette omniprésence mythique des mânes, que l'ancêtre Venlao seul ose obscurément contester (p. 24-25) —, il appert que la grande affaire à quoi l'attention revient obsessionnellement est celle de la réalité génitale avec tout ce qu'elle connote aux différents niveaux de l'existence. Mâles et femelles paraissent en permanence sollicités ou préoccupés — en actes ou en « images » — par le sexe, depuis la scène vécue de viol, de coït banal, d'onanisme ou de sodomie, ou de voyeurisme morose — et j'en pense —, jusqu'au mouvement de l'activité physiologique irrépressible, jusqu'à l'exacerbation meurtrière du sentiment de jalousie, jusqu'à l'épreuve de la circoncision rituelle et — sublimation suprême — de la grande parolade. La société kalahoume ignore à peu près la structure familiale [64], sans doute parce que, d'une part, la paternité n'y est guère personnalisée [65] — ce sont les mutants les plus avancés, Bao Guito surtout, qui sont amenés à prendre conscience de cette relation de l'être — et que, d'autre part, la condition de la femelle est d'être totalement asservie à la fonction de bête de somme capable d'effectuer la cueillette de la nourriture et de procréer en se prêtant avant tout à la satisfaction bestiale des grands mâles qui exercent leur absolue domination ; là aussi, toutefois, l'évolution est perceptible en ceci que, grâce à l'influence des Gongalokas callipyges et plantureuses sur les Kalahoumides et, subséquemment par ceux-ci sur la horde kalahoume, le progrès de l'humanisation se traduit par l'invention et le colportage de véritables histoires d'amour (p. 78), cependant que la survivance même du Grand Bao quand il était enfant est donnée comme « une (première) victoire des femelles contre les mâles » (p. 88).

Univers rude et rudimentaire donc, où se retrouvent, dans l'exagération significative (épique) et la stylisation nécessaire (poétique), des obsessions de notre monde-temps-espace. Univers complexe aussi et tourmenté, où l'auteur a certainement projeté, de son plein gré ou sans trop le vouloir, ses hantises propres. À bien des égards, le roman pourrait être lu dans un sens allégorique, dans une perspective large ou personnelle. On reconnaît en tout cas ici des thèmes bessettiens fondamentaux : je pense à la reptation hallucinée du Grand Bao dans le

---

64. Guito qui sait être le fils du Grand Bao (p. 101) et que celui-ci est né de Vikéala-Vikéa-Vikna (p. 84, 86) ne parle jamais de cette dernière comme de sa grand-mère ou de quelqu'un qui lui est spécialement relié.

65. Lorsque Klabou-Klabao raconte longuement les exploits de Kolobao-son-père, Guito se demande, à raison : « mais comment savait-il que c'était son père ? » (p. 61)

boyau souterrain de la montagne, reflet-abyme de celle des anthropoïdes dans le ventre du temps...

Mais venons-en au point capital. Tout cela est une fable. Le fait essentiel ici, la grande Aventure, c'est celle du langage. La parole — le parolage, la parolade —, c'est le thème principal qui court lyriquement — « magique » (p. 164), « incantatoire » (p. 156) — dans le filigrane du récit épique et qui se matérialise structuralement dans la forme créée pour l'exprimer.

Parce qu'il est la représentation d'un courant de conscience, le discours intérieur de Guito n'est pas sans analogie avec la forme de *L'Incubation* et celle du *Cycle*. À mon sens il réalise davantage en un seul tout organique les ressources quelque peu distinctes des deux œuvres précédentes. Dans *Le Cycle*, ce qui est « dit », c'est le flux vital — courant quadruple : conscient, subconscient, inconscient et cénesthésie — composant une certaine durée ; de sorte que l'attention se trouve concentrée toujours sur une situation narrative — qui ne fonctionne évidemment pas à vide pour autant, comme une pure forme, mais c'est en quelque sorte par accident et de façon détournée que, de fil en aiguille et de coq-à-l'âne en dérapage et, en outre, d'un narrateur à l'autre, car il y en a sept, une histoire assez cohérente se raconte. À l'opposé, dans *L'Incubation*, le discours néglige à peu près la situation narrative, pour s'attacher obstinément à la reconstitution mentale — c'est-à-dire donc à la narration même — d'une certaine aventure tragique. Le narrateur des *Anthropoïdes*, lui, fait excellemment les deux opérations. Comme les personnages du *Cycle*, il fournit constamment au lecteur les coordonnées de sa situation : « Je reviens à moi Guito-(Guiliu)-au-bras-inerte préparant mon interminable parolade dans la nuit du tiers enclos, l'épaule lancinante, une sagaie de douleur dardant encore parfois ma mandibule et mon oreille gauche » (p. 82). Et je crois que, comme narrateur d'histoire, notre petit Guito va plus loin dans la communication que le récitant de *L'Incubation*, qui ne cherchait au fond qu'à oublier, effacer et se taire ; quand Guito « image » ainsi le passé de la horde et l'aventure de Bao, son discours est une sorte de brouillon mental de ce qui est destiné, somme toute, à être une œuvre d'art.

Guito-le-paroleur a décidément la tête philosophique — sentence type : « je dévore des yeux renifle en profondeur la savane onduleuse (et la savane est en moi comme je suis dans la savane) » (p. 120) — et sa réflexion soutenue, guidée par l'exemple et les préceptes de son maître Salaloudi-à-la-langue-non-pareille, s'exerce avant tout sur le thème même de la parole : « *Tu ne vis qu'une vie dans la savane et dans l'interfleuve mais tu en vivras tu en feras vivre plusieurs dans tes parolades* » (p. 193). Mais Guito ne se contente pas de faire la théorie de son art dans l'ordre de la signification, il en maîtrise très efficacement les techniques, celles en particulier de la description : il *voit* vraiment les choses.

Comme il s'agit d'un récit non écrit, simplement — mais très vivement — « imagé », le problème qu'a dû résoudre le romancier fabricateur me paraît le suivant : comment reproduire dans un langage plausible un discours à la première personne, jailli au fond des âges, s'exprimant à coup de fantasmes sans pareils et dans un baragouin absolument inouï ? Il est bien évident qu'il ne pouvait être question d'un français standard, correct et bien lustré. « Dans le but de donner de la "couleur locale" — et chronologique — à ce roman préhistorique » (« Avertissement »), l'auteur a inventé à partir de la langue courante un idiome extraordinaire, sorte de créole savoureux et robuste et, au bout du compte, très intelligible. Je regrette un peu que, pour complaire au lecteur paresseux, il ait cru devoir joindre à l'œuvre les pages de l'« Avertissement » et du « Lexique », déflorant ainsi une certaine aspérité mystérieuse, énigmatique et, au demeurant, très poétique du livre. L'auteur a préféré l'offrir en édition scolaire, si j'ose dire, un peu comme si Joyce avait lui-même « expliqué » *Finnigans Wake*. Le système une fois établi, avec sa grammaire de base, ses règles morphologiques (tout ce jeu de désinences où varient les noms selon les âges de la vie...), sa syntaxe (le raccourci agglutinatif du trait d'union...) et son vocabulaire très riche (fait d'un certain nombre de néologismes, de mots sonores étranges — bizarres souvent parce qu'ils sont les vocables propres désignant animaux et plantes exotiques — et de termes ordinaires hardiment métamorphosés), la verve surbessettienne — comme « surkalahoume » (p. 270) — a pu s'en donner à cœur joie, l'espace de quelque 300 pages bien tassées. L'une ou l'autre trouvaille relève de la drôlerie, comme cette création en calembour de tel ou tel nom propre — Tripalaï (p. 65), Kakaoli (p. 66), Kurabokal (p. 291)... — ou peut-être cette appellation d'« oiseau » (*passim*) — kalahoumisation du « moineau » familier — pour nommer le sexe. En définitive, la clé ontologique du système — entraînant pour l'auteur le type d'écriture — suppose chez le personnage-narrateur une radicale inaptitude à l'abstraction et, par conséquent, un recours sans réserve au sensible concret. C'est pourquoi traduire par « penser » l'action même de penser ferait trop quintessencié, on dira donc toujours « imager », afin de souligner la texture sensorielle de l'opération, que même « imaginer » situerait à un niveau encore trop intellectuel. Le résultat d'un tel parti est, bien entendu, un foisonnement continu d'« images » toujours authentifiées, comme dans cette description prodigieuse du ciel nocturne : « Quand finirait donc cette demi-nuit d'atroce vigile quand donc le croissant en forme de tranchoir ébréché parviendrait-il au mitan de sa course sans crever de ses deux cornes le ventre de la nuit zodiacale qui étalait dans le ciel l'énorme giclure lactée de ses tétons invisibles (car la nuit nous tourne le dos et la lune est le trou de son cul) mais la croupe de la nuit aux innombrables piqûres d'étoiles atteindrait-elle le sommet de sa culade », etc. (p. 282).

La mention, cent fois dans le récit, des sycomores — qui sont une espèce de simili-faux érables — et, surtout, à la dernière page, la référence nostalgique au « musculeux fleuve géant » invoqué « sous le nom guttural de Kébékouâ » suggèrent-elles de chercher dans *Les Anthropoïdes*, ne fût-ce qu'allégoriquement, quelque signification en rapport plus ou moins étroit avec ce que nous appelons notre condition nationale ? L'auteur, mis en demeure de se déclarer là-dessus après la sortie du livre, a répondu sans équivoque à la question : « Moi, dit-il, je pense que non ! [...] J'ai été fort tenté de supprimer cette allusion pour éviter que l'on donne une interprétation trop étroite à mon roman. [...] C'est tout à fait secondaire, et à la lumière des réactions que j'ai eues, j'ai eu tort de la garder. Je la supprimerai si on publie une deuxième édition[66]. »

Quant à moi, je reste davantage sensible aux résonances universelles du grand poème épique, célébration inspirée et profondément originale de la parole humaine. Je suis persuadé que c'est ici le haut sommet du grand projet bessettien d'exaltation de la parole, et je comprends que l'auteur y voie sa « meilleure réussite[67] ». Il s'en faut cependant que le succès de librairie ait correspondu à une telle qualité. Mais il s'agit d'un problème d'un tout autre ordre[68].

66. D. Smith, *op. cit.*, p. 28.

67. *Dires*, p. 124.

68. Si *Les Anthropoïdes* avaient été écrits en américain puis traduits en français, peut-être auraient-ils pu aspirer sans présomption au statut de best-seller en France et ailleurs (sans omettre le Québec), comme ce banal et médiocre *Ayla, l'enfant de la terre* (Balland/France-Adel, 1981) de la romancière Jean M. Auel, dont Hollywood a en outre tiré un film (*The Clan of the Cave Bear*, 1986).

V. Un roman-bilan : *Le Semestre*

En comparaison des *Anthropoïdes,* dont la création avait d'abord dû traverser une longue période d'errance et de tâtonnements, *Le Semestre* [1] fait l'impression d'une œuvre « donnée » par les hasards de la vie et la bonne fortune de la recherche professionnelle. En cet automne 1977, pendant que le grand roman préhistorique se trouvait sous presse, l'homme Bessette était derechef (ainsi qu'au temps légendaire de *L'Incubation*) aux prises avec des créatures virales sournoises, savamment dénommées « chlamidiæ » (p. 21), mettant le professeur au congé forcé tout le premier semestre de l'année scolaire, cependant que l'écrivain se livrait au brassage de souvenirs personnels et à l'autopsychocritique [2]. Il tendait aussi de tous ses vœux à faire l'épreuve en classe du dernier roman de Gilbert La Rocque, *Serge d'entre les morts* [3]. C'est au semestre d'hiver 1978 qu'il put enfin exécuter ce projet pédagogico-critique, rendu à la fois lucide et abruti par les médicaments redoutables (« doses chevalines de tétracyclines », p. 14) qu'il devait absorber afin d'éliminer les ultimes séquelles de sa maladie. De sorte que, au terme de la singulière année scolaire qu'il avait vécue, il était déjà tout

1. *Le Semestre*, Montréal, Québec/Amérique, 1979, 278 p. Les indications paginales entre parenthèses dans le texte renverront à cette édition.

2. Étaient alors en chantier « Mes premiers souvenirs » (diffusé en partie à la radio FM de Radio-Canada, le 13 mars 1978), « Mes romans et moi » I et II (parus dans *Voix et Images,* vol. III, n° 3, avril 1978 et vol. IV, n° 1, septembre 1978), tous textes repris et complétés dans le volume *Mes romans et moi* (Montréal, Cahiers du Québec/Hurtubise HMH, Collection « Littérature ») au début de 1979.

3. Le professeur Bessette avait consacré un cours universitaire en 1975-1976 aux trois premiers romans de G. La Rocque. Il avait ensuite, dès le moment de la parution au printemps 1976, exprimé son dessein d'étudier un jour *Serge d'entre les morts*.

programmé pour un nouveau congé, prêt à boucler rondement en un « roman-bilan » les fils divers de son expérience récente et de toujours.

Pour la première fois depuis plus de quinze ans, Gérard Bessette allait créer un roman à la troisième personne, voulu pourtant comme le plus personnel, le plus autobiographique. Tout commence, de fait, par une quinzaine de pages d'une narration relativement innocente (personnage nettement posé, optique définie, discours linéaire, *flash-back*...), afin de mettre le récit sur ses rails en jetant *in medias res* les coordonnées majeures de la fiction : à l'approche de la période des examens, le professeur Omer Marin est installé dans son bureau à une heure insolite, dans l'attente d'une étudiante, Sandra Karolanski, qui lui a demandé un rendez-vous en rapport avec son cours. L'écriture nette se tient près de la norme, à quelques caractéristiques près, dont le lecteur s'accommode promptement : ponctuation réduite à l'essentiel, quitte à surenchérir quant à la fonction de la parenthèse, omission systématique des guillemets de citation et usage courant du trait d'union agglutinatif reliant des synonymes (ce dernier trait, comme une rémanence du système langagier des ci-devant anthropoïdes).

Mais cette belle distanciation de personnage n'est bientôt plus qu'un leurre, quand intervient (p. 20-21) une longue et importante parenthèse réflexive, qui marque exprès toute la suite du récit. Le narrateur de l'histoire amorcée se dévoile et, mettant cartes sur table, établit une quasi-équivalence d'identité entre le personnage et lui sur le plan rhétorique (JE et IL dans le déroulement du discours) ainsi qu'au niveau de l'anecdote (où il faut vite joindre l'auteur — Gérard Bessette en personne —, le moi de la vie réelle que le lecteur n'en finira plus de reconnaître dans les faits et gestes représentés). Cela compose ainsi une situation narrative à double (et triple) fond. Tout est donc arrangé pour mêler les eaux, parce que le romancier semble vouloir pousser l'effet mémoires (« bilan », p. 278) jusqu'à la provocation, combinant allègrement le réel (vérifiable et vérifié) au fictif (vraisemblable et plausible) : « sans doute [Marin] ne sait-il pas lui-même (pas plus que moi [narrateur (et auteur)] les motifs-impulsions-pulsions qui l'incitent à entreprendre ce drôle de récit-chronique-roman. [...] Mais vogue la galère — me dis-je ou se dit Marin — [...] qu'elle (la vie) me laisse au moins durant mes temps libres noircir du papier à ma fantaisie [...]. » (p. 21) Cette parfaite fusion [JE-IL] des deux (ou des trois) écrivants sera ensuite maintenue tout au long du récit, soulignée occasionnellement au début par une illumination irrépressible (« c'est moi tel qu'en moi-même, il y a de la continuité dans mes penchants-manies-pulsions », p. 26), ou par un lapsus bien calculé (« poursuivis-je poursuivit Marin en classe », p. 40-41), attendu que la prestation-projection (sans vergogne) d'identité parviendra, au bout du compte, à une meilleure et plus profonde connaissance de soi-même (p. 277).

Je décris (résume-schématise-complète) de la façon suivante la structure gigogne et circulaire (en abyme multiple) et la réalisation du présent projet bessettien :

[Auteur] : G.B., qui coiffe tout de son nom, signe *Le Semestre*, « roman-bilan », datant la troisième version du 27 mai et la quatrième du 10 juin 1979 (p. 278).

[Narrateur] : (JE fais la) mise en train dans un texte écrit (donc rétrospectif, mais de premier jet [« provisoire », p. 21 ; la répétition, p. 64-65, de ce qui avait déjà été donné, p. 23, montre qu'il ne s'agit pas d'un texte définitif mais d'un brouillon, même s'il a pu être l'objet de quatre versions de l'auteur], abondant, sans correction ni entraves, comme les soliloques du professeur en classe, d'« allure méandreuse-vaseuse », p. 16), à la troisième personne, d'« une espèce de roman qui s'intitulera probablement *le Semestre* » (p. 21), dans lequel

[Personnage] : (IL) « le protagoniste Omer Marin (qui est plus ou moins moi) se met à écrire une espèce de récit de son dernier semestre (qui fut-sera peut-être son dernier semestre d'enseignement [comme ce l'a été pour l'auteur]) [...] drôle de récit-chronique-roman » (p. 21), mettant en œuvre

1° la décortication [critique pédagogique] d'un roman, *Serge d'entre les morts* : « reconstituer ses cours à l'aide de notes et de souvenirs épars dans le but d'en fabriquer une espèce de roman où se trouveraient mêlés (optativement fusionnés) des éléments de critique enrobés dans une trame romanesque [...] cette tentative promet de me révéler sur moi-même bien des choses latentes-subconscientes- (voire) inconscientes auxquelles j'espère pouvoir intéresser le lecteur » (p. 40).

2° la [re-]création [psychanalytique] de sa propre existence présente et passée : « [m]'offrir en pâture (risible grenouilleux pélican) à la façon proustienne mais moins méandreuse-camouflante plus authentique [...] mettre mon cœur à nu [...] me déboutonner sur le papier » (p. 258),

pour aboutir à « un insolite roman-bilan... » (p. 278)

On voit combien *Le Semestre* est à toutes ses articulations un roman de roman. Il l'est de la façon la plus originale par rapport aux modèles classiques du genre, quand il met en abyme non pas seulement un vague projet, simple prétexte à réflexion fonctionnelle, mais un roman réalisé, existant *a parte rei* : *Serge d'entre les morts*, d'un auteur authentique et réel dénommé Gilbert La Rocque, dûment mis à contribution et très généreusement cité.

L'intromission de l'analyse de *Serge* permet de réaliser dans *Le Semestre* un vrai roman pédagogique. C'est en fait l'occasion de représenter sur le vif les phases de préparation et d'accomplissement de la critique d'un texte romanesque, de manière que, sur le plan de la méthode, le roman prenne à tel titre valeur épistémologique. Il s'agit de réussir cette vue intérieure qui n'avait pas été parfaite (qui n'avait même pas été tentée) dans *Les Pédagogues* de Gérard Bessette (non plus que dans *Les Enseignants* d'Omer Marin) : montrer un professeur en acte professionnel, en train d'incuber ses cours et de les donner ; il entre en vérité dans l'affaire au moins autant de hasard et d'instinct que de science codifiée. La condition du professeur est ici dépeinte du dedans et, si l'on peut dire, pour le meilleur et pour le pire, du tréfonds (même scabreux). En cela *Le Semestre* est donc très distant des *Pédagogues* où les enseignants, tout aux luttes sociales et à la vie mondaine, n'étaient jamais présentés dans leur confrontation avec des étudiants. Pour Omer Marin, toute l'existence — ou sa remémoration —, passé et présent, maladie et santé et jusqu'à la vie sexuelle, s'intègre (et bien souvent de façon cocasse) à la fonction pédagogique.

En soi l'analyse de *Serge d'entre les morts* (issue d'un cours universitaire réellement donné) aurait fort bien pu aboutir à une étude du type coutumier, comme celles qu'on peut lire chez G. Bessette dans *Une littérature en ébullition* ou *Trois Romanciers québécois*. Mais la critique ici, comme la pédagogie, non seulement s'intègre à la démarche narrative, mais c'est dans la dynamique d'une explication littéraire que les protagonistes du roman marino-bessettien prennent leur mesure propre, font le point de leur passé et vont de l'avant. Alors que les habituels romans d'Édouard et autres avatars de *Faux-Monnayeurs* restent au stade inchoatif et ne se composent que dans l'abstraction ou l'utopie, *Serge d'entre les morts* est une œuvre subsistante (comme l'est son auteur), il peut être démonté, disséqué, trituré par une dialectique concrète, cependant que, dans une telle opération, les personnages d'Omer Marin et de Sandra Karolanski (et le sieur Gérard Bessette) exorcisent leurs secrets et vivent leur vie.

Le Semestre s'incorpore donc littéralement *Serge d'entre les morts*. Or « ce roman constitue un genre d'autoanalyse dont l'*incipit* aussi bien que l'*excipit* exprime de la part du protagoniste un désir de *savoir*, et de se connaître» (p. 111). Le phénomène de correspondances qui doit de toute nécessité se découvrir entre la psyché du romancier «étudié» et celle du (psycho-)critique, provoquant chez un Marin-Bessette des «remuements sismiques» (p. 75), donne à plein dans le registre proprement didactique de l'œuvre. Mais la syntonie s'exerce avec plus de puissance encore dans la dimension esthétique, comme si se vérifiait à l'échelle des personnages et de l'univers du roman le principe affirmant que la vie imite l'art. Chacun à sa façon, Omer Marin (Gérard Bessette) et Sandra Karolanski («Madame Bovary, c'est moi») communiquant par osmose avec le petit Serge qui cristallise leur cas secret, et la conscience partagée d'une telle expérience culmine pathétiquement dans la scène à mon sens la plus érotique du *Semestre*, qui n'en est pas une de coït (il y en a d'autres...) mais de lecture (p. 75–90). De sorte que l'analyse de *Serge d'entre les morts*, loin d'être un hors-d'œuvre, s'intègre comme une élucidation saisissante de l'intime des personnages du *Semestre*, car non seulement l'œuvre de Gilbert La Rocque est-elle mieux comprise, «mais — davantage — ces scènes n'évoquaient-elles pas dans les tréfonds affectifs de Marin des images primales préhistoriquement vécues-entrevues» (p. 75). En vertu d'une harmonie en quelque sorte préétablie à l'échelle des personnages comme des auteurs, *Serge* est un miroir révélateur de vérité. Et c'est parce qu'elle en a fait la vive expérience que Sandra, quant à elle, pourra dire à son professeur : «Vos cours n'ont pas été comme les autres ce n'était pas de la littérature c'était la vie c'était moi c'était mon père [...] vos cours pour moi ont été beaucoup plus que des cours ce furent des expériences vécues profondément *flesh and bones*» (p. 86-87).

Techniquement cette relation érotico-pédagogique des personnages dans la compréhension totalisante de *Serge d'entre les morts* fait fonction de puissant catalyseur de la situation d'inventaire et de récapitulation où se débat l'homme «sur le retour tourné plutôt vers le passé» (p. 278), au bord de la retraite et mal en point, psychomaniaque de l'examen de soi et de l'écriture. Ainsi s'élabore le roman, dans un libre enchaînement d'évocations. De scène(s) originaire(s) en oniranalyse, de domo en matricentrie, de souvenirs familiaux en crise(s) passionnelle(s), d'Henriette en Renata, en Virginia et en Sandra, de Gilbert Lesieur en Gordon Blackwell et d'histoire de cœur en histoire de cul, la substance du temps perdu se trouve récupérée, pressurée et censément liquidée dans le devis d'ensemble.

À commencer par le style, qui fait en quelque sorte la somme des procédés bessettiens mis en œuvre dans les textes des années antérieures, notamment *L'Incubation* (*L'Élucubration* d'Omer Marin), *Le Cycle* (*L'Épicycle*), *Les Anthropoïdes* (*Les Hominiens*), etc. Écriture «obsessionnelle», a dit «un critique universitaire sagace (une fois n'est pas coutume)» (p. 276). Omer Marin (Gérard Bessette), très sensible aux odeurs (douteuses) mais déplorant une carence visuelle dans sa capacité d'appropriation et d'expression de la réalité, se définit surtout «comme un verbo-scripteur-auditeur parce qu'il ne voyait pas les mots (à moins qu'ils ne fussent devant ses yeux) mais il les sentait-percevait comme des carrefours de signification ou des déferlements rythmiques ou des réseaux de structuration (logiques syntaxiques)» (p. 190). En vérité, le personnage (le narrateur, l'auteur) du *Semestre* a incontestablement le goût des mots (francs, nouveaux, étonnants, provocants), et son souffle nombreux (heureuse compensation pour le presque vieillard cacochyme miné par le combat des chlamidiæ et des tétracyclines) transcende absolument la loi des grammairiens, quand il étire le «cahin-caha des phrases interminables» en ces «périodes (oratoires) mais cahotantes et comme haletantes-trébuchantes interrompues par de fréquentes parenthèses-tirets mais presque dénuées de ponctuation et entre les divers membres desquelles (phrases semées d'obstacles comme un terrain de *steeple-chase*) Marin essayait d'opérer-ménager des sutures-transitions subtiles et à la limite invisibles à la façon d'un chirurgien esthétique» (p. 200-201). Dans un tel train d'enfer, tout finit par tourner à l'épique, le banal comme le scabreux, la réflexion métaphysique comme la facétie.

Dans tout cela, une fois faite à la fiction sa part (congrue), il importe de revenir sur le côté résolument très autobiographique du roman. La ressemblance anecdotique délibérément suraccusée vise peut-être à leurrer le lecteur. On nous passe tant de clés, vraies ou fausses, qu'il devient illusoire et surtout sans intérêt de vouloir s'en servir, puisque les portes sont ouvertes. C'est au delà de la dimension historique — reconstitution-confession-mémoires d'une vie vécue — qu'il faut chercher la vérité de l'ouvrage. Le filon autobiographique peut bien être tour à tour amusant ou abscons pour le lecteur, pourvu qu'il garde son «efficace thérapeutique» (p. 262) pour l'auteur, qui se plaît à tracer les pistes et tout autant à les brouiller. Le Gordon Blackwell de ce *Semestre*, par exemple, est certes proche parent de son homonyme de *L'Incubation*, et l'un et l'autre renvoient — mais jusqu'à quel point ? — à feu Glen Shortliffe qui fut une bonne dizaine d'années non seulement le compagnon d'incartades de Gérard Bessette, mais encore le collègue et le traducteur, et qu'importe que ce qui lui est allègrement attribué corresponde ou non à la réalité ? Il n'en reste pas moins que certains coups de patte où l'émergence de la fiction est ambiguë peuvent être troublants pour le lecteur qui a peu (très peu, trop peu) connu les personnes mises en cause. À ce point de vue, ce que l'on peut apprécier le plus, ce sont les règlements de comptes avec soi-même à quoi se livre, non sans délectation, le personnage (et derrière lui l'auteur) tout au long du récit. La non-complaisance à l'égard de soi fait un heureux contrepoids à la rosserie vis-à-vis des autres. D'autant plus que, en l'occurrence, l'ironie est l'une des composantes de l'intériorité qui constitue l'un des aspects essentiels du *Semestre*.

À cet égard, le livre, par ailleurs assez drolatique, ne laisse pas d'être émouvant. L'homme qui s'y projette a effectué sa descente initiatique jusqu'au creux de son être, présent et révolu. Il peut crâner, mais il est revenu de bien des illusions sur les autres ou sur soi-même, et son ironie qu'il exerce à tout venant n'est au fond que la forme agressive de sa pudeur. Ancien fêtard devenu ermite (p. 261), il se sait en fin de course : sa carrière universitaire est terminée et son ultime flambée érotique, plaisante dans son inopportunité, n'aura guère été que l'occasion de réinventer les expériences décevantes de son passé. La mort dont il n'a pas consciemment peur parce qu'il refuse d'y penser sérieusement (p. 156) est tout de même toujours présente à l'horizon de la réalité, de l'imagination et de la mémoire. C'est elle, finalement, qui motive la frénésie d'écrire à quoi tout se ramène, ce désir de survivre et, fût-ce dans la dérisoire permanence d'une plaque de bronze au fond d'un parc de Narcotown (p. 235), de ne pas être oublié...

VI. Inventaire : *La Garden-Party de Christophine ; Les Dires d'Omer Marin*

Du point de vue de la création, tout le mouvement qui englobe, après *Les Anthropoïdes*, la mise en œuvre de *Mes romans et moi* puis du *Semestre* et la retraite de l'enseignement entraîne, sur le plan du thème, comme sur celui de l'existence même, des conséquences très importantes. L'homme est désormais délivré des servitudes chronophagiques inhérentes au métier de pédagogue — lui qui « était (se croyait) meilleur écrivain qu'enseignant » (*Sem.*, p. 205), cependant qu'il se découvre complètement tourné vers le passé. Sans doute s'agit-il là d'une option, sinon congénitale, du moins fort ancrée en lui, dont témoigne aussi Omer Marin, avec sa « préférence exclusive du passé sur l'avenir » (*Sem.*, p. 127) allant jusqu'à « n'imag[er] l'avenir qu'en termes dépréciatifs » (*Sem.*, p. 134). L'écrivain en a pris vive conscience et on dirait que, l'âge aidant, il a entrepris systématiquement une tâche de récupération, de mise à jour créatrice et d'inventaire.

Parmi les actes de cette nature qui doivent être mentionnés, le principal symboliquement me paraît être le dépôt du fonds considérable des manuscrits personnels à la Bibliothèque nationale du Québec. On se plaît à imaginer le vieux mage freudien dans sa manipulation (morbide ?) de dépouilles opimes. La circonstance lui aura permis, entre autres, de relire avec des sentiments mêlés l'énorme bloc de son journal intime, en spéculant sur les possibilités d'une publication (au moins en partie).

Entre temps, lui qui pendant vingt-cinq ans avait constamment nomadisé d'une maison à l'autre, il a établi ses quartiers à Québec/Amérique où règne son ami (personnage du *Semestre*) Gilbert La Rocque. On y réédite coup sur coup *La Commensale* (1979), *Le Cycle* (1980) et *L'Incubation* (1981), et l'auteur se prend à rêver d'autres relances (notamment celle des *Anthropoïdes*). C'est là qu'était paru *Le Semestre* et que sort, au printemps de 1980, *La Garden-Party de Christophine* [1].

Dans ce dernier ouvrage, à part le texte éponyme qui est un inédit de production courante (impayable feu d'artifice dans le langage vert du papotage), toutes les autres nouvelles du recueil sont en fait des reprises d'originaux épars dans des revues des années 60. Leur réunion sous une même couverture est du meilleur effet, dans la perspective d'une réactualisation de toute l'œuvre bessettienne. Alors que, en réalité, le hasard de l'inspiration ou de la commande avait tout accompli, on pourrait croire à la préméditation expérimentale. Ainsi, conduisant à l'exercice formel de la nouvelle-dialogue [2] (« La Garden-Party de Christophine »), se retrouve une suite de spécimens bien ciselés : une nouvelle-poème (« Romance »), une nouvelle-*stream of consciousness* (« Grossesse ») et trois récits réalistes représentatifs d'une manière antérieure à *L'Incubation* (« L'Extrême-Onction », « L'accident », et « L'emplâtre »).

La décennie 80 ne saurait donc être que faste et productive. L'on s'attend à bon droit que l'écrivain, dans l'euphorie d'une retraite très active, empile livre sur livre de souvenance multiforme et de re-création. Or il n'en sera rien, et c'est la faute de la fatalité (bovaryste et/ou inéluctable). Côté loisir, la belle retraite (anticipée) se trouvera régulièrement compromise quand il faudra céder à l'alibi d'un trimestre ou d'une année complète comme enseignant à mi-temps (à Queen's), comme professeur invité (à Yale) ou comme écrivain en résidence (à Ottawa et à l'U.Q.A.M.). Pire encore, côté santé : c'est l'ère de l'homme à la casse, investi par l'inappétence et la lassitude.

De sorte qu'il aura fallu cinq ans pour produire *Les Dires d'Omer Marin* [3] où, justement, le narrateur s'interrogera sans comprendre sur cette période fatidique de quasi-vacuum : « Mais je pensais aussi aux étranges années de silence littéraire qui suivirent la retraite d'Omer Marin, d'autant plus inexplicables que Marin avait censément pris sa retraite dans le but d'écrire davantage, de noircir plus de papier, lui dont la

1. *La Garden-Party de Christophine*, Montréal, Québec/Amérique, 1980, 123 p.
2. Il suffirait de supprimer les incises (« dit Yanette », « dit Lupien »...) du texte pour que « La Garden-Party de Christophine » soit une pièce de théâtre en un acte. Il existe par ailleurs une farce en un acte intitulée « Le cocktail », que Gérard Bessette a publiée dans les *Mélanges de civilisation canadienne-française offerts au professeur Paul Wyczynski*, Ottawa, éditions de l'Université d'Ottawa, 1977, p. 19-59.
3. *Les Dires d'Omer Marin*, Montréal, Québec/Amérique, 1985, 129 p.

production, sans être abondante, avait durant un quart de siècle accusé une régularité plus qu'honorable (*Dires*, p. 15)

Le livre présente trois textes autobiographiques, distincts de genre et d'écriture. Le premier, qui donne son titre à tout l'ouvrage, est un court roman : vers l'année 1999, après la mort d'Omer Marin, son disciple de prédilection (rescapé du *Semestre*), légataire de tous ses papiers et qui s'approprie jusqu'à son style, esquisse l'inventaire des manuscrits (bessettiens) « posthumes », sur la toile de fond explicative des propos plus ou moins décousus du maître, rapportés par divers témoins. Pour une fois, l'auteur n'a pas obéi à sa « manie-compulsion de changer sans cesse de technique » (*Sem.*, p. 267), il a simplement poussé d'un cran la distanciation personnelle qui était la sienne dans le précédent *Semestre*. Elle est ici triple ou quadruple, dans la mesure où ce n'est pas l'*alter ego* Omer Marin qui écrit, mais plutôt l'héritier de celui-ci, fondé d'ailleurs en partie sur les souvenirs des autres (qui n'apportent rien de bien substantiel anecdotiquement non plus que doctrinalement). L'ensemble est de la même encre (mais un peu délavée) que *Le Semestre*, avec une propension plus accusée à une certaine forme de jeux de mots. Le lecteur retrouvera, entre autres, les procédés devenus familiers, notamment celui qui a trait à la déformation assonancée des noms de personnes, dont certains — Butor-Ali Nonlieu... — sont même l'objet d'assez longs commentaires.

Le deuxième volet des *Dires* reproduit un extrait authentique du journal de l'auteur en janvier 1945, qui relate à la façon d'une véritable nouvelle psychologique (digne du recueil de *La Garden-Party de Christophine*) la rupture des premières amours du jeune homme. Les pages (datées du 25 juillet 1983) de « Préface », de « Postface » et de « Séquelle » qui encadrent ce récit soulignent sans complexe une certaine « prétention-naïveté qui s'étale dans LA RUPTURE » (*Dires*, p. 114) et annoncent la publication (mythique) du volumineux journal.

Le troisième et dernier texte enfin (dans la veine générale de *Mes romans et moi*) est celui d'un exposé fait à l'U.Q.A.M. sur « Gérard Bessette et son œuvre ». L'auteur y adopte une attitude volontairement désinvolte et moqueuse vis-à-vis de soi-même. Le ton badin l'incite à parler par antiphrase, comme lorsqu'il qualifie son journal « d'une médiocrité sans faille » (*Dires*, p. 126) ou quand il déclare que « la popularité du *Libraire* [l']agace » (*Dires*, p. 129)... Voire !

VOIRE, VOIRE, VOIRE !

CONCLUSION

> [...] *les diverses œuvres d'un auteur ne forment qu'une symphonie singulière aux yeux du psychocritique* [...] *(Sem.*, p. 116)

Je ne veux pas refaire à ma façon le « Gérard Bessette et son œuvre » des *Dires d'Omer Marin*. Je suis tenté de ne pas conclure. L'œuvre de Gérard Bessette n'est pas close encore et me reste, pour une part appréciable, toujours inconnue. C'est un fait que je ne puis négliger, devant écrire cette dernière page. Le chantier déserté pour cause d'empêchement physique est toujours susceptible de se réanimer et de produire à la face du monde quelque autre bonne (ou mauvaise ?) surprise, avec quoi il faudra bien compter. On connaît sous ce rapport jusqu'à des titres précis, de date déjà lointaine (« L'orphelinisme ou l'émergence du "JE" dans le roman québécois »...) ou plus ou moins récente (« La Chambreuse »...). Et même quand sera passée « la camarde armée de son inévitable faulx » (*Sem.*, p. 220), qui sait ce qu'il pourra encore sortir de la masse des manuscrits déposés ou du seul journal ?

Pourtant l'idée de bilan qui domine le climat bessettien depuis dix ans appelle à tout le moins un jugement bref, synthétique et cumulatif sur l'adéquation de l'œuvre faite au dessein défini qui l'informe depuis l'origine (que je me posais au départ comme hypothèse) et qu'Omer Marin a même formulé en toutes lettres dans son roman :

> [...] restaurer cette langue [maternelle] dans sa splendeur originaire [...] et même [...] aller plus loin [...] pour recréer un dire irrésistible [...] le livre vraiment primal qui serait dans un sens un roman mais un roman-mémoire et d'anticipation créatrice... (*Sem.*, p. 103)

Promesse considérable à tenir. Mais, au bout du compte, promesse tenue ! C'est ma conviction.

Au terme de mon long parcours et de ma durable cohabitation, je reconnais le message de la création bessettienne. En projetant dans une forme originale, inédite et adéquate ses hantises les plus personnelles, au stade des *Poèmes temporels* comme à celui de *La Bagarre,* de *L'Incubation* et des *Anthropoïdes* ou de chacun des autres romans et fictions dans leur individualité, avec leurs trouvailles éclatantes et leurs manques relatifs, et, plus encore, dans la somme totalisante de l'ensemble composite et varié, l'homme qui s'est ainsi catharsisé a su dresser *ad mirandum* le solide monument d'une grande œuvre d'art.

C.Q.F.D.

28 août 1986

RAPPEL BIBLIOGRAPHIQUE

Tout en faisant état des pièces les plus nécessaires à une connaissance actuelle de l'œuvre bessettienne, la présente bibliographie reste avant tout liée à *La Création de Gérard Bessette.* C'est pourquoi, par acquit de conscience et pour liquider le compte de mon engagement personnel dans l'entreprise d'explication, j'y fais un sort distinct à l'ensemble complet des articles que j'ai donnés en divers lieux au cours des vingt dernières années. — R.R.

I. ÉCRITS ET DIRES DE GÉRARD BESSETTE

1. LIVRES

Poèmes temporels, Monte-Carlo, Regain, « Poètes de notre temps », 1954, 59 p.
Rééd. : Montréal, éditions du Jour, 1972, 59 p.

La Bagarre, Montréal, Cercle du livre de France, 1958, 231 p.
Rééd. : « Poche canadien » 23, 1969, 215 p.
Trad. : *The Brawl* (Mark Lebel et Ronald Sutherland), Toronto, Harvest, 1976, 230 p.

Le Libraire, Paris, Julliard, 1960, 179 p.
Rééd. : « Poche canadien » 17, 1968, 153 p. Éditions du Renouveau pédagogique, « Lecture Québec », 1970, 102 p.
Trad. : *Not for Every Eye* (Glen Shortliffe), Toronto, Macmillan, 1962, 98 p.

Les Images en poésie canadienne-française, Montréal, Beauchemin, 1960, 282 p.
Réimp. : 1972.

Les Pédagogues, Montréal, Cercle du livre de France, 1961, 309 p.
Réimp. : 1971.

Anthologie d'Albert Laberge, Montréal, Cercle du livre de France, 1963, c1962 xxv-310 p.
Rééd. : « Poche canadien » 29, 1972, 257 p.

L'Incubation, Montréal, Librairie Déom, 1965, 178 p. « Nouvelle prose » 2.
Rééd. : 1968, 179 p.
Réimp. : 1981, Québec/Amérique.
Trad. : *Incubation* (Glen Shortliffe), Toronto, Macmillan, 1967, 143 p.

Une littérature en ébullition, Montréal, éditions du Jour, 1968, 315 p.
Rééd.: 1971, 317 p.

De Québec à Saint-Boniface : récits et nouvelles du Canada français, textes choisis et annotés par Gérard Bessette, Toronto, Macmillan, 1968, x-286 p.
Réimp.: 1969, 1971.

Histoire de la littérature canadienne-française par les textes, des origines à nos jours, par Gérard Bessette, Lucien Geslin et Charles Parent, Montréal, Centre éducatif et culturel, 1968, 704 p.

Le Cycle, Montréal, éditions du Jour, 1971, 212 p.
Réimp.: Québec/Amérique, 1980, 213 p.

Trois Romanciers québécois, Montréal, éditions du Jour, 1973, 240 p.

La Commensale, Montréal, éditions Alain Stanké/Quinze, 1975, 156 p.
Réimp.: Québec/Amérique, 1980.

Les Anthropoïdes, roman d'aventure(s), Montréal, éditions La Presse, 1977, vi-297 p.

Mes romans et moi, Montréal, Hurtubise HMH, Cahiers du Québec, Collection « Littérature », 128 p.

Le Semestre, Montréal, Québec/Amérique, 1979, 278 p.

La Garden-Party de Christophine, Montréal, Québec/Amérique, 1980, 123 p.

Les Dires d'Omer Marin, Montréal, Québec/Amérique, 1985, 129 p.

2. PRINCIPAUX ARTICLES ET TEXTES ÉPARS DE G.B. NON RECUEILLIS EN VOLUMES

« Hasard », dans *Le Trait d'Union*, 2e année, automne 1940, p. 5.

« Les douze meilleurs romans du XIXe siècle », dans *La Nouvelle Revue canadienne*, vol. III, nº 2, janv.-fév. 1954, p. 88-94.

« Le plus grand roman du XIXe siècle », dans *L'Action Universitaire*, 20e année, nº 3, avril 1954, p. 15-22.

« L'unanimisme dans les romans de Malraux », dans *L'École canadienne*, vol. XXXIII, nº 2, oct. 1957, p. 80-88.

« Le roman de mœurs est-il une facilité ? » dans *Le Devoir*, vol. XLVIII, nº 269, 16 nov. 1957, p. 23.

« Dissidence », dans *Liberté*, vol. 4, nº 21, mars-avril 1962, p. 127-132.

« Le thème de la solitude dans les romans de Langevin » (écrit en collaboration avec Mary Jane Edwards), dans la *Revue de l'Université d'Ottawa*, vol. 32, juil.-août 1962, p. 268-279.

« French Canadian Society as seen by Contemporary Novelists », dans *Queen's Quarterly*, vol. 69, été 1962, p. 177-197.

« In Memoriam Glen Shortliffe, 1913-1969 », dans *Queen's Quarterly*, vol. 76, nos 3-4, automne 1969, p. 563.

« La psychocritique au niveau secondaire », dans *The English Quarterly*, vol. V, nº 3, automne 1972, p. 31-34.

« Le lecteur intérieur », dans *Liberté*, vol. 14, n° 6, nov.-déc. 1972, p. 61-64.

« *Oh ! Miami Miami Miami* et la thématique beaulieusienne », dans *Voix et Images du pays IX*, Presses de l'Université du Québec, 1975, p. 181-199.

« La psychocritique », dans *Voix et Images*, vol. I, n° 1, sept. 1975, p. 72-79.

« Le cocktail, farce en un acte », dans *Mélanges de civilisation canadienne-française offerts au professeur Paul Wyczynski*, éditions de l'Université d'Ottawa, 1977, p. 19-59.

« Romancier(s) québécois », dans *University of Toronto Quarterly*, vol. 50, n° 1, automne 1980, p. 43-52.

« Anciennes pages de journal », dans *Québec/Amérique*, vol. 3, n° 7, automne 1981, p. 17.

3. RÉPONSES DE G.B. À L'INTERVIEWER

« L'Auteur et son œuvre. Brève rencontre avec Gérard Bessette », présentation par Jacques Allard du *Libraire*, éditions du Renouveau pédagogique, 1970, p. 9-25.

« Bessette par lui-même », entrevue réalisée à Kingston en 1973 par Yvon Boucher et Carole Michaud, dans *Le Québec Littéraire I Gérard Bessette*, Montréal, Guérin, 1974, p. 127-146.

« Gérard Bessette et la recherche du Père », entrevue réalisée, fin 1975, par Jean Fisette (avec la collaboration de Jacques Allard, Alain Piette et André Vanasse), dans *Voix et Images*, vol. I, n° 3, avril 1976, p. 317-328.

« Entrevue sur *Les Anthropoïdes* » par Donald Smith, le 26 mai 1978, dans *Lettres québécoises*, n° 11, septembre 1978, p. 25-31.

« Entre le fantasme et la mémoire », dans *Québec/Amérique*, vol. 2, n° 3, automne 1978, p. 10-12.

« Gérard Bessette, Entrevue », avec une biographie et une bibliographie par Léonce Cantin et Aurélien Boivin, dans *Québec Français*, n° 40, déc. 1980, p. 33-40.

« Gérard Bessette, A Tribute », par Mary Jane Edwards, dans *Canadian Literature*, n° 88, printemps 1981, p. 6-18.

« Gérard Bessette et son double », entrevue réalisée par Josette Giguère, dans *Nuit Blanche. L'actualité du livre*, n° 17, fév.-mars 1985, p. 40-43.

« Gérard Bessette, Entre l'écriture et l'enseignement », entrevue réalisée par Agnès Whitfield, dans *Lettres québécoises*, n° 38, été 1985, p. 39-44.

4. MANUSCRITS, BROUILLONS, ORIGINAUX

Le fonds considérable des papiers bessettiens est déposé à la Bibliothèque nationale du Québec à Montréal (« Salle de lecture », 125, rue Sherbrooke ouest, près de Saint-Urbain). Au temps où j'y ai travaillé (décembre 1985), les documents étaient, pour ainsi dire, en vrac, comme ils avaient dû être livrés en 3 lots totalisant 31 dossiers, liasses ou ballots mis ensemble selon le titre cumulatif du contenu : correspondance, journal, œuvres publiées, projets inédits, etc. L'opération d'archivage exigera beaucoup de méthode et, censément, une longue patience.

II. ÉTUDES BESSETTIENNES

ALLARD, Jacques, « *Le Libraire* de Gérard Bessette ou comment la parole vient au pays du silence », dans *Les Cahiers de Sainte-Marie,* n° 4, avril 1967, p. 51-63 (rééd. dans *Voix et Images du pays I,* Presses de l'Université du Québec, 1970, p. 51-63).

_______ « *Les Anthropoïdes* de G. Bessette », dans *Voix et Images,* vol. III, n° 3, avril 1978, p. 481-484.

BELLEAU, André, « Mort de l'écrivain, naissance de l'écriture », dans *Le Romancier fictif,* essai sur la représentation de l'écrivain dans le roman québécois, Montréal, Presses de l'Université du Québec, 1980, p. 115-130.

BROCHU, André, « Gérard Bessette, I — De *La Bagarre* aux *Pédagogues* ; II — *L'Incubation* » (version remaniée d'articles parus I — dans *Le Quartier latin,* le 25 septembre, les 5, 12 et 19 octobre 1961 ; II — dans *Parti pris,* vol. 3, nos 3-4, oct.-nov. 1965), dans *L'Instance critique : 1961-1973,* Montréal, Leméac, 1974, p. 93-111.

_______ « Gérard Bessette, *La Commensale* », dans *Livres et Auteurs québécois 1975,* Québec, Presses de l'Université Laval, 1976, p. 26-28.

_______ « Gérard Bessette, *Mes romans et moi* », dans *Livres et Auteurs québécois 1979* Québec, P.U.L., 1980, p. 287-289.

FISETTE, Jean, « L'écriture comme pratique fantasmatique *La Commensale* de Gérard Bessette », dans *Voix et Images,* vol. I, n° 3, avril 1976, p. 329-337.

IQBAL, Françoise, « Précieux et préciosité chez Bessette : demi-mesure et démesure », dans *Voix et Images,* vol. I, n° 3, avril 1976, p. 338-364.

HERTEL, François, « Discours aux sourds », dans *Rythmes et couleurs,* n° 59, juillet-août-septembre 1967, p. 1-12.

KUSHNER, Eva, « Gérard Bessette, *Poèmes temporels* », dans *Livres et Auteurs québécois 1973,* Québec, P.U.L., 1974, p. 131-133.

Lectures de Gérard Bessette (recueil des communications d'un colloque tenu à Queen's University les 7 et 8 novembre 1980), textes réunis par J.-J. Hamm, Montréal, Québec/Amérique, 1982, 270 p.

LEDUC, Renée, « L'Incubation "psychologique" ou *l'Incubation,* roman à suspense », dans *Voix et Images,* vol. III, n° 37, avril 1978, p. 421-431.

LOCKQUELL, Clément, « Une étude de Gérard Bessette : *Les Images en poésie canadienne-française* », dans *Le Devoir,* vol. LI, n° 171, 30 juil. 1960, p. 9-10.

_______ « Gérard Bessette, critique et romancier », dans *Le Devoir,* vol. LI, n° 183, 13 août 1960, p. 8-9.

MARCOTTE, Gilles, « Jules Lebeuf et l'impossible roman », dans *Le Roman à l'imparfait, Essai sur le roman québécois d'aujourd'hui,* Montréal, éditions La Presse, p. 21-56.

PIETTE, Alain, « Gérard Bessette, *Les Anthropoïdes* », dans *Livres et Auteurs québécois 1977*, Québec, Presses de l'Université Laval, 1978, p. 69-73.

_______ *Gérard Bessette. L'Incubation et ses figures*, Montréal, Presses de l'Université de Montréal, Lignes québécoises, 1983, 212 p.

PILOTTE, Carole, *Gérard Bessette : Bibliographie analytique annotée 1939-1976*. Mémoire de M. A. (études françaises), janvier 1978, Montréal, Université de Montréal. (Dactylographié, non publié.)

Québec (Le) Littéraire I : Gérard Bessette (recueil d'études réalisé sous la direction d'Yvon Boucher et Carole Michaud), Montréal, Guérin, éditeur, 1974, 166 p.

RENAUD, André, « Lecture du *Cycle* de Gérard Bessette : les personnages », dans *Co-Incidences*, vol. 2, n° 2, avril 1972, p. 3-19. (Cet article avait d'abord été publié par tranches hebdomadaires dans *Le Droit*, du 10 juil. au 18 sept. 1971.)

RICARD, François, « Gérard Bessette : *La Commensale* ou le double visage de Jérôme Chayer », dans *Liberté*, vol. 17, n° 6, nov.-déc. 1975, p. 95-107.

SHEK, Ben Z., « Gérard Bessette and Social Realism », dans *The Canadian Modern Language Review*, vol. 31, n° 4, mars 1975, p. 292-300.

SHORTLIFFE, Glen, « Gérard Bessette, l'homme et l'écrivain » (texte d'une conférence prononcée le 2 décembre 1964, au département d'études françaises de l'Université de Montréal). Publié d'abord en brochure (39 p.) en mai 1965, puis dans *Études françaises*, 1re année, n° 3, octobre 1965, p. 17-42, et repris dans *Littérature canadienne-française*, Montréal, Presses de l'Université de Montréal, 1969, p. 53-87. Trad. : « Evolution of a Novelist : Gérard Bessette », dans *Queen's Quarterly*, vol. 74, n° 1, printemps 1967, p. 36-60.

SMART, Patricia, « Relire *L'Incubation* », dans *Études françaises*, vol. VI, n° 2, mai 1970, p. 193-213.

VANASSE, André, « Gérard Bessette : *Trois Romanciers québécois* », dans *Livres et Auteurs québécois 1974*, Québec, Presses de l'Université Laval, 1975, p. 196-199.

_______ « Gérard Bessette, *Le Semestre* », dans *Livres et Auteurs québécois 1979*, Québec, P.U.L., 1980, p. 24-26.

WHITFIELD, Agnès, « Gabrielle Roy et Gérard Bessette : quand l'écriture rencontre la mémoire », dans *Voix et Images*, vol. IX, n° 3, printemps 1984, p. 129-141.

WYCZYNSKI, Paul, « Gérard Bessette : *Les Images en poésie canadienne-française* », dans la *Revue de l'Université d'Ottawa*, vol. 31, n° 2, avril-juin 1961, p. 301-304.

III. ARTICLES DE R.R. sur G.B.

« Au gré de l'invention verbale », dans *Propos sur la littérature outaouaise et franco-ontarienne II*, Ottawa, La Société des écrivains canadiens,

1979, p. 107-108. (Paru auparavant dans *Le Droit*, 1er mai 1965, p. 8.)

« La technique romanesque », *ibid.*, p. 109-112. (Paru auparavant sous le titre : « G.B. et la technique romanesque, à l'occasion de *L'Incubation* », dans *Livres et Auteurs canadiens 1965*, Montréal, éditions Jumonville, 1966, p. 36-38.)

« Le roman de mœurs III : *Le Libraire* », dans *Le Roman canadien-français du XXe siècle*, Ottawa, éditions de l'Université d'Ottawa, 1966, p. 104-112.

« Le Cycle créateur de Gérard Bessette ou le fond c'est la forme », dans *Propos sur la littérature outaouaise et franco-ontarienne II*, Ottawa, La Société des écrivains canadiens, 1979, p. 113-142. (Paru auparavant dans *Livres et Auteurs québécois 1971*, Montréal, éditions Jumonville, 1972, p. 11-28.)

« Une expression révélatrice de l'auteur », *ibid.*, p. 143-149. (Paru auparavant sous le titre « Gérard Bessette et sa *Commensale* », dans *Lettres québécoises*, n° 1, mars 1976, p. 37-38 ; puis dans *Modern Language Studies*, vol. VI, n° 2, automne 1976, p. 48-53.)

« Gérard Bessette sous le signe du chaînon (non-) manquant ou l'immémorial rituel de la parole », *ibid.*, p. 150-155. (Paru auparavant dans *Lettres québécoises*, n° 11, septembre 1955, p. 22-24.)

« Gérard Bessette auto-bio-psycho-critique », dans *Propos sur la littérature outaouaise et franco-ontarienne III*, Ottawa, Centre de recherche en civilisation canadienne-française, 1981, p. 89-93. (Paru auparavant dans *Lettres québécoises*, n° 15, août-septembre 1979, p. 42-43.)

« Les bilans d'écriture de Gérard Bessette », *ibid.*, p. 94-98. (Paru auparavant dans *Relations*, n° 461, juil.-août 1980, p. 219-221.)

« *Le* (dernier) *Semestre* du professeur Gérard (Omer Marin) Bessette et la suite », *ibid.*, p. 99-102. (Paru auparavant dans *Lettres québécoises*, n° 19, automne 1980, p. 23-25.)

« Espace et temps bessettiens » dans *Lectures de Gérard Bessette*, Montréal, Québec/Amérique, 1982, p. 81-89.

« Gérard Bessette : d'exil et de patrie », dans *Propos sur la littérature outaouaise et franco-ontarienne IV*, Ottawa, Centre de recherche en civilisation canadienne-française, 1983, p. 141-151.

« Gérard Bessette, lecteur de Gilbert La Rocque », dans *Gilbert La Rocque, l'écriture du rêve*, Montréal, Québec/Amérique, 1985, p. 89-102.

« Les *Dires* de Gérard Bessette », dans *Lettres québécoises*, n° 38, été 85, p. 45.

TABLE DES MATIÈRES

COMPOSÉ AUX ATELIERS
GRAPHITI BARBEAU, TREMBLAY INC.
À SAINT-GEORGES-DE-BEAUCE

Groupe d'Imprimeries **Inter Mark** (1987) Inc.
IMPRIMÉ AU CANADA